주가를 움직이는
펀드매니저 투자의 비밀

초판 1쇄	2014년 2월 17일	
2쇄	2015년 4월 20일	

지은이　이중희
발행인　김재홍
기획편집　주광욱
디자인　김태수
마케팅　이연실

발행처　도서출판 지식공감
등록번호　제396-2012-000018호
주소　경기도 고양시 일산동구 견달산로225번길 112
전화　02-3141-2700
팩스　02-322-3089
홈페이지　www.bookdaum.com

가격　16,800원
ISBN　979-11-5622-013-8　13320

CIP제어번호　CIP2014003319
이 도서의 국립중앙도서관 출판시 도서목록(CIP)은 e-CIP 홈페이지(http://www.nl.go.kr/ecip)에서 이용하실 수 있습니다.

| 이중희 지음 |

주가를 움직이는

펀드매니저 투자의 비밀

"당신이 갖고 있는 주식을 누구에게 팔 것인가? 본인이 스스로 본인 주식을 비싼 가격에 살 것인가? 그것이 아니라면 기관투자자의 생각과 행동 그리고 그들의 투자 전략을 읽고 가까운 미래에 그들이 살 만한 주식을 보유해 보자."

지식공감

Prologue

§

　주식을 시작한지 이제 겨우 10년이 조금 넘었을 뿐이다. 수많은 재야의 대가들에 비하면 일천한 경력이다. 그러나 나는 증권사 지점을 시작으로 리서치센터 애널리스트 그리고 고유자산 펀드매니저를 거친 소중한 경험을 갖고 있다. 소위 제도권이라고 불리는 기관투자자 애널리스트 및 펀드매니저 시장에서 수십 종목의 기업 커버리지를 갖고, 수백 회 이상의 탐방을 가고, 수천억 원의 운용을 담당했으며, 또한 수없이 매매했고 그리고 현재에도 매일 같은 생각으로 하루를 보낸다.

　나는 처음부터 펀드매니저의 길을 목표로 하고 노력해서 기관투자자가 되었던 것은 아니다. 단지 주식다운 주식을 해야겠다는 생각으로 이 일을 시작했는데, '고객의 자산은 소중하다.'라는 나의 신념 하나가 나에게 보다 많은 기회를 가져다 줬다. 증권회사 지점에서 고객의 자산을 관리하던 시절, 그들의 자산을 무엇보다 소중히 했기에 스스로에게 부끄럽지 않기 위해 노력할 수밖에 없었고, 그러면서 고객들에게서 분에 넘치는 신뢰를 받았던 것 같다. 그러나 그 신뢰는 나에게 너무 무거웠었다. 당시 증권회사 지점들에서는 개괄적인 회사개요와 함께 오직 기술적 분석 하나만을 중시하는 투자 풍토를 갖고 있었으며 나 또한 그러했기에 오랜 시간이 지나지 않아 투자 한계에 직면하기도 했었다.

그러나 리서치센터에서 애널리스트 업무를 수행하면서 나는 주식에 대해 새로운 눈을 떴다. 그때부터야 주식을 투기가 아닌 투자로 인식할 수가 있게 되었고 드디어 주식을 주식답게 이해하면서 주가의 분석을 위해 수많은 고민으로 밤을 새운 날들이 많아졌다. 그때서야 비로소 기술적 분석과 기본적 분석 간의 균형을 잡아갈 수가 있었던 것이었다. 당시에는 많은 것이 신기하고 새로웠다. 기업을 분석하여 본질 가치를 찾고 나의 판단을 글로써 표현하고 세상에 알릴 수 있다는 기쁨은 그 어떤 것으로도 형용하기가 어려웠었다.

한편 기관의 주식운용 업무를 시작하면서 실질적이면서도 직관적인 주식 세상에 빠져들었다. 나의 눈에 거대한 자금의 흐름과 금융의 움직임이 하나둘씩 보여 왔기에 그 속에 속한 상대적으로 작은 주식시장의 정체는 이전보다 쉽게 나에게 다가오고 있었다. 물론 운용하는 자금의 규모가 커지면서 신경 쓸 일과 판단해야할 일들이 보다 많아지기도 했지만 주식을 더 이상 배움이 아닌 생활의 일부로 느끼게 되면서 과도한 수익에 대한 불필요한 욕심을 버릴 수 있었고 주식을 기관투자자답게 운용하는 것이 무엇일까에 대한 고민을 시작할 수도 있었다.

나는 직업에 있어서 매우 운이 좋은 사람이라고 생각한다. 증권회사에 입사한 것도 애널리스트가 된 것도 그리고 펀드매니저의 길을 시작한 것도 모두 그랬다. 각각의 장소에는 나를 믿어주신 여러 훌륭한 선배님들이 계셨고 그들은 그들이 가진 지혜와 경험을 아낌없이 나눠 줬다. 어느 날부터 나에게도 자신감이 생기기 시작했다. 그리고 또한 언제부터인가 나에게 많은 가르침을 주신 여럿 각각의 선배들보다도 그들 모두에게서 배우고 익힌 내가 더 깊은 고민과 생각을 하고 있다는 점을 깨닫게 되었다. 그들 각자의 모든 지식과 경험들이 나한테 와서 제대로 녹아 융합된 것이었다. 그리고 이제는 그들에게 보답하기 위해서라도 내가 배우고 느낀 주식투자에 관한 이야기들을 정리해서 책으로 내고 싶다는 생각을 하게 됐다.

한편 지난 6년 동안 나는 제대로 된 글을 써본 적이 없었다. 애널리스트 시절에는 매일 글 쓰는 작업이 일상이었으며, 그 작업은 고되었지만 매우 뿌듯했고 즐거웠기에 당시에는 내가 글을 쓸 수 있다는 사실 자체가 큰 행복이었다. 애널리스트를 마치고 시간이 지나자 그 행복이 정말 그리웠었다. 그리고 제대로 된 멋진 글을 다시 써보고 싶다는 욕심이 더해졌다. 그래서 이렇게 시작된 글이 지금 책으로 완성되어 독자들 앞에 나오게 된 것이다.

본 책은 주식투자를 처음 시작하는 사람들을 위한 책은 아니다. 나는 당초 본 책의 집필을 시작하면서 증권회사 및 운용사 등 증권 관련 투자기업의 애널리스트, 펀드매니저, 브로커 등 증권업에 이미 입사한 후배들과 또한 이런 비슷한 형태로 앞으로 주식을 업으로 하기 원하는 후배들에게 향후 자신의 업무 수행을 위한 제대로 된 기관투자가로서의 투자 가치관과 또 그들이 정말 궁금해 하지만 어디서 배우기도 어려운 투자시장의 속살들에 대해서 이야기하고 싶었다. 그러나 본 책이 점차 완성되어 가면서 또 다른 생각을 하게 됐다. '본 책은 주식 기관투자자들의 투자 생리를 밝히고 있기에 어쩌면 기관투자자 스스로들보다도 만약 개인투자자들이 본 책을 읽는다면 더 큰 참고가 될 수도 있겠구나.'하고 욕심을 갖게 된 것이다. 그래서 본 책은 기관투자자들의 투자 가치관과 그들의 행동과 전략 등에 관한 내용을 다루지만 그들 스스로와 함께 수많은 개인투자자들에게도 꼭 필요한 책으로 구성되는 것을 목표로 해서 집필을 완성했다.

주식 투자자들에게 묻는다.
"당신이 갖고 있는 주식을 누구에게 팔 것인가?"
"본인 주식을 본인에게 스스로 살 것인가?"
"그것이 아니라면 기관투자자이 생가과 행동 그리고 그들의 투자진략을 읽고 가까운 미래에 그들이 살만한 주식을 먼저 보유해 보자."

만약 당신이 전문 투자운용기관의 경력이 충분한 시니어 펀드매니저라면 본 책의 내용들 대부분이 너무 쉽고 평이하다고 생각될 수도 있으나, 만약 당신이 주니어 펀드매니저라면 본 책의 중간중간 마음에 와 닿는 구절이 많을 것이다. 그런 부분만 집중해서 읽고 만약 한 부분이라도 저자와 함께 깊이 고민해보고 또 함께 머리를 맞대어 볼 수 있다면 나는 매우 즐거울 것이다. 한편 개인투자가 중에서도 이미 주식 투자를 많이 해봤고 스스로 주식에 대해서도 많은 것을 아는 것 같지만, 아직도 투자 가치관이 제대로 정립되지 않은 분들도 본 책을 통해 느끼는 바가 많을 것이다. 독자의 투자 경험은 많으면 많을수록 좋다. 거래를 많이 해보고 투자 경험이 많을수록 본 책의 내용 중에 마음에 와 닿는 부분이 많을 것으로 생각한다. 하물며 자신이 주식투자의 고수라고 생각해도 이 책은 더욱 필요하다. 본 책은 높은 수익률을 이야기하고 있지는 않지만 당신의 수익률을 지속하는 데는 분명 도움을 줄 것으로 생각한다.

본 책은 이론서도 아니고 정확히 얘기하면 상세한 실무서도 또한 아니라고 할 수 있지만 투자자들이 평소에 가려워했던 부분을 긁어주고 명확한 투자 원칙을 근간으로 새로운 아이디어를 제시해 줄 수는 있다. 개인투자자들은 본 책을 통해 기관투자자들의 생리를 익혀 그들이 원하는 주식을 통해 개인투자자들의 본질적 수익률이 개선될 수 있기를 바라고, 또한 기관투자자 후배들에게는 향후 본 책을 보고 기관투자자의 투자 가치관에 대해 좀 더 명확한 생각을 갖게 되어 균형 잡힌 투자 전문가가 되고 함께 바른 주식문화 풍토를 이끌어 갈 수 있다면 이 책을 쓴 목적 전부를 달성하는 것이라고 생각한다.

§

이 책은 크게 5개 파트로 나뉘어져 있으며 각 파트들은 소주제와 관련된 몇몇의 꼭지들로 구성되어 있다. 먼저 본 책의 주인공인 기관투자자들을 이해하기 위하여 '펀드매니저의 생각', '펀드매니저의 행동', '펀드매니저의 투자 전략'에 대해 설명했으며, 펀드매니저들을 이해하기 위해 반드시 알아야 하는 '펀드매니저의 투자 동반자 애널리스트', 그리고 마지막 파트는 '펀드매니저를 이기다'라는 소주제로 본 책은 마무리 되고 있다.

Part 1. 그들만의 생각

주식투자의 본질에 대한 이해와 함께 기관 펀드매니저들이 그들의 투자 철학을 어떻게 정립하고 있는가에 대하여 작성되었다. 혹 일부 독자들은 본 첫 번째 파트에 대하여 너무 이론적인 불필요한 내용이라고 이야기할지도 모르겠으나 '주식투자에 대한 균형 잡힌 가치관을 갖고 있지도 않으면서 주식투자에서 성공을 바란다는 것은 기초공사를 하지 않고 집을 짓는 것과도 같다.'라고 생각하기에, 나는 투자에 있어서 가장 기본이 되는 본 부분을 우려에도 불구하고 제일 처음으로 구성하였다. 물론 구체적인 궁금증이 나는 각 파트 꼭지를 먼저 읽어도 좋다. 본 책은 다섯 대분류 파트와 대분류에 속한 각각의 꼭지 장들이 대부분 독립적으로 나뉘어져 구성되었기에 필요한 부분을 먼저 읽는 것도 가능할 것이나. 그러나 건물의 기초공사는 재미는 없지만 매우 중요한 과정이라는 점을 명심하고 투자와 주식에 대한 균형 잡힌 인식을 갖기 위해서는 독자들에게 조금만 참고 순서대로 정독해 주시길 주문하고 싶다.

Part 2. 그들만의 행동

펀드매니저들이 실질적으로 주식을 어떻게 인식하고 또 어떻게 주식을 거래하는지를 밝히고 있다. 그들도 개인투자자들과 다를 바 없는 대중적인 밸류에이션 지표들로 투자의 기준을 잡고는 있지만 개인투자자들과는 다소 다른 생각을 갖고 있다. 도구는 같되 이해는 다른 것이다. 그리고 '주식투자를 위해 기업 탐방을 가 본적이 있는가?' 여러 번 가 봤다 하더라도 과연 '탐방을 가서 무엇을 보고 배우고 오는가?' 본 책에는 어느 책에서도 접하지 못했을 주식투자를 위한 탐방 이야기가 실려 있다. 그리고 많은 투자자들이 쉽게 오해하고 있는 손절매에 대한 진실과 개인투자자들에게는 미지의 영역인 포트폴리오 등 이처럼 기관투자자들에게는 매일 하는 익숙한 일들이지만 개인투자자들에게는 생소한 펀드매니저들의 행동양식들을 다루고 있다. 본 파트는 후배 펀드매니저들이 자신의 업무 과정과 비교해 읽는다면 매우 쉬운 부분이 될 것이며 본 파트를 통해 본인들이 놓치고 있는 한두 가지만이라도 얻을 수 있기를 바란다. 개인투자자 독자들은 본 파트를 통해 펀드매니저들의 투자방법 및 행동양식을 이해할 수 있는 소중한 시간이 될 수 있을 것이다.

Part 3. 그들만의 투자전략

기관투자자들이 실제 주식운용에서 활용하는 가장 기본적인 다섯 가지 투자 전략을 소개하였다. '가치투자 전략', '주도주 추종 투자 전략', '포트폴리오투자 전략', '심리투자 전략', '배당투자 전략'의 다섯 가지이며, 대규모 자금의 펀드 운용에 있어서 가장 기본이 되면서도 기관에서 가장 자주 활용되는 주식운용 투자 전략들이다. 물론 실전에서 모든 펀드들이 본 다섯 가지 투자 전략을 고르게 활용하여 운용되지는 않는다. 펀드들의 특성에 따라서 어떤 펀드는 일부 투자 전략이 중심이 되기도 하고 반면 어떤 투자 전략은 배제되는 경우도 많다. 한편 본 투자 전략 파트는 독자들에 따라 가장 궁금해 하는 부분이 되기도 하며, 현직 펀드매니저들에게는 본 책에서 가장 재미없는 부분이 될 수도 있으리라 생각된다. 그러나 현재까지 '이것이 기관투자자의 투자전략이다.'라고 하여 나열되고 설명된 적이 지금껏 어떤 책이나 글에서도 없었다고 보기에, 기관투자자들의 가장 기본적인 투자 전략 부분을 필자가 객관적으로 설명하고자 노력한 파트이다.

Part 4. 그들의 동반자 애널리스트

언제나 펀드매니저들과 함께 투자를 고민하는 '애널리스트'들에 대한 이야기이다. 현대의 기관 펀드 운용에서는 그 어떤 기관투자자도 애널리스트의 도움 없이 혼자서 운용한다는 것을 상상할 수 없으며, 또한 안정된 수익을 지속하는 능력 있는 펀드매니저 뒤에는 언제나 그들 이상의 훌륭한 애널리스트들이 그를 지원하고 있음을 알게 될 것이다. 결국 애널리스트들을 잘 이해하고 그들을 최대한 활용할 수 있어야 제대로 된 펀드매니저가 될 수 있다는 말이다. 이건 개인투자자들도 마찬가지다. 개인투자자들도 향후 제대로 된 주식투자를 위해서는 애널리스트의 의견을 적극 활용해야 한다. 그러나 아직까지도 애널리스트들을 잘 모르고 그들에 대한 오해가 너무도 많았기에 그들을 잘 활용할 수도 없었다고 본다. 본 파트를 동해 애널리스트들을 바로 이해하고, 그들의 보고서를 제대로 읽고 그들이 말하고자 하는 바를 명쾌히 들을 수 있다면, 투자자들은 자신의 투자 능력이 곱절로 증가됨을 느끼게 될 것이다.

Part 5. 펀드매니저를 이기다

독자들이 기관투자자 스스로의 장점을 강화하는 한편, 개인투자자들도 기관투자자와 같은 안정된 투자 방법으로 주식시장에서 성공하기를 바라는 필자의 마음이 고스란히 정리되어 있으며, 또한 집약된 구성의 한계로 인해 앞서 말하지 못했으나 꼭 필요하다고 생각되는 부분을 첨가하였다. 새로운 부분은 '기술적 분석'과 '퀀트' 그리고 '투자에 필요한 시간'의 3가지이며, 사실 해당 꼭지들은 현직 시니어 펀드매니저들조차도 소홀해하기 쉬운 부분이기도 하다. 많은 기관투자자들 그리고 스마트한 개인투자자들까지도 최근 가치투자라 불리는 기본적 분석에만 너무 치우쳐서 기술적 분석을 소홀히 하고 있다는 점은 매우 안타까웠다. 그리고 자신의 매력적인 투자 아이디어를 보다 합리적으로 실제 주식투자에 접목시키기 위해서는 계량적 분석에 대한 이해가 반드시 선행되어야 할 것이다. 그러나 그 어떤 것보다도 필자가 강조하고 싶은 것은 '독자들의 주식투자를 성공으로 이끄는 것은 바로 투자 시간에 대한 정확한 인식'이라는 점이다.

§

누군가 필자에게 "주식투자에 필요한 가장 중요한 것이 무엇이냐?" 하고 묻는다면, 나는 "겸손과 융통성"이라 대답을 한다. 어떻게 보면 주식투자는 싸게 사서 비싸게 팔면 되는 매우 단순한 일로서 기관투자의 틀 안에서는 어느 누가 그 어떤 펀드를 운용한다고 하더라도 단기에는 그 성과 차이가 크지 않은 것도 사실이다. 그것은 대부분의 주식투자 수익이 결국 시장에서 결정되기 때문이다. 그러나 시간이 흐르면 펀드의 수익률은 점차 차이를 보일 수밖에 없는데, 대부분 그 수익률의 차이는 '누가 얼마나 잘했느냐'의 문제보다는 '누가 위험을 관리하고 실수를 적게 했느냐'에서 결정되곤 한다. 그래서 겸손과 융통성은 중요하다.

주식투자에 있어서 '겸손'이란 투자자 능력 밖의 수익에 욕심내지 않고 자신이 감당할 수 있는 변동성을 바로 알고 작은 수익에도 만족할 수 있는 마음가짐이며, 직접적으로는 본인의 수익은 시장이 만들어 줬기에 얻은 것에 대해 감사하는 것을 가리킨다. 또한 주식투자에 있어서

'융통성'이란 시장은 언제나 옳고 그것이 정답이기에 항상 시장의 결과에 순응하려고 하고, 시장의 변화가 있다면 나 또한 변화시킬 수 있는 능력이며, 구체적으로는 본인의 기존 투자 고집을 꺾을 수 있는 용기를 가리키고 있다. '겸손'과 '융통성' 두 가지를 바로 알고 투자에 임한다면 주식 투자 자체는 투자자들에게 즐거움의 연속, 곧 '행복'으로 다가오게 될 것이다.

주식은 대표적인 위험자산이 분명하다. 그러나 주식을 하는 모든 투자 행위가 위험하다는 가정은 옳지 않다. 주식은 위험자산이지만 주식의 투자 방법은 매우 다양하며, 특히 원칙을 지킨 주식투자는 위험대비 높은 수익을 보장할 수 있음을 본 책을 통해 분명히 이야기하고자 했다. 또한 위험 대비 수익이 높다는 말도 단지 위험 대비 수익 비교가 상대적으로 매력적이라는 것만은 아니다. 상대적으로 매력이 있다 하여 소중한 자산을 높은 위험에 빠트릴 수는 없을 것이다. 중요한 것은 투자자가 감당할 수 있는 수준의 위험이다. 나는 기관투자자와 같은 안정적인 투자법으로 충분히 감당할 수 있는 위험 하에서 매우 매력적인 투자수익을 제공하는 것이 진정한 주식 투자임을 본 책을 통해 밝히고 있다.

매우 쉬운 이야기이고 어느 누구도 이미 알고 있는 이야기인데 사실 이를 진정으로 이해하는 투자자들은 많지 않은 듯하다. 독자들은 가슴을 열고 마음을 가볍게 하여 본 책을 정독해 주기를 바란다. 본 책에서 이야기하고자 하는 것은 '펀드매니저들은 기관투자자답게 운용하고, 그리고 개인투자자들은 기관투자자들에게서 필요한 부분은 배우고 그들을 제대로 이해함으로써 함께 정당한 경쟁을 했으면 하는 것이며, 이것이 필자가 본 책을 통해 바라는 바다. 본 책에서는 이런 점에 유의하여 기관투자자들의 투자 철학, 투자 생각, 투자 방법 그리고 그들의 투자 전략을 소개하고 있다.

마지막으로 본 책이 세상에 나오는 데 많은 분들이 도움을 주셨다. 먼저 나와 내 책을 아껴주시고 아낌없는 조언을 주신 전·현직 애널리스트와 펀드매니저 지인들이다. 그들은 저자도 시장에 대해 일부 오해하고 있었거나 미처 몰랐던 부분에 대해 많은 보완을 해주었다. 그들이 없었다면 본 책의 내용이 보다 충실하지 못했을 것이다. 먼저 그들에게 감사의 인사를 드린다. 그리고 나에게는 나를 매우 잘 이해해주는 좋은 배우자가 있다. 그녀의 지속적인 관심과 배려 덕에 어려운 작업을 무사히 마칠 수 있었다. 감사하고 사랑한다고 이야기하고 싶다. 또한 언제나 나를 믿고 지켜주시는 부모님 그리고 장모님 그분들에게 그동안 책 쓴다고 무관심하고 소홀했던 아들이 그래도 언제나 당신들을 생각하고 있다고 이야기 드리고 싶다.

겨울바람이 차다. 여의도와 마포의 겨울바람은 더욱 차다. 강가라서 그런 것이 아니라 주식시장의 겨울이 너무도 오래 지속되고 있어서 그럴 것이며, 얼마 전에는 어느 증권회사의 부도와 관련된 뉴스가 경제신문 1면을 채우기도 했다. 많은 사람들이 증권시장의 봄은 다시는 오지 않을 것 같다고 말한다. 하지만 증권시장의 봄은 증권인 우리들이 스스로 만들고 개척해 나가야할 몫일 것이며, 우리 투자자들의 마음속에 먼저 시장의 봄이 찾아오길 나는 진심으로 바란다. 그리고 그런 따뜻

한 봄날의 생각을 갖고 함께 자신들의 자리에서 증권업의 새싹을 조용
히 틔우고 계신 증권업을 사랑하는 선후배님들께 용기 내어 동료로서
의 감사 인사를 드리고자 한다.

2014년 새해 마포 자택에서

이종희

Contents

Part **2**

그들만의 행동

Part 4

그들의 동반자 애널리스트

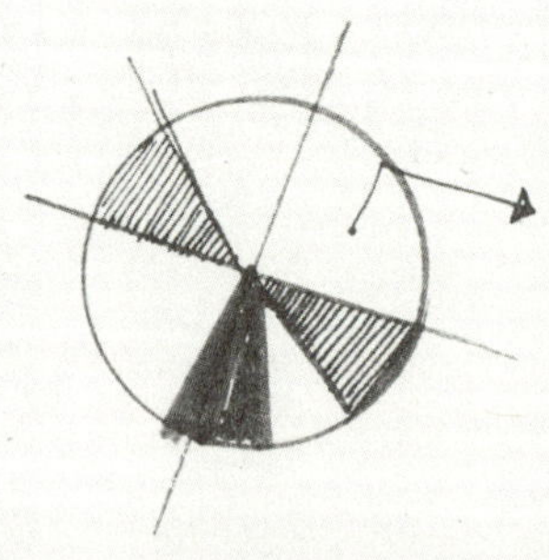

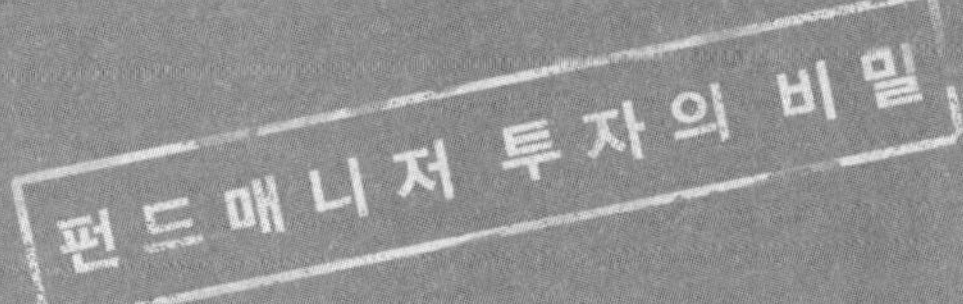
펀드매니저 투자의 비밀

Part 1

그들만의 생각

펀드매니저의 투기와 투자

·

실패해도 승리할 수 있는 게임의 법칙

·

주가와 주식투자에 대한 이해와 오해

·

돈의 값을 알고 돈의 비율로 투자하라

·

위험으로부터 수익의 열쇠를 찾다

펀드매니저의
투자와 투자

● ● ●

주식투자자 중에는 짧은 시간 내에 큰돈을 벌고 싶어서 하루에도 몇 번씩 사고팔기를 반복하고 여기저기로 주식투자 성공 비법이라는 것을 듣기 위해 뛰어다니는 사람들이 있다. 이들은 '게임'을 하고 있다. 그리고 '투기'를 한다. 안정적 수익을 위해서는 주식을 '투자'로 인식해야 하는데 게임이나 투기로 접근하려고만 하니 시간이 조금만 흘러도 의도와 달리 손실은 커질 수밖에 없는 손익 구조를 갖게 되는 것이다.

사실 상당수의 주식투자자들은 본인 스스로가 자신이 투자를 하고 있는지 혹은 투기를 하고 있는지 정확히 알기 어려운 게 현실이다. 그들은 눈앞에 수익을 탐하여 자신도 모르는 채 점차 게이머나 투기꾼들이 되어가고 있으며, 아직도 이 사실을 모르고 있거나 여전히 이런 사실들을 스스로 외면하고 있다.

투기와
투자

투기로 오해받는
주식시장

투자란 미래에 이익을 얻기 위해 금전 등 물질적인 것이나 시간, 정성과 같은 정신적인 것 등의 자원을 투입하는 행위를 말하며, 투자의 대상이 금, 원유, 부동산, 주식, 채권, 수익증권 등 무엇이냐에 따라 실물투자와 금융투자로 나뉜다. 모든 투자는 미래의 수익을 위하여 현재의 소비를 포기하고 제한해야 하며, 불확실성 속에서 시간이 소요됨을 인내하고 기다려야 한다. 그래야 비로소 미래의 수익이 투자의 결과물로 나타나게 된다.

그렇다면 과연 주식투자는 정말 위와 같은 사전적 의미에 포함되는 건전한 투자인가? 이 질문은 계속 제기되어 왔고 또 많은 사람들이 정의 내리고자 했으나 시장에서는 크게 주목받지 못한 것도 사실이다. 통상적으로 많은 사람들이 주식투자가 투자라는 사실에 공감을 했으나 분명한 이유는 알지 못했으며, 하물며 주식투자의 본질에 대해서도 그다지 중요하게 생각하는 사람들조차도 많지 않았다. 또한 주식시장은 도박판과 같이 '돈 놓고 돈 먹기 판'으로 오해하는 사람들도 많았으며 특히 주식을 통해 큰 손실을 입은 투자자들은 주식투자를 투기라고 칭하며 등한시하곤 했다.

투자 게임의 룰을 익혀라

주식투자 이전에 주식투자의 본질을 고민해 보는 것은 중요하다. 주식투자가 위험을 감수하고서 내려진 합리적인 사고 판단의 결과로서 의미 있는 수익의 창출로 보상받을 수 있는 건전한 투자인지, 아니면 투자자의 눈앞에 수익을 가져다 줄 것처럼 유혹을 하고 있으나 시간이 지날수록 자산만 축소시키는 투기적 행위인지를 규명하는 일은 투자자가 투자에 앞서 반드시 고민해봐야 할 문제다. 만약 주식투자가 단지 투기라고 판단된다면, 투자자들은 효율적인 투자 전략 등 모든 것을 제쳐두고 당장 주식 매매를 중지하거나, 아니면 가끔 스트레스 해소나 지인들과 어울리기 위해 가볍게 고스톱이나 포커를 치듯이 재미로 소액만을 투자하는 것이 맞을 것이다. 투기는 투기답게 물질적 수익보다는 흥미와 재미 위주로 게임 전략을 가져가야 할 것이다. 그러나 주식투자를 진정한 건전 투자라고 판단 할 수 있다면, 투자시장에 맞는 제대로 된 합리적 투자 전략을 구성하여 투자의 목적인 수익 달성을 지속하고자 노력해야 할 것이다.

전문가들의 투기와 투자 구분법

투기와 투자를 명확히 구분하는 것은 사실상 쉬운 일은 아니다. 사전적 의미에서조차 모두 '이익을 얻기 위한 행위'로 정의하고 있으나 투자는 '이익을 얻기 위해 어떤 일이나 사업에 자본을 대거나 시간을 쏟음'으로 표현되어 긍정적인 느낌을 주고, 투기는 '기회를 틈타 큰 이익을 보려고 함. 또는 그 일'이라고 하여 단지 부정적 표현이 활용되었을 뿐이다.

단, 펀드매니저 등 전문 투자가들은 좀 더 구체적인 투자와 투기의 구분법을 제시하여 왔는데, 투자와 투기를 투자 목적, 투자 기간, 투자 방법, 위험 감수 정도, 결과의 인과성 등의 기준에 따라 세분하여 구분하고 있다. 첫째, 투자 목적이 오로지 금전만이라면 투기, 금전적 목적과 함께 생산 활동이 겸비되었다면 투자. 둘째, 투자기간이 짧다면 투기, 상대적으로 길다면 투자. 셋째, 정상적 방법으로 수익을 얻고자 한다면 투자, 비정상적이고 비윤리적인 방법이 활용되었다면 투기. 넷째, 위험이 감수할만한 수준이면 투자, 과도한 위험을 가정하고 있다면 투

기. 다섯째, 우연성만을 기대한다면 투기, 합리적인 과정을 통해 우연성
도 함께 바란다면 투자 등의 구분이다.

물론, 위와 같은 구분법은 꽤 진보된 상세한 방법이나 이 또한 투자
와 투기를 명확히 구분해 줄 수는 없다. 생산활동이라는 것이 어느 정
도의 새로운 가치창출인지 그 의미가 불명확하며, 단기와 장기의 구분
은 상당히 자의적이기도 하다. 또한 위험에 대한 감수 수준도 투자자의
자산 규모에 따라 다를 수밖에 없고, 우연성에 대한 의존도도 판단하기
모호한 상황이다. 무엇보다도 위 다섯 가지 구분에 있어 어떤 점은 투
자에 속하고 어떤 점은 투기에 속할 때 어떤 결론을 내려야 할지 애매
모호하다.

▌백 가지의 표정 중에 웃는 모습만 보자

사실 투자와 투기를 꼭 이분하여 구
분하는 것 보다는 동전의 양면과 같이 동일한 것이나 표현되는 부분만
다르다고 생각함이 보다 현실적일 것이다. 실체와 효용은 같으나 어떤
면을 보고 있으며 어느 부분을 강조하느냐에 따라서 투자가 될 수도 있
고 투기가 될 수도 있는 것이다.

주식투자도 마찬가지다. 주식투자는 분명 투자적 측면도 있고, 투기
적 측면도 있으며, 같은 상황에서 같은 거래를 한다 할지라도 투자자에
따라서는 투기가 되기도 하고 투자가 되기도 하는 것이다. 이런 사실에
입각하여 기관 펀드매니저들은 주식투자를 투자로만 인식하여 시장을
중장기적으로 이기고 꾸준한 수익을 창출하기 위한 노력을 계속하고

있다. 주식투자의 투기적 측면을 분명히 알고 있으며 부정하지는 않으나 기관 투자자 스스로 투자가 투기로 흐르는 것을 극단적으로 경계하고 있으며 투자 시장이라는 분명히 한정된 공간 내에서만 본인들의 투자 철학과 투자 전략을 활용하여 운용함으로써 수익을 창출하고 있는 것이다.

본 책에서도 역시 '주식투자의 본질은 투기가 아닌 투자다.'라고 설명하지는 않는다. 주식시장에는 투기적 요소도 분명히 존재하며 한편에서는 주식시장에서 철저한 투기적 전략을 통해 수익을 창출하고도 있는데, 이를 무시한 채 주식시장 전체를 하나로 정의하는 것은 합당하지 않다고 생각한다. 단 주식시장을 어떻게 인식하고 활용하느냐에 따라 주식투자를 통해 필요한 수익을 보다 안정적이고 지속적으로 칭출 가능한 방법은 있으며, 펀드매니저라고 불리는 현대의 기관투자자들은 모두 이런 면을 활용하여 주식시장에서 개인투자자들과는 다른 성과를 지속해 오고 있음을 설명하고자 한다. 본 책에서 강조하고 있는 것은 '주식투자를 투자적 행위로 인식하고 이에 맞는 투자 행위를 지속할 때 안정적 수익추구가 가능하다'는 점이다.

왜 펀드매니저들은 개인투자자보다 수익이 좋은가?

펀드 매니저들은 불특정 대다수 고객의 투자금을 위임받았거나 본인들이 속한 기관을 대표하여 주식을 운용하는 사람들이다. 이에 펀드매니저들은 운용자금이 자신들 스스로의 자산이 아닌 고객 또는 그들이 소속된 기관의 자산이기에 일부 개인투자자들처럼 과도한 위험을 감수하면서까지 수익을 좇으려고 하지는 않는다. 이런 이유로 펀드매니저들은 주식투자를 투기가 아닌 투자로 접근하기에 유리하다. 내 자산이 아니기에 과도한 수익에 대한 불필요 욕심으로 투자 전체를 그르치지 않으며 건전한 자산 관리자로서의 책임감과 자신의 안정적인 업무 캐리어 확보를 위해 자금의 용도에 맞는 체계적이고 안정적인 중장기 투자를 지향하게 되는 것이다.

한편, 전문 투자기관들의 운용 시스템들도 최소 수년 혹은 수십년 이상의 투자 철학이 내재된 투자 조직 및 시스템을 통해 합리적 투자 과정을 도출해 내고 있다. 대부분의 기관에서는 펀드매니저 한명이 투기적 주식운용을 잘한다고 해서 투기적 전략으로 수익을 지속해 갈 수는 없는 구조란 뜻이다. 또한 기관에 속한 펀드매니저들은 본인들의 투자가 자신들 기관의 행위임에 따라 투자의 사회적 책임도 고려하지 않을 수 없다. 자칫 사회의 통념에 상반되는 투기 행위를 했을 때에는 본인이 속한 기관이 사회적 질책을 받는다는 점을 그들은 분명히 알고 있기 때문이다. 이런 이유로 기관 펀드매니저들은 타인의 자금에 대한 무책임한 운용을 할 수 없는 반면, 자산 운용의 방법 또한 보이지 않는 수많은 규제를 받고 있는 형편이다.

많은 사람들이 '펀드매니저들은 운용상의 규제와 제약이 많아 그들이 원하는 때 바로 투자할 수 없는 반면 개인투자자들은 운신의 폭이 넓어 기관투자가보다 신속한 의사결정이 가능한데도 불구하고 왜 항상 기관 펀드매니저들의 수익률이 더 좋을까?' 하는 의문을 갖고 있다.

그 답은 바로 '투자에 대한 인식의 차이'에 있다. 펀드매니저들은 기관투자가이기 때문에 투기가 아닌 투자의 방법을 항상 고민하고 있으며, 기관투자 업무를 위해서는 투자 규범 및 위험 관리 등 기관 운용상의 규제와 제약이 필수적인데, 아이러니하게도 바로 이 규제와 제약이 펀드매니저들의 수익을 안정적으로 지속시켜 주고 있는 것이다.

실패해도 승리할 수 있는
게임의 법칙

• • •

친구들과 축구 경기를 봤다. A팀과 B팀이 경기를 하고 있는데, 압도적인 실력으로 A팀이 B팀을 몰아붙이고 있었다. 볼 점유율도 패스 성공률도 유효슛 숫자도 모두 A팀이 압도적이었다. 한번은 A팀이 골을 넣으려는데 패널티에어리어 내에서 B팀에게 고의적 반칙이 선언되었다. A팀은 패널티킥을 얻었고, 킥을 차는 순간 이 볼만 골인이 되면 A팀의 승리는 확정적이라고 생각했다. 그러나 A팀은 생각지도 않은 실수로 골을 넣지 못했다. 이후 A팀의 골키퍼는 자기 팀 수비수의 발을 맞고 나온 볼을 잡지 못해 자살골로 실점을 했다. 결국 B팀이 승리했다.

이 경기를 보면서 한 친구가 얘기했다. "저거 너무 불공평한 거 아니야? A팀이 정말 경기를 잘 치렀다고. B팀은 제대로 된 슛도 거의 없었어. 난 이 경기의 진정한 승자는 A팀이라고 생각해" 그때 옆에 있던 다른 친구가 말했다. "아니지, 이게 이 게임의 규칙이야. A팀은 승리하려면 골 결정력을 높이거나 실수하지 않는 방법을 좀 더 연습해야 해."

열심히 하는 것만으로
게임의 승리는 오지 않는다

주식투자는 규칙을 정해놓고 승부를 가른다는 데 있어서 분명 '게임'의 성격을 갖고 있으며, 승패에 따라 현금이 오간다는 점에서 '머니게임'으로 분류될 수 있다. 또 서두의 축구경기 예에서 봤듯이 모든 게임에는 게임의 규칙이 있어서 규칙을 제대로 인지하지 못한 채 무조건 열심히만 한다고 게임에서 승리를 장담하지는 못한다. 게임의 규칙을 제대로 알고 그 규칙을 활용하여 효율적으로 노력하는 것이 게임을 보다 쉽게 이길 수 있는 방법인 것이다.

주식투자도 마찬가지다. 주식투자는 최고의 좋은 기업을 찾아 그 회사의 주식만 사 모은다고 해서 수익이 보장되는 게임이 아니다. 축구경기에서는 옐로카드 두 장이면 퇴장이므로 한 장 정도는 급박할 때 사용하는 용기와 상대방이 오프사이드를 범하면 골로 인정되지 않는다는 규칙에 따라 골만 보고 뛰지 않을 지혜가 필요하듯이, 주식투자에서도 무조건 돈이 될 만한 것을 찾아 하염없이 헤매다 지치는 것보다는 게임의 성격을 명확히 파악하고 해당 게임의 규칙을 분명히 숙지할 수 있어야 현명한 투자자로서의 자격이 있다고 할 것이다.

기관 펀드매니저들은 이 점을 분명히 인지하고 있다. 그래서 그들은 최고의 주식에만 모든 것을 집중하지도 않고, 시장이 아무리 좋지 않아도 주식을 모두 비우지는 않는다. 그리하여 결국은 머니게임에서 승리한다.

주식투자
게임의 방법

　　　　　머니게임은 금전 플로우의 유출입에 따라 플러스
섬게임, 제로섬게임, 마이너스섬게임으로 분류된다. 만약 주식투자가
마이너스섬게임이나 제로섬게임이라면 사실 투자 자체를 적극 회피하
던가, 아니면 투자를 한다 해도 보수적으로 접근해야 할 것이고, 만약
플러스섬게임이라면, 주식투자를 적극적으로 늘려야 할 것이므로 금전
유출입에 따른 게임의 성격을 규명하는 것은 게임을 시작하기 이전에
반드시 필요한 작업이다. 주식시장의 격언 중에 "시장은 결국 오른다."
는 말이 있다. 증권시장은 그 시대 경제 상황을 반영하고 물가상승률도
반영하기에 높든 낮든 시간이 지나면 GDP 증가율와 물가 상승률에 따
라 주가지수는 반드시 오르게 된다는 의미다. 많은 투자자들이 이를 굳
게 믿고 있다. 결국 플러스섬게임이라는 얘기다. 그런데 과연 그럴까?

　　통상적으로 국내 KOSPI 시장 규모의 판단은 시장 시가총액을 활용
하여 측정한다. 시가총액은 전 상장주식을 시가로 평가한 금액을 말하
는 것으로 전 상장 종목별로 발행주식수에 주가를 곱하고 이렇게 나온

종목별 시가총액을 모두 합산하여 계산한다. 시가총액의 규모는 점차 증가하고 있는 것이 사실이다. 앞서 격언처럼 최소한의 GDP 증가율과 물가 상승률이 시장에 반영되고 있는 것이다.

그런데 단지 시장 시가총액이 증가하고 있다고 해서 주식시장이 플러스섬게임이라고 판단할 수 있을까? 시가총액의 크기 변화는 각 종목의 주가가 상승 외에도 기존 주식의 신주 상장이나 새로운 기업의 거래소 상장 및 기존 기업의 상장 취소에 따라 영향을 받는데, 이는 주식시장의 고유 특성과는 무관한 시가총액의 변화를 일으킨다. 이에 보다 정확한 시장 규모의 증감을 통한 플러스섬게임의 판단을 알기 위해서는 KOSPI 시장의 배당금 등에 따른 현금유입에서 수수료와 거래세 등의 현금유출을 뺀 순현금 흐름을 계산해서 비교해 보아야 할 것이다. 아래의 그림은 최근 10년간 주식시장이 소폭 플러스게임을 보여주고 있다.

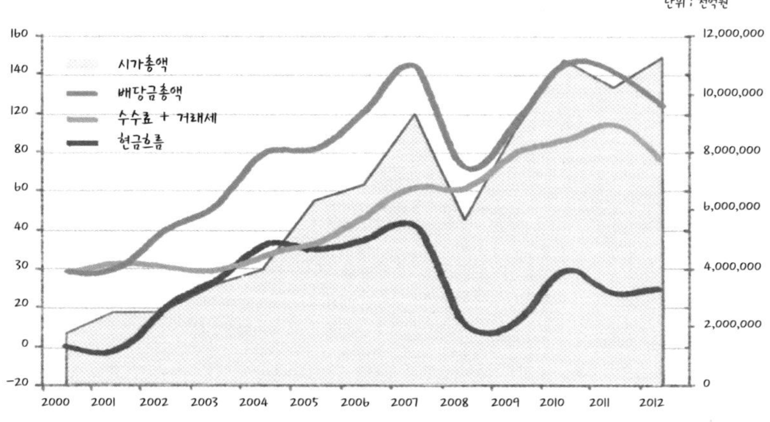

연도별 시가총액 및 주식시장 현금 유출입 변화

　　　　그러나 사실 주식투자 실전에서는 종합지수가 계속 하락한다고 해도 만일 내가 갖고 있는 주식이 계속 오를 수 있다면 투자자의 투자수익률은 종합지수의 변동과는 하등의 상관이 없게 된다. 여기서 얻을 수 있는 결론은 '주식 게임은 시가총액 전체가 하나의 게임이 아니고, 종목별로 각각 다른 게임이 다양하게 진행되고 있다.'는 것으로 귀결된다. 주식은 어떤 종목에 투자하느냐에 따라서 때로는 플러스섬게임이, 제로섬게임이, 아니면 마이너스섬게임이 될 수도 있는 것이다.

　이에 현명한 투자 게이머가 되기 위해서는 투자 종목에 있어서 플러스 게임의 종목을 찾아야 한다. 단기에는 게임의 성격을 규명하지 않아도 투자종목에 따른 수익률 차이가 크지 않을지 몰라도 투자 기간을 길게 할수록 플러스섬게임이 가능한 종목은 그렇지 않은 경우보다 높은 수익률 달성 가능성이 확연한 차이를 보이게 될 것이다. 여기서 말하는 플러스섬게임의 종목들은 배당과 같은 현금 유입이 발생되면서 자산이 점차 증가하고 있는 기업이다. 기관 펀드매니저들이 왜 실적이 개선되고 있는 우량 대형주에만 계속해서 관심을 갖고 있는지 그 이유는 분명해졌다.

게임에서
승리 하는 법

어렵지만 너무도
쉬운 주식 게임

주식이란 게임에서 필요한 기본적 규칙이란, 먼저 기초적인 주식매매를 위해 필수적으로 알아야 할 것들이다. 예를 들어 주식시장은 9시에 개장해서 3시에 폐장하며, 전후로 1시간과 10분간의 동시호가가 존재한다는 것, 주식 주문은 어떻게 내고 매수와 매도 후 입출금은 어떻게 진행되는지 등, 그리고 좋은 회사를 찾기 위한 재무제표 읽는 법, 회사 공시를 이해하는 법, 증자란 무엇이고 감자란 무엇이며, 매매에 필요한 기본적 정보는 어떻게 취득하는지 등 아주 기초적인 시장의 규칙을 말한다. 주식은 어떻게 보면 세상에서 가장 쉬운 게임처럼 보인다. 좋은 주식을 찾아 싸게 사서 비싸게 팔면 그만이기 때문이다. 그래서 어떤 투자자들은 매매를 위한 아주 기초적인 규칙만을 알고 나서도 본인들은 이미 많은 것들을 알고 있으며 투자를 하면 언제나 수익을 얻을 수 있을 것이라는 착각에 빠지게 된다.

그러나 주식투자는 너무도 어려운 게임이기도 하다. 정치·경제·문화 등 세상의 모든 이슈와 변화가 주가에 영향을 미치고 그 변수들은 또

서로에게 영향을 줘서 예측이라는 것 자체를 무의미하게 만들고 있기 때문이다. 규칙을 알고는 있되 알면 알수록 주식 운용에 필요한 규칙들이 점차 다양해지고 광범위해 지는 것이다. 이런 점을 경험한 투자자들은 때론 주식시장을 두려워하기도 한다. 자신이 모르는 것이 많기에 투자를 부담스러워하고 수익 같지 않은 수익에 시간만 소비하는 상황들도 발생되게 된다.

이렇듯 주식투자가 투자자에 따라서 매우 다르게 느껴지는 것은 투자자들이 주식이란 게임의 기본 규칙에 대한 인식을 다르게 가져가고 있기 때문이다. 과연 어느 정도 주식투자 게임의 규칙을 알고 투자를 시작해야 하는 것일까?

나에게 필요한 게임의 법칙을 익혀라

매우 기본적이고 가장 간단한 주식시장의 규칙부터 셀 수 없이 수많은 복합된 주식시장의 투자 규칙까지, 과연 필요한 모든 것을 알아야 하는 것일까? 다행히 결론은 그렇지는 않다. 최소한의 매매를 위한 기본적인 규칙들과 함께 단지 자신의 투자 스타일에 맞는 어느 정도 한정되어진 규칙으로 시장을 이해하면 그만이다. 여기서 자신의 투자 스타일에 필요한 투자 규칙이란, 자신의 투자 전략의 정립과도 일맥상통 하는데, 먼저 단기 투자자라면 기업들의 수급과 관련된 시장 규칙이 필수적일 것이며, 중장기 투자자라면 기본적 가치를 측정하기 위한 투자 규칙을 습득하고 충분히 이해하고 있어야 할 것이다. 사실 자신의 투자 스타일에 부합되지 않는 주변의 다른 투자 규칙들은 설사 그것이 진실이라 할지라도 본인의 투자에는 방해만

되는 경우가 다반사이다.

　주식투자는 시장 규칙을 고루 얕게 아는 것보다는 자신의 투자 상황과 투자 스타일에 맞게 공부하고 오직 자신의 주요 투자 전략만을 전문가 수준 이상으로 깊게 파악하여 투자에 대한 자신감을 얻는 것이 매우 중요하다. 이것은 전문 기관의 펀드매니저들 또한 마찬가지다. 비록 그들이 경제 및 경영의 전문가이고 투자한 회사의 대부분의 것들을 알고 있는 것으로 비춰지므로 제대로 된 투자를 위해서는 모든 투자자들이 펀드매니저와 같이 모든 것들을 다 알아야 바른 주식투자를 할 수 있을 것 같아 보이지만, 그들은 대부분 기관투자자로서 기업 밀착형 투자법을 사용하고 있기에 그런 정보에 훤하고 그런 정보들을 중시하고 있을 뿐이다.

펀드매니저들도 모두 자신들 각자의 방법으로 꾸준한 수익을 내길 노력하고 있을 뿐 주식투자에 있어서 모든 것을 아는 전지전능한 존재는 아님을 명심하기 바란다. 펀드매니저의 투자 전략을 참고하는 것은 좋지만, 개인투자자 입장에서는 그들과 온전히 같은 투자 전략을 적극적으로 모방할 것이 아니라면, 펀드매니저들이 아는 모든 것들을 다 배워야 할 필요는 없을 것이다.

주식이라는 게임에서 승리하는 방법

첫째, 기본에 충실하라

고스톱에서 확률 높은 패를 선택하는 것을 말한다. 먹을 것이 두 개 이상일 때 무엇을 먼저 먹고 무엇을 나중에 먹어야 하는지는 고스톱 게임 규칙을 바로 알아야 합리적인 선택이 가능할 것이다. 또한 먹을 것이 없어 빈 패를 내려놓는 때도 게임의 규칙을 알아야 상대의 득점을 최소화시키기 위한 확률 높은 패를 선택할 수 있다.

주시투자 게임에서도 최소한의 필수 규칙은 바로 알아야 보다 합리적이고 확률 높은 판단을 이어갈 수가 있다. 예를 들어 현재 보유한 기업의 증자 발표가 났을 때, 증자란 어떤 것이고 증자가 해당 주가에 어떤 영향을 미칠 수 있는지 등 기초적인 주식시장 게임의 규칙을 알아야 향후 이에 대한 적절한 대응을 할 수 있다. 주식은 승자의 게임이 아닌 패자의 게임이다. 수익을 분주히 좇다가 한두 번의 실수를 하는 것보다는 기본 규칙을 바로 알고 실수를 줄여나갈 수 있을 때 투자자의 수익률은 점차 개선될 것이다.

둘째, 과도한 욕심을 내지 않는다

고스톱에서 무리한 고를 연발하지 않는 것을 의미한다. 고를 하고 나서 추가 점수를 획득할 자신이 없거나 고 이후 상대방이 점수를 획득할 가능성이 높은 상황에서 무리하게 고를 하는 건 어렵게 벌어놓은 수익을 지키지 못하는 결과를 불러오게 한다.

주식투자도 '욕심이 과하면 전부를 잃는다.'는 게임 규칙을 가지고 있다. 이는 마치

보이지 않는 수익률의 데드라인이 있어서 투자자가 자신의 투자법 수익률 데드라인 이하를 원할 때는 수익을 지속해 갈 수 있지만, 투자법에 맞지 않는 데드라인 이상의 고수익에 욕심 낼 때는 결국 언젠가 큰 손실을 보게 되는 것을 말한다. 수익은 적절한 상황에서 실현시켜야 한다. 그리고 적절한 수익의 판단은 자신의 선택한 투자전략에 적합한 수익률을 의미한다.

셋째, 상대의 패를 읽으려고 노력하라

상대의 성격을 감안한 투자를 의미한다. 게임은 언제나 혼자 하지 않는다. 고스톱에서는 내가 갖고 있는 패와 상대가 갖고 있을만한 패의 짝을 맞춰 내가 점수에 유리하고 상대가 불리한 패를 선택해야 승리할 수 있다.

주식시장도 마찬가지다. 주식매매는 혼자서 하는 것이 아니다. 내 주식을 상대가 사고 상대의 주식을 내가 사야 수익과 손해가 실현되면서 주식시장이 계속 성립될 수 있다. 여기서 상대의 패를 예측하면서 상대의 패를 읽고 거래하는 것은 중요하다. 외국인 기관 등 주요 투자 주체들이 어떤 생각을 갖고 어떤 주식을 매매하는지에 대한 관심이 필요한 것이다. 이것은 단순히 그들을 추종하고자 함이 아닌 그들의 패를 읽고 나의 패를 보다 강화하기 위한 좋은 참고가 될 것이다.

펀드매니저 투자의 비밀

주가와 주식투자에 대한 이해와 오해

• • •

　열정을 갖고 주식을 공부하고 또한 습자지처럼 빠르게 경험을 쌓아가는 후배들을 주위에서 어렵지 않게 찾아 볼 수 있다. 그들은 모두 훌륭한 펀드매니저가 되고 싶어서 매일 주가와 기업에 대해 많은 책들을 정독하며 스스로 많은 고민에 휩싸이기도 한다. 어느 날 저녁 자리에서 후배에게 문득 질문을 받았다. "선배님은 주식 공부를 어떻게 하세요? 이미 많은 것들을 알고 계시잖아요." 급작스러운 질문에 조금은 당황했다. 하지만 잠시 생각 후 대답했다.

　"주식 공부는 책을 보고 꼭 무엇을 익히거나 암기해야 하는 것은 아니야. 물론 그런 기본적인 사항들은 필요하지. 그런데 진정 주식에 대해 공부한다는 것은 생활 속에서 어떤 뉴스나 주가에 영향을 줄 수 있는 이슈 등이 생겼을 때도 그 일이 실제 주가지수나 개별 주가에 어떤 영향을 미치고 향후 주가가 어떻게 움직일 것이란 것을 미리 예상해보고, 실제 그 흐름이 내가 예상했던 바와 어떤 차이가 있나 지속적으로 살피는 거야. 계속 반복하면서 시장을 읽고 이해하는 거지. 그게 주식 공부야."

성공 투자는 바른 이해에서 시작된다

많은 개인 투자자들이 주식투자를 통해 손해를 보고 있다. 그리고 수익이 나지 않는 근본적인 이유는 그들이 주가에 대한 오해를 갖고 있기에 투자 이전에 출발부터 잘못된 경우가 많다. 어떤 기업이 영입이 잘돼서 실적이 증가하면 주가는 자연스럽게 오를 것이라는 막연한 생각, 주가가 오르는 종목은 반드시 누군가 작전 등 거대 세력이 매집하기 때문이라는 편협한 생각 등으로 주가의 본질을 잘못 이해하고 있기에 그런 오해에 사로잡힌 투자자들은 주식 투자를 반복할수록 결국 정확한 게임의 규칙을 모르고 고스톱을 치는 것과 유사한 결과를 얻고 마는 것이다.

그들은 만일 운이 좋다면 처음 한두 판은 이길 수 있을지 몰라도 한밤을 지내고 나면 결국 남는 것은 손실 밖에 없을 것이다. 어떤 패가 어떤 패와 짝이고, 무엇이 좋고 나쁜지는 어렴풋이 알기에 주가가 오르면 기분이 좋아지고 내리면 마음이 심란해지긴 하지만 투자에 대한 이해조차 불확실하기에 어떤 패를 먹고 어떤 패를 내려놓아야 확률적으로 나에게 도움이 되느냐 하는 전략적 사고는 여전히 하지 못하고 있다.

주가 설명 공식

개별 종목의 주가는 해당 기업의 가치와 가치에 대한 해석, 그리고 해당 주식에 대한 투자자들의 심리적 상황에 따라 결정된다.

$$주가 = f\,[해당기업의\ 가치,\ 가치에\ 대한\ 해석,\ 투자자의\ 심리\ 상황]$$

해당 기업의 가치

가치는 과거의 자산가치, 현재의 수익가치, 그리고 미래의 성장가치를 모두 포함한다. 그런데 기업 가치의 근간을 이루는 것은 해당 기업의 실적이기에 실적은 과거와 현재 그리고 미래를 통해 해당 기업 주가에 절대적 영향력을 행사하게 된다. 만일 실적이 좋다면 투자자들은 이렇게 좋은 기업이 여전히 낮은 평가를 받는다는 점에 주목하여 관심을 갖게 되고, 그렇게 시장에서 주목받은 기업은 주가 상승의 기회를 얻게 되는 것이다. 특히 기업의 실적 개선과 관련된 부분은 현재 시점보다는 미래에 개선될 것이라는 객관적 근거하의 합리적인 전망이 완성될 때 보다 높은 주가 상승을 가져올 수 있다. 주식투자란, 투자자들이 미래의 기업을 보고 현재의 주가를 사는 투자행위로서 투자자들은 현재의 기업이 미래에 더 가치 있는 기업이 될 것이라는 판단이 설 때에 보다 높은 가격을 지불하고 해당 주식을 매수하게 된다.

가치에 대한 해석

밸류에이션은 해당 기업 가치에 대한 해석이 주가에 반영되는 모든 투자자들의 컨센서스다. 그리고 밸류에이션에 대한 판단은 해당 주식의 수요와 공급 원리에 따라 결정되게 된다. 수요가 많으면 가격이 오르고, 공급이 늘어나면 가격이 떨어진다는 것은 경제학에서의 기본 논리이며, 특히 주식의 경우 주가의 수요(매수세)는 시장에서 투자금을 가진 사람으로서 불특정 다수라는 데 반해 주가의 공급(매도세)은 −공매도를 제외하면− 그 주식을 보유하고 있는 경우로 한정된다는 특수성을 갖는다. 사실상 수요와 공급의 불균형 상황이다. 그런 이유로 일반적인 주가 흐름은 매도세가 없다면(또는 지극히 작다면) 주가는 결국 상승한다는 견해가 일반적이다. 그래서 일정 기업의 주가 수급을 판단할 때는 먼저 해당 기업의 매도세를 판단해 보는 것이 중요하다. 매도세를 판단하는 것은 먼저 현재의 지분 상황을 고려해야 하는 것이며, 아무래도 대주주 지분이 높거나 중장기 투자 성향이 높은 외국인과 기관투자자의 지분이 높은 경우 그들의 지분율이 변동되지 않는다면, 주가는 상승 추세를 보일 가능성이 높다.

　　주가는 해당 기업에 대한 투자자들의 단기적 태도나 반응 등 투자자들의 심리적 상태에 따라 수시로 변화되고 있다. 주가는 해당 기업의 미래 전망을 기준으로 결정되는 것이며, 미래라는 불확실성은 고정되지 않았기에 투자자들의 심리를 변화시키면서 주가를 일시적으로 오르내리게 하고 있다. 또 개별 주가에 대한 심리는 추세적으로 해당 기업이 속한 국가 경제 및 글로벌 경제와도 밀접하게 연관되어 있는데, 경제 및 경기 동향이 좋다면 이는 국내 주식시장 투자자들에게 긍정적인 군중심리를 불러일으켜 주가지수를 상승시키게 하고, 주가지수가 상승하게 되면 투자자들이 안정된 시장분위기 하에 투자 종목군을 확대하며 매수세를 늘리게 되므로 이런 일련의 과정을 통해 특정 종목의 주가도 상승 추세를 지속할 가능성이 높아진다.

**변동성의
확대**

　　앞서 밝힌 세 가지 주가 변동 원인들은 때로는 독자적으로 영향을 주기도 하나 많은 경우 서로 복합 작용하여 시장과 개별기업 주가에 영향을 주고 있으며, 세 가지 변동 원인들은 각각 서로에게도 상호 영향을 주고받고 있다. 또한 한 기업의 주가는 각각의 시기에 따라 어떨 때는 세 가지 주가 변동 사유가 유사한 비중으로 주가를 움직이기도 하고, 또 어떨 때는 한두 가지의 사유가 주가에 절대적 영향력을 행사하기도 한다.

　　한 가지 사례로 어떤 기업이 속한 국가 경제가 고성장을 구가하고 있으며, 이에 속한 해당 기업의 실적도 의미 있게 성장하고 있다고 하자. 해당 국가의 주식시장 역시 경제 호황에 영향을 받아 지수가 상승 중인 상황이다. 이에 주식을 팔려는 사람보다 사려는 사람이 많아 수급 또한 긍정적이며, 해당 투자자들의 심리는 매우 안정적이다. 그런데 어느 날 해당기업의 주요제품이 클레임이 걸려 실적이 망가질 것이라는 전망이 제기된다면, 이에 해당 주식을 보유한 투자자들은 심리가 불안해지며 매도세가 증가되고 주가는 하락 전환된다. 하지만 그렇다고 해도 한 기업의 실적 감소가 국가 혹은 글로벌 경제 및 시장동향에 절대적인 영향을 미치지는 못할 것이다. 시장동향은 양호하므로 3가지 주가 하락요인이 마지막 경제동향에 따른 중장기 심리적 변동요인에 영향을 주지 못한 채, 해당 기업은 첫 번째와 두 번째 요인에 의한 적정한 주가 하락을 끝으로 일정 시간 이후 주가는 다시 빈등이 가능할 것이다. 그러나 만약 전체 시장도 불안한 상황에서 해당 종목까지 안 좋았다면 그렇지 않았을 때보다도 해당 주가는 더 길고 깊은 주가 하락을 보였을 것이다.

주식 투자에 대한 대표적 편견

투자 철학이 정립되고 자신만의 투자법이 성숙된 투자자들은 그렇지 않은 투자자들과 단 몇 마디 대화만을 나눠 봐도 상대의 투자 수준을 쉽게 가늠할 수 있는 게 보통이다. 그들이 단기간에 상대의 투자에 대한 지적 능력 수준을 정확히 판단할 수 있는 것은 아니지만, 상대의 투자 심리가 스스로 안정화 되어 있지 못하고 군중심리에 쉽게 휩쓸릴만한 상황이냐 아니냐 하나만을 짐작해 볼 수만 있으면, 상대의 투자수익률 성적표는 눈으로 직접 보듯 명확한 경우가 많다. 이와 같은 주식시장에서의 주가에 대한 몇 가지 대표적인 편견 사례를 소개하면 다음과 같다.

1. 단기적 상승과 하락에 불필요하게 흥분하고 불안해한다

주가란 수요와 공급에 따라 결정되지만 단기 수급은 언제나 빠르게 변할 수 있는 것으로 현재 거래되고 있는 주가는 결코 안정된 상황의 주가는 아니라고 할 수 있다. 그러나 초보 투자자들은 현재의 주가가 바로 정답이며 또한 진리라고 믿는 경향이 크기에 그들은 불필요하게 흥분하거나 불안해하는 경향을 갖는다. 그들은 '현재 이 주식은 1만 원 짜리야, 하지만 더 오를 거야.'라고 생각한다. 주가 1만 원이 합리적인 가격이라고 믿기에 본 주가가 조금만 올라도 쉽게 흥분하고, 주가를 1만 원이라고 알기에 조금만 빠져도 자신의 눈을 의심하며 쉽게 당황하고 심지어는 두려워하기까지 하는 것이다. 그래서 주가가 1만 원보다 조금 올랐다면 재빨리 팔아서 실현하려 하므로 매매가 단타로 흐르기 쉽고, 또 1만 원보다 조금만 빠져도 본인이 잘못 봤나보다 하고 손절매라는 핑계에 쉽게 포기해 버리곤 한다. 하지만 심리적으로 안정된 투자자들은 현재 주가는 불안정한 상황이고, 언제나 쉽게 변할 수 있음을 잘 안다. 그래서 현재의 주가와는 다르게 본인이 직접 목표주가를 설정하고 투자를 판단하며 만일 특별한 사유가 없다면 주가가 설정한 목표가격에 도달하기 전까지는 차분히 기다리는 습성을 보인다.

2. 자신의 능력에 대한 과도한 자만감을 갖는다

모든 주식투자의 수익은 본인이 만드는 것이 아니라 상대방이 만들어 주는 것이다. 투자자가 어떤 주식을 1만 원에 사서 2만 원에 팔 수 있다는 것은 투자자 스스로가 2만 원 짜리 주식을 1만 원에 잘 사서 가능했던 것이 아니라 1만 원에 산 주식을 누군가 2만 원에 사주었기에 가능했다고 보는 것이 보다 현실적이다. 투자시장에서는 이런 점을 통틀어 '투자자의 겸손'이라 부른다. 나의 수익은 내가 가진 주식을 다른 투자자들이 좋게 봐 주었기에 가능하다는 뜻이다. 또한 주식시장에서 겸손이 무엇보다 중요한 이유는 겸손한 자의 투자 감정은 탐욕과 공포로 치우치지 않기 때문이다. 겸손한 자는 주가가 오르면 수익에 충분히 만족하고 탐욕으로 머리끝까지 먹으려다 모든 것을 다 잃는 우를 범하지 않는다. 또 겸손한 사람은 자신의 실수를 담담하게 인정하기에 끝까지 현실을 인정하지 않다가 마지막에서야 두려움으로 매도하는 우도 범하지 않는다. 그들은 상대 투자자와 증권시장 전체에 감사해하며 겸손하게 자신의 투자전략대로 꾸준히 수익을 실현시킬 뿐이다.

3. 책임 회피의 반복

미숙한 투자자들은 만일의 투자 손실 발생 시 해당 투자 책임을 다른 사람에게 미루는 것을 종종 볼 수 있다. '나는 책임자였는데, 실무자가 잘못 운용했어' 혹은 '나는 실무자였는데 책임자가 잘못 지시한 거야', '증권회사 직원이 추천을 잘못했어', '애널리스트가 분석을 잘못해서 실패한 거야' 등 그들은 투자 실패의 원인을 언제나 상대방과 시장 등 외부에서만 찾으려고 한다. 그러나 주식투자는 한두 번의 성공과 실패로 결정되는 게임이 아니다. 실패와 성공이 무수히 반복되면서 그 안에서 수익을 누적해야 하는 게임이다. 이렇게 상대방만을 탓하게 되면, 실패에서 교훈을 얻어 성공의 비중을 높여갈 수 없을 뿐만 아니라 한두 번의 실패가 그 다음의 투자에 계속 영향을 줘서 줄곧 좋지 않은 투자 결과가 반복되기 쉽다. 상대를 탓하는 것은 어쩌면 인간의 본성이기에 많은 투자자들이 책임 회피의 공통적 습성을 보일 수 있으나, 이런 인간의 본성을 이겨낼 수 있어야 안정된 투자 수익을 지속할 수 있는 것이 주식 시장에서의 투자이다.

4. 극단적인 투자자들의 성향

주식투자자들과 관련하여 흥미 있었던 또 하나의 특징은 투자자들의 성향이 낙관론자 혹은 비관론자로 명확히 구분되고 있다는 점이었다. 정도의 차이는 있으나 전문투자자 펀드매니저라고 할지라도 낙관론과 비관론 사이에서 균형이 적절히 잡힌 투자자는 생각보다 찾아보기 쉽지 않았다. 필자는 그 이유를 태생적 한계로 생각했다. 단 태생이란 이 세상에 태어난다는 뜻이 아니고 주식을 처음 시작하던 그때를 말한다. 즉, 투자자가 주식을 처음 시작하던 당시 증시 상황이 상승기였다면 투자자는 증시가 하락해도 언젠가는 다시 오른다는 낙관론을 마음 깊이 갖게 되고, 그 반대의 경우라면, 주식은 언제나 하락할 수 있다는 점을 뼛속 깊이 새겨둬 비관론 중심의 투자자가 된다는 것이다. 태생을 극복하려면 보다 많은 시장을 경험하고 또 반대의 상황을 충분히 깊게 느낄 수 있어야 하는데 주식시장에서 자신의 태생적 한계를 극복하는 일은 상상 이상의 많은 노력을 필요로 한다.

주식시장에 있어서 균형을 잡아간다는 것은 모든 투자자에게 매우 어려운 숙제다. 시장에서는 그것을 가리켜 '투자의 유연성'이라고 부른다. 하지만 처음의 그 느낌을 경험과 배움으로 이겨내는 데는 많은 시간을 필요로 한다. 먼저 투자자들은 자신이 처음 주식투자를 시작하던 때를 생각해 볼 필요가 있다. 또한 자신이 낙관론자인지 비관론자인지를 냉철히 판단해 봐야 한다. 그리고 자신이 낙관론자라면 위험에 대한 인식을, 자신이 비관론자에 가깝다면 보다 긍정적인 마인드를 시간을 두고 숙련해야 한다. 이는 주식투자에 성공하기 위해 무척이나 중요한 일이 될 것이다.

5. 불필요한 완벽주의

골프는 자연스러움을 무척이나 강조하는 운동이다. 손에 힘을 빼고 부드럽게 채를 스윙하여 홀에 공을 넣는 과정을 코스마다 반복하는 것이다. 이때 막대기로 공을 치는 일은 무척 단순해보이지만, 사실 골프란 자연스러움을 연기하는 가장 어려운 운동이기도 하다. 골프를 처음 쳐본 사람은 골프채로 골프공을 치는 것이 일반 막대기로 공을 치는 것보다 더 어렵다고 말한다. 이는 골프채라는 새로운 도구를 이용함에 따른 어색함이 자연스러움을 망각시키고 있기 때문이며, 막대기로 공을 치면 그만인데 골프라는 운동을 경계하여 마치 공식처럼 암기하여 공을 치려고 하기에 자연스러움이 사라졌기 때문이다.

주식도 마찬가지다. 주식은 충분히 가치 있는 주식을 가치보다 가격이 낮을 때 사서 적정 기간을 기다려 팔면 그뿐이다. 그런데 기본적 분석과 기술적 분석, 글로벌 경제와 경기, 산업에 대한 연구를 충분히 하고 나서 기업에 대한 모든 분석이 완료 되어야만 정확한 가격을 찾을 수 있다고 생각하는 사람들이 의외로 많다. 또한 모든 조건이 완벽한 주식을 사야하며, 주식을 정형화시켜 획일화된 주식 공식에 얽매여 투자하는 사람들 역시 생각보다 시장에는 많은 상황이다. 사실 주식이란 한 가지라도 매우 매력적인 부분이 충분하다면 매수해도 되는데 말이다. 현재의 경제 상황이 분명한 호재라면 매수할 수도 있고, 업황이 매우 좋은 상황이라면 매수할 수도 있으며, 다른 것은 아무것도 안 보고 가격 자체가 너무하다 싶을 정도로 싸다면 해당 주식을 매수할 수도 있다. 모든 것이 완벽할 때에만 매수해야 하는 것은 아니라는 말이다. 주가가 오를 때는 오를 만한 분명한 한 가지 이유가 있고, 그 한 가지 이유에도 주가는 높은 상승률을 보일 수 있다. 그러므로 완벽해야 한다는 공식을 좀 잊고 투자해보는 것은 어떨까. 지금이 바로 투자자들이 유연성에 대한 연습을 꾸준히 고민해야 할 때다.

6. 고수익에 대한 막연한 갈망

주식을 투자한다고 하면 반드시 고수익을 내야한다는 지극히 비상식적인 수익률 사고를 갖고 있는 투자자들이 많다. 그들은 주식투자에 대한 목표수익률을 두 자리로 잡으면서 주식은 위험자산이므로 최소한 채권수익률의 두 배 이상은 나와야 한다는 말을 서슴지 않는다. 예를 들면 채권투자 목표수익률을 4%로 잡으면서 주식투자는 10%로 잡는 식이다. 그러면서 채권수익률에 대한 목표달성과 마찬가지로 주식수익률도 최소한 이 정도는 나와야 한다고 강조한다. 하지만 목표수익률의 산정에 있어서 보유만 하고 있어도 달성 되거나, 혹은 부도만 나지 않으면 확보가 가능한 안정된 수익률 목표는 주식과는 다르게 평가되어야 한다. 조금만 삐끗해도 하물며 시장이 빠지면 어쩔 수 없이 손해를 볼 수밖에 없는 위험자산의 수익률 목표는 분명 구분되어 평가 받아야 마땅할 것이다.

주식수익률은 많은 위험을 이겨내야만 달성될 수 있는 매우 적극적인 수익률 목표임을 알아야 할 것이며, 또한 위험자산일수록 수익률 목표를 낮게 가져가야 됨을 명심해야 한다. 위험자산은 최대한 위험을 제거하면서 위험이 최소화된 안정된 수익률 지속을 목표로 설정해야지 위험자산의 목표수익률을 안전자산보다 높게 가져가는 것은 위험자산을 보다 더 큰 위험에 빠트리는 무척이나 어리석은 생각이다. 주식은 수익률 목표를 낮출수록 안정된 수익 달성의 확률이 높아진다. 그리고 이렇게 달성된 수익률은 낮다 하더라도 안정자산의 수익률보다는 분명히 우월한 성과로 귀결되게 된다. 그러나 그렇다고 하여 순서를 달리하여 주식수익률 목표를 안전자산보다 높게 잡는다면 그것은 손실을 크게 하는 지름길일 뿐일 것이다.

💰 액면가 낮은 주식이 더 비싼 것일까?

KOSPI 상장기업들은 대부분 액면가가 5,000원이고, 코스닥 기업들의 상당수 액면가가 500원인 기업이 많다. 그러면 액면가 5,000원 기업과, 액면가 500원 기업의 주가가 모두 1만 원으로 동일하다면, 밸류에이션 측면에서 액면가 500원 기업은 주가가 상대적으로 비싼 것일까? 많은 투자자들이 이렇게 말한다. "A란 주식과 B란 주식은 주가가 1만 원으로 같잖아. 어라? A주식은 액면가가 5백 원이잖아? 근데 주가가 왜 이리 비싸?"라고 이야기 한다.

그러나 사실은 그렇지 않다. 액면가는 주가와 무관하다. 주가의 싸고 비싸다는 밸류에이션 측면의 판단은 회사의 주당 기업가치 대비 현재 주가가 어느 수준인가를 가늠해야하는데, 기업가치는 액면가와 무관하기 때문이다. 굳이 유사한 점을 찾자면, 수익가치는 액면가와 전혀 무관할 것이고, 액면가는 자본금을 주식수로 나눈 것으로 자산가치 연관성을 찾아볼 수는 있을 것 같다. 그러나 자산가치는 해당 기업의 자산이나 자본총계의 규모를 비교할 뿐이지 자본총계 내에서의 자본금 크기는 주가와는 무관하다. 이는 마치 자본총계가 100억으로 같은 기업에서 A기업은 100억 전부가 자본금인 데 반해, B기업은 자본금 10억 원에 잉여금 90억 원으로 구성된 차이와도 같다. 아마도 B 기업이 무상증자를 한다면 A와 같은 자본금 구조를 가져 갈 수 있을 것이다. 결국 A와 B 기업은 주가 측면에서 동일한 상황임이 분명하다. 결국 액면가와 주가 간의 상관관계는 없다.

주가는 호재에 오르고 악재에 내릴까?

주식 투자자라면 누구나 호재를 기다리고, 악재를 두려워한다. 호재에는 주가가 오를 것이라 기대하고 악재에는 주가가 내릴 것이라는 막연한 생각이 있기 때문이다. 그러나 과연 그럴까? 투자자들은 어떤 경우 호재가 주가가 반영되지 않고, 심지어 악재에도 주가가 상승하는 것을 봐 왔다. 왜 그럴까? 그 답 역시 주가에 있다. 이런 경우 주가가 대부분 극단적으로 고평가 되어 있거나 또는 반대의 경우다. 주가가 극단적으로 높다면 호재가 나와도 호재는 주가를 끌어올리지 못한다. 이미 호재가 주가에 충분히 반영되었기 때문이다. 주가가 오르는 것은 사려는 사람이 팔려는 사람보다 많기 때문이고, 보다 정확한 표현은 사려는 힘이 팔려는 힘보다 더 빠르고 더 세기 때문이다.

한마디로 수급이다. 호재와 악재는 수급을 움직일 수 있는 유인책일 뿐이지 재료 자체가 주가를 움직이는 것은 아니다. 어떤 투자자들은 호재가 나와도 주가가 오르지 않을 때, 때로는 기관투자자나 외국인투자자에게 흔히 뒤통수를 맞았다는 표현도 쓴다. 그러나 대다수의 기관투자자들은 좋은 기업을 쌀 때 사서 기업이 성장하여 적정한 주가에 팔고나오길 기대하면서 투자를 하지 개인투자자를 의식하여 투자를 집행하지는 않는다. 또한 호재를 미리 알고 주식을 사고 또 호재에 주가를 팔려는 행위는 범법행위로 그런 행동은 할 수도 없는 상황이다. 흔히 말하는 뒤통수를 맞지 않으려면, 주가를 절대주가 측면에서 보지 말고 밸류에이션 측면에서 판단하여, 고 밸류 주식은 사지 않는 것이 방법이다. 자신이 비쌀 때 사놓고 주식이 내리니 기관투자자를 원망하는 것은 참으로 어리석은 행동일 뿐이다.

가격이 낮은 주식이 더 탄력적일까?

보통의 개인투자자들은 고가주는 기피하고 저가주를 선호하는 성향이 있다. 10만 원 혹은 100만 원 짜리 주식보다 1만 원 혹은 1천 원짜리 주식이 보다 상승 탄력이 높을 것이라 생각하기 때문이다. 그래서 1천만원 규모의 투자금을 1백만 원 주식 10주로 채우기보다는 1만 원 주식 1천주나, 1천 원 주가 1만주로 채우기를 선호하곤 한다. 마찬가지의 이유로 절대적인 주식 보유수를 10주나 100주를 보유하고 있는 것보다 1만주나 10만주를 보유하고 있을 때, 왠지 편안함이나 주식을 한다는 스스로의 자부심을 느끼는 것 같다. 하지만 이는 분명 오해다. 물론, 저가주가 고가주보다 변동성이 높을 수는 있지만, 변동성이 높다는 것은 기대수익과 위험이 함께 높다는 것을 의미하기도 한다.

특히 고가주가 저가주보다 통상적으로 위험 대비 기대수익률이 높다는 점에 주목해 봐야 한다. 그 이유 역시 수급 때문이다. 고가주의 경우 대부분 우량 대기업들이 많아 기관과 외국인 투자자들이 주로 거래하는 주식들로 실적 개선 등 주가 상승요인 발생 시 빠른 주가 회복력을 보일 수 있다. 저가주도 물론 주가 상승요인 발생 시 주가 회복을 보일 수 있겠지만, 많은 경우 저가주는 수급이 고가주보다 원활하지 못해서 실제 주가 상승으로의 반영은 시일이 지연되는 경우가 많다. 그리고 주식은 추세의 게임이라고 하지 않았던가. 고가주의 경우 대부분 성장하는 기업들이 상대적으로 많아서 향후의 주가 상승 또한 저가주들보다 높은 경우가 다분하다. 물론 고가주가 저가주보다 절대적으로 우월하다는 것은 아니다. 그러나 같은 경우라면, 저가주보다는 고가주에 관심을 갖는 편이 주식투자 수익률에 도움이 된다는 것은 분명한 사실일 것이다.

돈의 값을 알고
돈의 비율로 투자하라

• • •

　연기금, 공제회, 은행, 보험 등 고유자산 운용 기관들은 국내외 투자시장에 자금을 집행하는 최상위 기관들이다. 그들 기관에서는 금리가 낮아지면 이런 얘기가 들린다. "요즘 금리가 너무 낮아서 채권에 투자할 수가 없어. 앞으론 주식 좀 많이 해야겠어." 단순한 논리이고 지극히 당연한 의사 결정이다. 그리고 이런 의사 결정은 한두 기관만의 투자 판단이 아니다. 어쩌면 시장 상황에 맞는 단순하면서도 자연스러운 투자 판단이기에 자금의 성격이 유사한 투자기관들은 서로 의견을 나누지 않고서도 모두 공통적인 투자 행동을 보이는 경우가 많다.

　주식시장에 기관 매수가 유입된다. 직접투자도 늘리고 전문운용기관에 외부위탁도 확대된다. 그리고 자금이 유입되면 위탁받은 전문 운용사들도 주식을 살 수 밖에 없다. 어느 날 주식투자 확대를 결정한 책임자들이 내부 주식 운용자에게 묻는다. "요즘 기관들은 주식을 왜 이리 많이 사는 거야? 연기금도 사고 운용사들도 매수가 상당히 늘었네. 우리도 좀 샀는데 요즘 분위기가 좋아져서 다행이야"라고 말한다. 필자는 그 말에 이렇게 대답하고 싶다. "당신들이 샀잖아요. 왜 내가 사면 나와 비슷한 기관들이 같은 이유로 살 것이란 점을 알지 못하죠?" 주식시장을 움직이는 사람들 중에는 자신들이 시장을 움직이고 또 만들고 있음을 인지하지 못하는 사람들이 생각보다 많다. 증권시장은 매우 쉽지만 보이지 않게 오늘도 움직이고 있다.

돈의 가치와
투자 생리

돈을 알고
투자를 시작하자

수많은 경제지표들 중에 주식시장에서 가장 영향력 높고 중요한 지표는 금리와 환율이다. 금리와 환율은 그 자체만으로도 금융시장에서 가장 기본이 되는 '돈의 가치'를 의미한다. 한 나라의 금리는 그 나라의 절대적인 '돈의 값'을 말하고, 이종 국가 간의 환율은 '서로 간 돈의 값의 상대적 차이 비율'을 나타낸다. 주식시장에 대한 이해가 깊어질수록 주식시장 역시 금융시장의 일부일 뿐이라는 점, 그리고 주식시장을 포괄하는 금융시장은 금리와 환율에 따라 많은 것이 좌우되므로, 증권시장도 역시 금리와 환율을 떠나서는 제대로 된 분석을 할 수 없다는 점을 스스로 배울 수 있게 될 것이다.

기관과 외국인의
투자 생리를 파악하라

금리와 환율이 특히 주식시장에서 중요한 이유는 시장의 메이저 양대 주체인 기관투자자와 외국인 투자자가 금리와 환율에 매우 민감하게 반응을 보이기 때문이다. 앞선 기관투자자의 투자 예시와 같이 국내 기관투자자들 자금배분의 제1기준은 바로 금리다. 그들은 투자 자금의 상당액을 채권으로 운용하고 있기 때문에 채권수익률이 좋지 않다면 어쩔 수 없이 주식이나 대체상품에 자금배분을 증가시켜야 하는 상황에 처한다. 반면, 해외투자자들에게는 환율만큼 중요한 변수가 없다. 해외투자자들은 달러(혹은 자국 화폐)로 투자하므로 주식이 오르기 쉽지 않다고 판단되더라도 환율이 안정적으로 하락할 것이라 판단된다면 국내시장에 손쉽게 자금을 투입하는 경향이 있다. 또한 해외투자자들은 국내 시장뿐 아니라 글로벌시장을 한꺼번에 관리하고 운용하기 때문에 국내 주식의 주가 변동이 없다 하더라도 환율변화에 따른 실질 주가 차이는 그들에게 매우 민감하게 작용되고 있다.

그런즉 시장 전체나 혹은 종목별 수급 측면에서도 금리와 환율을 모르고 주식 거래를 한다는 것은 마치 상대의 전략과 상대의 투자 성격을 모르고 나보다 더 큰 상대에게 덤비는 무모한 행동과도 같다고 할 수 있다. 이런 점을 분명히 알기에 우리나라의 기관투자자들은 자신들의 동료인 기관투자자들뿐만 아니라 해외 투자자들과도 경쟁하기 위해 금리와 환율에 대한 명확한 이해를 갖고 있다. 그리고 다행인 점은 기관과 외국인 투자자들이 금리와 환율 변화에 따른 일관된 행동양식을 보이고 있기에 그들의 행동을 예측하는 것은 비교적 쉬운 편이며, 개인 투자자들 또한 이런 상황을 이해하게 되면 향후 주식을 운용하는 데 있어서 큰 이점으로 활용이 가능할 것이다.

<h1>금리</h1>

▌금리와
▌경기

　　　　금리는 경기 상황을 반영한다. 일반적으로 경기가 좋아질수록 기업은 투자를 늘리게 되면서 자금수요는 증가되게 마련이고, 이런 경우 금리 중에서도 투자와 경기에 민감한 장기금리가 먼저 오르게 된다. 한편 금리는 국가 경제의 위험 상황을 반영하기도 한다. 2009년 이탈리아와 스페인 등 PIIGS로 통칭되는 유로존 재정위기에 당면한 국가들의 금리는 매우 높은 수준이었다. 경제 위험도가 높아지면 금리가 역시 오르는데, 이럴 때는 보통 단기금리부터 빠르게 상승하기 시작한다.

　경기와 금리와의 관계가 상이하게 반응되는 이유는 산업의 성장단계에서 금리의 역할이 다르기 때문이다. 산업의 초기 성장기에서는 자금조달의 환경이 중요하므로 이런 상황에서 저금리 환경은 기업들에게 무척이나 큰 동력으로, 저금리로 인해 경기는 활성화 될 수 있다. 그러나 산업이 성숙기로 접어들면서 기업들은 충분한 자금을 쌓아놓게 되었고, 더 이상 금리인하는 기업의 성장속도를 높여주지 못하게 된다. 이때부터는 금리인하에 따른 경기 영향력이 급격히 감소하게 되는 것이다.

　금리의 경우, 정부 당국이 직접적으로 통제 가능한 경제지표라는 점이 특이하다. 기준금리란 한 나라의 기준이 되는 대표금리로 국가가 정하는 정책금리를 말하는데, 우리나라의 경우 금융통화위원회에서 매달 두 번째 목요일에 회의를 통해 결정한다. 정부 당국은 경기와 다양한 경제 변수를 고려하여 기준금리를 결정하나 부작용을 우려하여 실세금리와는 다른 방향으로 무리하게 끌어 갈 수는 없다. 하지만 결국 금리의 경우 정부의 직접적인 통제하에 변동되는 경우가 많아 통상적으로 경기에 후행하는 경우가 일반적이다. 정책 입안의 시간차가 생기기 때문이다. 기준금리는 먼저 초단기 금리인 콜금리에 영향을 주고, 다시 장단기 시장금리, 예금 및 대출금리를 움직여 궁극적으로는 실물경제에 영향을 미치게 된다.

금리와 주가

　　　　투자와 관련된 책을 읽다보면 금리와 주가의 상관관계 및 영향에 대한 내용들을 많이 접할 수 있다. 대개 금리인하가 주식시장에는 우호적이라는 해석이다. 금리인하는 금융비용 감소로 기업실적 개선에 긍정적 영향을 미치며, 개인 측면에서도 가계부담이 감소하여 소비 증가 여력이 커짐에 따라 풍부해진 시중 유동성은 주식을 비롯한 위험자산으로 이동할 개연성이 높기에 주식시장에 호재로 작용한다는 해석이다. 그러나 현실 투자시장에서는 금리인하가 주식시장을 상승시킬 때도 있지만, 책의 설명과는 다르게 금리가 주식시장에 영향을 주지 않는 것처럼 보이기도 하고, 또 어떤 때는 주식시장에 부정적으로 영향을 미치는 경우도 종종 보이기도 한다. 왜 그럴까? 정확히 설명하면 금리가 주가에 영향을 주는 것이 아니라 주식시장의 금리에 대한 컨센서스(Consensus)가 실제 금리변동을 어떻게 해석하고 있는가에 따라 주식시장이 영향 받기 때문이라고 할 수 있다.

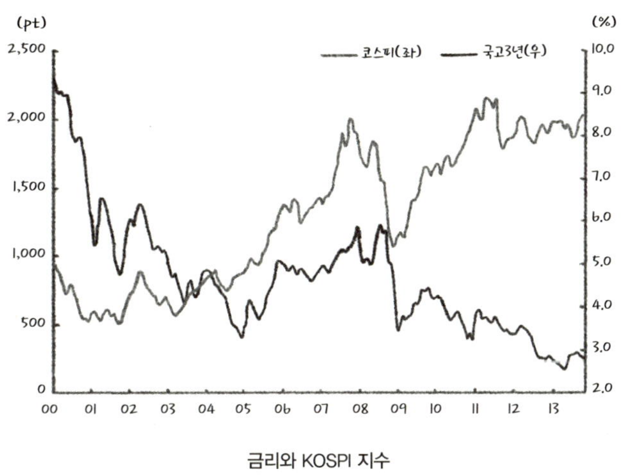

금리와 KOSPI 지수

각국 중앙은행은 경기를 고려해 정책금리(기준금리)를 결정하는데, 기준금리의 변동은 매달 정해진 날짜에 변동되므로 금통위 발표 전까지는 애널리스트 등에 의해 이번 달의 금리 변동여부의 시장 컨센서스가 모아지게 된다. 즉 금리 하락의 컨센서스 하에서 금리가 실제로 하락한다면 금리인하가 미리 시장에서 반영되었기 때문에 막상 금리인하 당일 이후의 주식시장에 끼치는 영향은 크지 않을 것이다. 그러나 동결의 컨센서스 하에 금리가 깜짝 인하된다면, 주식시장은 단기적으로 상승세를 보일 것이다. 그리고 더 중요한 것은 기준금리 변동에 대한 시장의 해석이다. 대체적으로 금리의 인하는 향후 주식매력이 증가될 것으로 판단되어 주식시장을 끌어올리기도 하지만, 정책금리를 인하했다는 점은 현재의 경기가 좋지 않다는 상황을 알려주는 시그널로 작용하여 주식시장이 부정적 반응을 보이는 경우도 다반사다.

이론적으로는 아래 '정률성장 영구채권 현재가치의 변형된 공식'을 통해서 금리와 주가의 관계를 유추해 볼 수도 있다.

$$PV=C/r-g \quad PV/C=1/r-g$$

정률성장 영구채권의 현재가치 공식

'주가[(PV)/이익]'은 '할인율[(r-g)]'의 역수란 뜻으로 금리를 올리면 주가의 할인율이 커지므로 주식시장은 하락하게 된다. 반면 금리가 하락하면 기업의 할인율이 낮아져 PER 기준지수가 높아지고, 주가가 동일할 때 상대적으로 주가는 가격 매력이 높아지게 된다. 그러나 성장률과 관련하여 금리가 하락한다 할지라도 성장률이 그 이상 커질 수 있다면 할인율은 낮아져서 주가 상승이 가능하다고 설명될 수 있다.

한편 실무적으로는 절대금리 값의 높고 낮음이 아닌 '장단기금리차'가 주가를 선행함으로써 상대적으로 높은 시장 예측력을 보인다. 장단기금리차의 하락은 경기둔화에 대한 우려를 시사 하는데, 통상적으로 향후 경기에 대한 전망이 낙관적일 때 장기금리는 인플레이션 가능성의 증가로 빠르게 상승하며 장단기금리차는 확대되게 되고, 경기둔화는 이에 따른 디플레이션 리스크로 인해 장기금리가 하락하며 장단기금리차를 하락시키게 된다. 또한 장단기금리차의 역전현상(마이너스)은 경기의 과열로 단기금리가 급격히 상승되었을 때 발생되며, 이는 현재

주식시장 또한 너무 과열되어 있으므로 향후 하락 전환 가능성이 높다
는 시그널을 보여주곤 한다.

환율

환율은 각국의 통화량, 경제성장율, 경상수지, 금리 등 펀더멘털에 따른 상대차로 발생하게 된다. 그러나 2008년 서브프라임 이후에는 글로벌 리스크 변동에 따른 위험 선호도 변화와 어느 국가의 중앙은행이 더 빠르게 많이 돈을 찍어내느냐에 따라 달라지고 있다.

환율과 주가

일반적으로 환율과 주식시장은 역의 상관관계가 뚜렷하다. 글로벌로 보아도 국가별 큰 차이 없이 자국의 통화강세 국면에서는 주식시장도 강세였고, 국내 증시도 과거 원화강세 국면에서는 KOSPI 시장이 강세를 보였다. 그래서 금융위기 발생 우려 등으로 환율이 급등할 때가 주식시장에서는 매수 기회였을 때가 많았다. 환율급등은 오히려 수출액 증가와 국제수지의 흑자를 초래했기 때문이었다.

구체적으로 원화강세가 주식시장에 미치는 영향은 첫째, 수출경쟁력과 그에 따른 매출변화, 둘째, 유동성 유출입 효과 이렇게 두 가지로 확인해 볼 수 있다. 먼저 원화강세 시 수출경쟁력은 부정적이다. 그러나

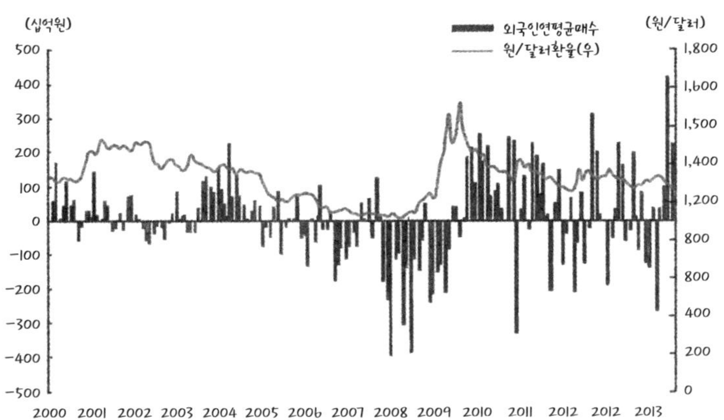

환율과 연도별 외국인 순매수 추이 변화

환율변화에 따른 수출경쟁력 영향은 환율의 방향보다도 환율의 절대
수준이 더욱 중요하다. 원화가치는 상승한다 할지라도 과거에 비해 여
전히 절대적으로 싼 상황이라면 이에 따라 원화강세에 따른 수출 감소
의 부정적 영향은 생각보다 크지 않은 것이 보통이다. 둘째, 유동성 부
분은 환율의 방향도, 현재 환율의 절대적인 상황보다도 더 중요한 것이
있다. 환율의 미래에 대한 기대치다. 대개 많은 책들에서 원화강세 시
유동성이 유입된다고 설명되는 경우가 많은데, 보다 정확한 표현은 '미
래 환율이 지속적으로 절상될 것이 예상된다면 유동성 유입이 가능하
다'고 설명되어야 한다.

또한 원화강세에 따른 외국인의 순매수 확대를 보다 냉철하게 판단
해 봐야 한다. 뉴스에서는 '원화강세 때문에 외국인 자금이 유입되었다'
는 해석을 즐겨 한다. 그러나 실제로 국내 주식을 매수하는 외국인들
입장에서는 만약 그들이 원화의 강세로 수익을 얻고자 했다면 주식보
다는 직접적으로 환율효과를 기대할 수 있는 외환시장이나 환율 외 기

71

타 변동성이 주식보다 안정적인 채권시장으로 수익을 얻는 것이 보다 합리적인 선택이었을 것이다. 실제 원화강세에 따른 주식시장의 외국인 유입은 직접적인 외환 차익보다는 국내의 펀더멘털에 대한 자신감이 매수의 더 큰 이유였을 가능성이 높다. 한편 흔히 외국인 투자자라고 하면, 대부분을 달러 이용 투자자로 보는 경향이 있는데, 실제 중국, 아랍 등 비달러 이용 외국인투자자 비중이 빠르게 높아지고 있다는 사실을 알아야 한다. 통상적으로 비달러 환율은 원달러 환율과 반대로 움직이는 경우가 많다. 그러므로 원화강세로 외국인 자금이 유입되었다는 해석은 그다지 명쾌하지가 않은 것이다.

환율을 통해 외국인투자자들의 투자 성향을 분석하려면 원 달러 환율별 외국인 순매수 현황이 참조될 수 있다. 2000년 이후 외국인들은 실제 원달러환율 1,000원 이하에서는 매도우위를 보였음을 확인할 수 있을 것이다.

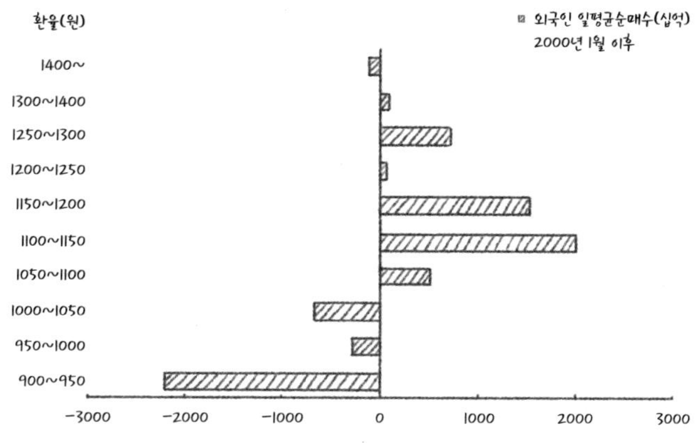

환율과 연도별 외국인 순매수 추이 변화

　그러나 외국인들은 절대 환율 가격만 보고 순매수를 판단하지는 않는다. 보다 분명한 사실은 외국인들은 환율이 내릴 것이라는 자신이 있을 때 가장 많이 사고, 반대로 환율이 오를 것이라는 확신이 있을 때 순매도 규모가 가장 커진다는 사실을 알고 있다는 것이다. 물론, 외국인들이 주식 순매수에 있어서 환율만 고려하는 것은 아니다. 우리나라 시장의 절대 밸류에이션 수준이 싸고, 향후 기대가 높아져야 순매수를 지속할 것이다. 그러나 외국인 투자자들에겐 환율의 중요성이 결코 간과될 수 없다.

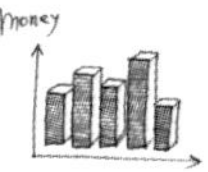

투자자별 매매동향을 이해하는 법

외국인 투자자들은 국내 펀더멘털에 대한 신뢰와 각국의 환율차가 그들의 투자 판단의 최우선 기준임은 분명하다. 그러나 국내 기관투자자는 연기금, 은행, 증권, 보험 등 고유기관투자자와 자산운용사, 투자자문사 등 전문운용 기관투자자의 기관군별 자산 특징에 따라 최우선 투자판단의 기준이 서로 다르다. 전문운용 기관투자자들은 그들의 투자금이 고유자산 기관의 자금이거나 불특정 다수의 공모 펀드 자금이므로 시장 활황에 따른 주식시장으로의 자금 유입에 가장 큰 영향을 받는다. 즉, 전문운용기관들은 시장이 지속적으로 오르면 자금유입에 따라 어쩔 수 없이 주식 매입을 확대하고, 주가가 하락하면 자금 유출에 따라 팔고 싶지 않아도 주식을 팔아야 할 상황에 직면하게 된다.

어느 날 KOSPI 시장 변동성이 크게 확대되면서 외국인은 매도하고, 투신권은 매수하고, 또 은행과 보험사들은 매도했으며, 연기금은 매수했다고 치자. 그러면 대다수의 투자자들은 "투신권과 연기금은 주식시장을 좋게 보네, 외국인과 은행, 보험은 매도했네, 외국인들이야 국내 상황을 잘 모른다고 해도 국내 기관인 은행 보험들은 도대체 왜 파는 거야?"하고 의문을 가질 것이다. 그러나 궁금해야할 하등의 이유는 없다. 요약하여 설명하면, 외국인은 환율이 장차 불리해질 것이라 판단하여 팔았고, 은행과 보험은 금리가 장차 오를 가능성이 높아 주식을 줄였을 뿐이다. 투신권은 펀드가 유입되니 어쩔 수 없이 산 것이고, 연기금은 주식매수 연간 계획에 따라 변동성이 커지자 매수 물량을 예정대로 늘렸을 뿐이다. 그들이 거래한 이유들은 기관이라 할지라도 각각 다르며 기관들의 이런 운용 방향은 한동안 유지되게 된다. 시장은 아는 만큼 보이는 법이다.

펀드매니저 투자의 비밀

위험으로부터 수익의 열쇠를 찾다

• • •

위험이란 투자활동에서 생기는 불확실성의 총계를 의미한다. 그리고 수치적으로는 수익률이 달성되지 않을 가능성의 확률, 그리고 통계적으로는 분산이나 표준편차로 위험이 계산되는 것에 대해 수많은 투자자들이 동의하고 있다. 그러나 위험에 있어서 기본적인 가정은 간과하고 있는데, 예를 들어 A투자자는 어느 한 기업의 주식을 샀으나 해당 주식을 매수한 이후부터 줄곧 주가가 빠져 큰 손실을 얻게 된 경우, 알고 보니 해당기업은 A투자자가 매수할 당시부터 심각한 악재를 갖고 있던 종목이었다. A투자자가 당시에 그것을 모르고 성급하게 투자한 것이었는데, 과연 A투자자는 확률적인 위험에 빠진 것일까?

이것은 확률적 투자 위험이 아니다. 해당 투자자는 정보 부족이나 성급함으로 인해 손실을 보게 된 것이지 해당 손실은 불확실성이라 표현되는 확률적 위험에 노출된 결과가 아니다. 그리고 리스크 이론서에서도 위험이란 합리적인 투자행위를 했을 때 미래의 수익을 위해 어쩔 수 없이 부담해야하는 반대급부로 이야기 하고 있다. 이론대로라면 위와 같은 투자자의 실수나 무지에 따른 투자 실패를 위험으로 볼 수는 없을 것이다. 그러나 실전 투자에서는 투자자들이 실수나 무지 때문에 너무도 많은 손실을 보고 있으며, 이를 줄여야 만이 정말 실질적인 투자 위험을 감소시킬 수 있게 된다. 이론에서만 얘기되는 위험의 인식과 측정만으로는 투자자들의 보이지 않는 실질 위험이 제거되지 못하고 있는 것이다.

불확실성 위험과 합리적 투자

투자에 있어서 위험이란, 미래의 수익을 위하여 현재의 소비를 포기하면서 발생되는 모든 불확실성의 총계를 말한다. 위험은 크게 피할 수 없는 위험과 투자를 함에 있어 피할 수 있는 위험으로 구분되고 있으며, 피할 수 없는 위험은 만약 피하지 않는다하더라도 위험을 감수한데에 따른 수익률 증가는 기대할 수 없어 '보상받을 수 없는 위험'으로 표현되고, 반면 투자의 요구수익률 증가에 따라 반드시 증가되는 불확실성의 위험은 '보상받을 수 있는 위험'으로 이는 피할 수 있는 위험으로 구분된다.

위험 ┌ 피할 수 있는 위험 = 보상받을 수 있는 위험
     └ 피할 수 없는 위험 = 보상받을 수 없는 위험

위험의 구분

불확실성이라는 개념이 통계적으로는 기대수익률을 벗어나는 초과수익과 수익저조, 손실을 모두 포함하고 있으나, 통상적으로는 손실의 가능성을 의미한다. 그러나 주의해야 할 점은 손실 가능성 또한 모두가 불확실성하의 위험은 아니라는 점이다. 불확실성의 위험이란 합리적인

투자활동에서 생기는 위험만을 지칭하는 것인데, 예를 들어 앞의 A투자자 사례에서 보듯 기업의 악재를 모르고 단지 주가가 싸다는 이유로 주식을 매수하고 나서 이후 주가가 더 큰 하락을 보였을 때, 그리고 경제 상황이 어두움에도 불구하고 어설픈 역발상 전략을 들먹이면서 잘못 매수한 사례 등은 이와 같은 불확실성 하의 투자 위험에 포함되지도 않으면서 투자자들을 더욱 궁지에 빠트려 버린다.

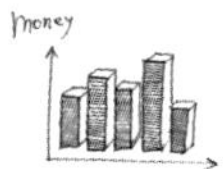

주식투자의
위험관리

주식투자는
언제나 위험하다

　　　　　　　　모든 투자 행위에는 반드시 위험이 따른다. 주식투자도 마찬가지다. 더욱이 주식투자는 여타의 자산보다 변동성이 높기에 위험도 높으며 투자 활동이 신속하게 이뤄지므로 군중심리에 휩쓸려 감성적 판단으로 투자되는 경우도 많다. 그러기에 더욱 위험하며 어떤 의미에서 주식은 투자하지 말아야 할 투자대상으로까지 언급되기도 한다. 매우 안타까운 현실이다.

　그러나 주식이란 본인뿐만 아니라 남들도 같은 높은 위험 하에서 함께 경쟁한다는 점에 따라 만약 스스로의 위험을 줄이거나 컨트롤 할 수 있다면 안정적인 고수익을 지속할 수 있는 매우 매력적인 투자처이며, 실수를 줄일 수만 있다면 상대적으로 투자의 승리 가능성이 매우 높아지는 게임이다. 그런데도 많은 투자자들이 주식투자의 절대적 위험만을 책에서 배운 대로 곡해하고 자신들의 짧은 경험에만 비춰 높은 변동성만을 극단적으로 두려워하고 있다.

　　통상적으로 위험과 기대수익률은 정의 상관관계를 보이며, 만약 어떤 투자 건의 기대수익률이 높다면 위험 또한 높은 것은 당연할 것이다. 위험이 높을 것이라고 판단되는 투자 건은 투자자들의 요구수익률도 높아질 것이기 때문이다. 채권같이 부도만 나지 않으면 이자가 지급되는 비교적 안정적인 투자처는 기대수익률이 낮을 수밖에 없고, 주식과 같이 매일 주가가 크게 변동하는 자산은 기대수익률이 높은 것도 바로 그 이유 때문이기도 하다.

　그러나 위험과 기대수익률의 크기가 항상 일정하게 증감되지는 않는다. 그 이유는 대부분의 투자자들이 투자를 하면서 스스로 '불필요 위험'에 노출되고 있기 때문이다. 이는 앞서 얘기한 '보상받는 위험'과는 다르다. 보상받는 위험은 피할 수 있음에도 피하지 않고 위험을 감수하면서 수익을 얻으려는 투자 행위상의 보편타당한 위험이나, '불필요 위험'이란 피할 수 있음에도 불구하고 무지나 실수로 피하지 않았으므로 보상도 받지 못하는 위험을 뜻한다.

　이처럼 주식투자에 있어서 진정한 위험관리란, 피할 수 있음에도 불구하고 보상받지 못하는 위험을 제거하거나 감소시켜서 투자자가 부담해야할 총 위험의 크기가 투자의 기대수익보다 낮게끔 만들어주는 일을 말한다. 주식과 같은 변동성 높은 금융투자는 불필요 위험만 줄일 수 있다면 초과수익 달성 가능성이 매우 높아질 것이므로 위험에 대한 정확한 평가와 판단은 투자에 있어서 매우 중요한 일이다.

보편적 위험 ─┌ 피할 수 있는 위험 = 보상받을 수 있는 위험
          └ 피할 수 없는 위험 = 보상받을 수 없는 위험

불필요 위험 　 피할 수 있으나 보상 받을 수 없는 위험

위험의 구분

수익률 추종과
위험 관리 게임

■ 주가 변동성을
■ 제대로 인식하자

주식은 변동성이 매우 높은 자산이다. 주식의 가격이 회사의 기본적 가치를 반영한다고는 하나 대부분의 주가는 한정된 증권시장 내에서의 수요(매수세)의 부족과 군중들의 쏠림 심리의 이유로 회사의 가치를 제대로 반영하지 못하고 있는 경우가 대부분이다. 만약 어떤 회사에 실적 부진이라는 악재가 등장하여 주가가 하한가를 쳤다고 하자. '해당 실적 부진상의 악재는 과연 주가 하한가만큼의 기업가치의 하락을 가져오는가?' 애널리스트들은 커버리지 기업에 주가 변동 이슈가 발생되었을 때, 과연 해당 이슈가 주가에 얼마나 큰 영향을 줄 것인가를 재빠르게 계산해 발표하곤 한다. 그러나 '언제 주가가 애널리스트의 분석만큼만 움직인 적이 있었던가?' 그리고 '같은 이슈에 대한 애널리스트들의 판단은 왜 각기 다르단 말인가?' 악재가 아닌 호재인 경우에도 마찬가지다. 호재가 발생되었을 때도 주가는 대개 그 이슈의 실제 크기 이상 가격이 움직이는 것이 다반사다. 그런데 아이러니하게도 주가의 이런 과도한 변동성은 주식시장을 액티브하게 만들면서 많은 투자자들에게 투자 기회를 제공하고 있다.

┃실수를 줄여 불필요 ┃위험을 최소화 하자

　　　　　　　　　주식투자는 실수를 줄이는 게임이다. 이는 마치 실력이 비슷한 플레이어들의 아마추어 골프 경기와도 비슷해서 '오늘 누가 더 잘해서 승리하는가'의 게임이 아니고 '오늘은 누가 더 실수를 적게 하느냐'에 따라 승패가 결정되고 있다. 오늘날의 주식투자에는 수많은 정보가 공개되어 있고, 또 수많은 투자 전략도 공개되어 있으며, 특히 투자에 대한 논리가 점차 단순화 되고 있어서 어느 정도의 경지에 오른 투자자라면 유사한 투자 판단을 하는 것은 어찌 보면 당연한 일이다. 단, 차이라면 성공하는 투자자는 실패하는 투자자보다 실수를 훨씬 적게 한다는 것이다. 투자 방법이나 전략이 미리 구성되어 있고, 투자에 대한 접근 자체가 여유롭고, 다양한 투자 경험을 갖고 있는 기관투자자는 그런 의미에서 투자를 보다 안전하게 접근하여 투자 성공을 이끌어 낼 수 있는 유리한 고지를 선점하고 있다.

이에 성공적인 주식투자자가 되기 위해서는 실수를 줄어서 불필요 위험을 최소화하는 것이 가장 효율적이다. 단 위험 자체를 극단적으로 회피하려고 해서는 안 된다. 주식투자의 본질은 위험을 감수함에 따른 안전자산 대비 고수익을 창출하고자 하는 것으로 먼저 시장에서 요구하는 위험의 수준을 찾고 투자자 자신들이 감수할 수 있는 위험의 정도를 파악하여 위험대비 고수익 투자를 추구하면서 불필요 위험들을 줄여 나가야 할 것이다.

🪙 기관투자자의 위험관리 방법은?

기관 투자자들은 어떤 위험은 수용해야 하고 또 어떤 위험은 반드시 회피해야 하는지를 분명히 알고 있다. 이것은 수익률을 결정짓는 기관투자자와 개인투자자의 큰 차이점 중 하나다. 상당수의 개인투자자들이 어찌됐던 수익이 나면 그만이야 하는 단편적인 투자관을 갖고 있는 반면, 기관투자자들은 위험관리가 곧 수익이라는 점을 분명히 인식하고 있으므로 위험을 체계적으로 관리하고 있다. 또한 기관들은 수년이상 축척된 내부의 투자 철학이 정립되어 있으며, 투자 생리도 많이 알고, 그리고 특히 미들오피스, 리스크 담당부서, 준법감시, 컴플라이언스 등 조직적이면서도 시스템적인 위험관리 체제를 구축하고 있어서 해당 펀드매니저 자의가 아니어도 최소한의 위험관리를 하지 않을 수 없는 입장이기도 하다.

기관투자자들은 통상적으로 다음과 같은 방법을 통해 위험을 관리한다.

1. 연간 계획을 통한 목표이익 및 손실한도의 설정 (일간/월간/분기/연간)

2. 주식운용 한도 (운용자별 분산투자/운용자별 금액조정)

3. 분할 매수 (기간별/금액별/지수대별)

4. 다수 종목의 포트폴리오 운용

5. 운용분석 보고 (일간/월간/분기/연간)

6. 내부 손절매 규정 (종목/펀드/투자자별)

7. 상위기관 운용보고 체계 (금감원/협회 등)

Part 2

그들만의 행동

밸류에이션의
환상에서 벗어나라

• • •

필자는 리서치센터로 발령을 받은 이후, '밸류' 혹은 '밸류에이션'이라는 단어를 머릿속에서 잠시도 잊은 적이 없었다. 우리나라 말로는 '가치', '기업가치' 혹은 '기업가치평가'라고도 불리는데, '밸류에이션'이라는 단어만큼 애널리스트들이 자주 사용하고 또 그만큼 중요한 단어는 없을 것이다. 그리고 '밸류에이션'은 기관 펀드매니저에게도 매우 중요한 의미를 갖는다. 펀드매니저들의 투자 잣대가 되기 때문이다.

펀드매니저들은 주식 투자의 최고 전문가이기에, 어쩌면 그들에게는 그들만의 어려운 투자 잣대가 있을 것이란 생각이 들 수 있다. 필자 역시 과거에는 당연히 그럴 것이라 생각했다. 그러나 필자가 수많은 펀드매니저들을 접하고, 그들과 함께하며, 또한 그들 중 한명이 되어서까지도 펀드매니저들에게 그런 것들은 없었다.

국내 펀드매니저들의 투자 잣대 중 대부분은 일반 투자자들이 상상하는 것만큼 복잡하지 않다. 그들의 잣대는 매우 심플하고 간결하다. 당연한 것이 주식의 투자 판단은 매우 명쾌하고 신속하게 진행되어야 하기 때문이다. 그러나 투자 잣대가 간결하다고 해서 'PER 10배 이하, PBR 1배 이하는 싸다'와 같은, 맹목적인 밸류에이션에 대한 이해는 곤란하다. 단순하지만 각 지표가 내포하고 있는 진정한 의미를 제대로 알고 보다 정확한 직관으로 해당 지표를 활용 수 있어야 할 것이다. 펀드매니저들에게 있어서 그들의 투자 잣대는 매우 심플하고 간결하나 그들의 투자 잣대에는 그들 각자의 투자 철학이 녹아있어서 그들은 자신들만의 기준을 활용하여 최고의 펀드 수익률을 지금도 달성하고 있다.

밸류에이션

가치와 가격

　　'밸류'란 사전적으로 '가치' 또는 '가치액'을 의미하며 '밸류에이션'이란 '가치평가'를 가리킨다. 이는 '가격'과 혼동될 여지가 있는데, 가격과 가치를 상대적으로 풀어서 표현하자면, 가치는 본질적으로 갖고 있는 효용성을 금액으로 표현한 것이며, 가격은 시장에서 수요와 공급이 만나 형성된 실질 금액이라고 말할 수 있다. 가치와 가격의 차이는 '물과 다이아몬드의 역설 (Water-Diamond Paradox)'에서 잘 설명되고 있는데, 물은 무료 혹은 상당히 저렴한 금액으로 거래가 되나 인간의 생명 유지에 필수적인 물질이며, 다이아몬드는 재산의 증명수단 외에는 실질적 효용성은 크지 않으나 매우 높은 가격으로 거래되고 있다는 설명이다. 즉 가치는 높으나 가격이 낮을 수 있고 실질 가치가 크지 않아도 높은 가격을 받을 수 있다는 이야기다. 물론 물과 다이아몬드는 희소성의 차이에 따라 가격이 상반되게 거래되고 있으나, '가치와 가격이 항상 일치되어야 하는 것은 아니다'라는 점을 설명해 주고 있다.

가치(Value)는 투자에 있어서 핵심적인 개념이지만 온도계로 온도를 재듯이 정답을 도출해내기 어렵고, 또 객관적인 측정도 어렵다는 점에서 일종의 추상적인 개념처럼 느껴지기도 한다. 가치를 구성하고 있는 어떤 재화에 대한 효용과 선호도는 사람들에 따라서 다르기 때문이다. 이에 일정 시점에서 객관적으로 가치를 측정한다는 것은 결코 쉽지 않은 작업이다.

기업 가치평가의 방법

기업의 가치평가 방법에는 본질가치평가법과 상대가치평가법이 있다. 본질가치란 합리적인 평가기준에 의하여 측정되는 주식의 고유가치 혹은 내재가치를 말하며 흔히 해당기업의 자산과 수익을 기준으로 한 자산가치 및 수익가치를 2대 3으로 가중평균하여 계산한다. 간략한 계산법으로 명확히 해당기업의 기업가치를 평가할 수 있다는 장점에 따라 초창기의 벤처기업이나 기업의 IPO에 활용되고는 있으나 어느 누구도 계산된 본질가치가격이 해당 기업의 기업가치라고 생각하는 투자자는 없는 관계로 단지 참고하는 수준으로만 평가 값이 인정되고 있는 상황이다.

또한 본질가치평가법에는 미래현금흐름할인모형(DCF) 방법이 있는데, 기업운영을 통해서 미래에 유입될 현금을 현재가치로 할인하여 기업의 가치를 구하는 방법이다. 미래현금흐름할인모형(DCF)은 배당할인모형(DDM), 잔여이익모형(RIM)으로 분화되고 개량되어 왔다. 그러나 할인법을 통한 가치평가는 평가자의 주관이 개입될 여지가 많고, 미래의 예상 매출과 손익 그리고 할인율에 따라서 평가된 가치 값이 너무

높게 평가되거나 크게 변할 수 있어서 실전 투자분석에 있어서는 공감
대를 폭넓게 받지 못하고 있는 상황이다.

그래서 시장에서는 흔히 기업가치평가라고 하면 '상대가치평가'를
의미하는 경우가 많다. 상대가치평가법에는 PER, PBR, PSR, EV/
EBITDA 등의 다양한 평가 방법이 있는데, 재무제표로 확인된 기업의
규모와 증권시장의 시가총액을 비교하여 해당 기업의 현재 평가수준이
높고 낮은지를 개략적으로 판단하는 방법이다. 상대가치평가법은 어차
피 기업가치를 정확히 계산한다는 것은 어렵다는 가정하에 해당기업의
수익, 장부가치, 매출 등 그밖에 주요 요소들을 기준으로 현재 시장에
서 결정된 주식의 가격이 싼 건지 혹은 비싼 건지만을 상대적으로 비교
평가하고 있다.

물론 상대가치 또한 가치평가를 통해 정확한 답을 얻을 수는 없지만
상대가치의 비교대상이 동종업계 혹은 유사 업종이 된다는 점에서 평
가의 합리성이 인정받고 있다. 특히 상대평가의 경우 다양한 상대평가
기준을 두루 함께 고려함에 따라 해당 기업을 여러 측면에서 검증해
볼 수 있으며 기본 논리가 명확하고 간결하여 직관적인 투자판단이 수
월하다는 장점에 따라 국내외 기관 펀드매니저들도 폭넓게 활용하고 있
는 상황이다.

PER : 해당 기업의 인기도 평가

PER(price earning ratio, 주가수익비율)은 해당 기업의 시가총액을 한해의 기업 순이익으로 나눈 값이며, 기업의 현재 주가가 주당 순이익의 몇 배로 거래되는지를 나타내 주는 지표다. 기업가치 측면에서는 '해당기업의 시장 평가가 그 기업의 순이익의 몇 배의 가치를 시장에서 인정받고 있는가'를 나타낸다. 예를 들어 PER이 10배인 주식의 경우 투자원금(주가)을 회수하려면 1주당 1년간 벌어들이는 이익을 기준으로 하여 10년의 시간이 걸린다는 뜻이다. 즉 현재의 주가는 향후 10년치의 이익을 이미 모두 반영하고 있음을 의미한다. 그런즉 PER의 값은 시장에서 평가받는 '해당기업의 인기도'라고 표현이 가능하다.

왜 PER 10배 이하는 싸다고 하는가?

그러면 이런 PER 값에 대하여, 왜 많은 사람들은 통상적으로 10배 이하의 주가는 싸다고 생각하고, 반면 배수가 그 이상이라면 부담을 느끼고 있는 것일까? PER이 10이란 해당 회사의 순이익으로 투자원금을 회수하려면 10년이 걸린다는 이야기인데, 왜 굳이 10년이 기준점이 되고 있을까? 개념적으로 PER은 정률 성장 영구채권의 현재가치인 PV=C/r-g에서 변형된 PV/C=1/r-g 공식에서 유래되었다. 만약 성장이 없다면, 주가를 이익으로 나눈 값은 해당 기업의 할인율의 역수와 같다는 뜻이다. 즉 PER이 10배수를 보이는 기업의 할인율이 10%란 뜻과 같다. 할인율은 기업의 조달금리로 표현되며, 우량 기업들의 조달금리는 대부분 10%를 넘지 않을 것이다. 또한 지속성장이 가능한 기업이라면 조달금리가 다소 높아도 안정적 주가평가를 받을 수 있음을 알 수 있다. 이에 따르면 우리가 흔히 알고 있는 PER의 높고 낮음의 기준은 계산적으로는 조달금리가 10%가 되지 않음에 따라 PER도 10이 아닌 그보다 약간 높은 수준의 배수가 보다 합리적일 것이다. 그러나 아마도 시장에서는 보다 싼 주식 찾기를 원하는 성향을 갖고 있으며, 기격이 가치보다는 다소 낮세 형성되는 것 또한 일반적인 상황으로 현실 주식시장에서는 실질 계산보다 소폭 낮은 PER 약 10배의 배수를 '싸다, 그렇지 않다'의 기준으로 삼은 것으로 생각된다.

PER은 금리의 역수

또 전체 시장측면에서는 PER 값의 역수인 할인율이 국가의 통상적인 금리로 해석이 가능하다. 이는 왜 글로벌 국가마다 주가 지수의 평균 PER 값이 다른지에 대한 이해를 가능하게 해준다. 각 국가별 채권시장에서의 금리 차는 역으로 각국 주식시장에서의 PER 배수 차를 만들어 내는 것이다. 이는 금리가 낮은 국가일수록 기업들은 돈을 빌려 적극적인 투자를 감행하고 이에 따라 성장성이 높아질 수 있다는 측면을 주시한 것과도 같다. 즉, 금리가 낮을수록 투자자들은 상대적으로 투자 매력이 높아진 주식에 투자 비중을 높일 것이며, 이런 국가들의 주가지수 PER 배수 값은 높아질 것이라는 설명이다. 한편 동일 국가 내에서 만약 금리수준이 하락하고 있다면, 왜 시장의 적정 PER 값이 점차 높아져야 하며 주식시장이 왜 상승하는가 하는 주가상승의 이유도 잘 설명해 준다. 금리가 하락하면 기업들의 할인율이 낮아져 PER 기준지수가 높아지고, 주가가 동일할 때, 상대적으로 주가는 가격 매력이 높아지기 때문이다.

또 업종 측면에서도 PER이 장기간 비상식적인 높은 수준을 유지하는 바이오산업이나 일부 IT 기업들의 PER 고평가의 이유도 PER은 스스로 설명해 주고 있다. 이는 정률 성장에서는 g=0이라고 가정했지만, PV/C=1/r-g 공식에서 이익성장성(g)이 매우 높은 기업이라면, r-g 값이 점차 커져서 적정 PER이 상대적으로 높아지기에 나타나는 지극히 당연한 결과일 뿐이다. 성장의 지속 가능성이 높을수록 PER 공식에 따라 높은 PER 값이 충분히 정당화 될 수 있는 것이다. 이에 업종별 적정 PER 값이 다른 이유는 업종마다 도입기, 성숙기 등 성장률에 따른 업종 국면이 다르기 때문이라고도 설명이 가능하다.

PER 판단의 유의점

단, 여기서 주의할 점은 할인율(r)의 범위가 금리 값의 특성을 갖는 이상 대부분 3~20%의 범위를 벗어나지는 않는다는 점이다. 이에 따르면 PER 값도 할인율(r)의 역수이므로 최대 5~33배의 범위를 가질 수밖에 없다. 이는 r-g가 0보다 작아지지 않게 해야 하는 이유로 어떤 초고속 성장 기업이라 할지라도 지속 가능한 성장률은 대개 30%를 벗어나지 않는 점을 볼 때, PER 값 또한 최대 30배 이상의 값은 의미가 없다는 뜻으로 이해해도 좋다. 같은 논리의 해석으로 어떤 기업의 성장률이 아무리 높아도 30배 이상의 PER 배수 값은 비이성적이라고 판단되어야 한다. PER로 설명할 수 있는 최고 우량기업의 가치는 약 30배 수준이라고 생각한다.

이와 같이 PER 지수 하나만으로도 주식시장에 숨겨져 있는 많은 투자의 진실을 살펴 볼 수가 있다. 앞으로는 투자하려는 기업의 PER 값이 단지 몇 배수인가, 이 값이 싼가 아니면 비싼가 정도만을 고민하지 말고, 기관 펀드매니저들과 마찬가지로 직관적으로 PER 값에 따라 해당 회사를 고민하는 시각을 다양화 할 필요가 있다. 다양하게 질문으로 바꿔 PER 배수를 설명해 보기 바란다. 이것이 가치투자의 출발이다. 분명 시장 상황에 흔들리지 않고, 자신만의 투자 잣대를 가져가는데에 큰 도움을 줄 것이다.

PER=10, 해당기업은 기대수익률 10%가 가능한 기업인가?

PER은 해당기업 할인율의 역수이므로 PER=10은 해당기업에 투자했을 때 기대수익률이 10%를 충족시킬 수 있어야 해당 주식의 PER 배수가 인정 가능하다 할 것이다. 만약 해당기업이 10%의 안정된 기대수익률을 보이기 쉽지 않은 기업이라면 해당기업 PER 배수 역시 10배의 가격은 저평가가 아니라 고평가 영역인 것이다.

PER=40, 40년 후 해당 기업이 과연 존속하고 있을까? 그리고 40년 후 현재 이상의 수익을 지속하고 있을 것인가?

앞서 밝혔듯, PER 30배 이상은 매우 높은 수치다. 만약 어떤 기업의 PER이 40배의 고평가를 받고 있다면 (물론 일시적인 경우를 제외하고, 자산가치나 여타의 가치를 제외한 수익가치 측면에서만) 해당 기업은 최소한 현재의 수익이 향후 40년간 유지가 가능할 때서야 합당한 평가를 받고 있다고 할 수 있을 것이다. 현대 기업들의 평균 수명을 생각해 보자. 그리고 최근의 급변하는 시장 환경을 고려할 때 '과연 해당 기업이 향후 40년 동안 현재 이상의 수익을 지속할 수 있을 것이라 판단할 수 있는가?' 만약 그렇지 않다고 생각된다면 해당 주식은 빠르게 매도하는 것이 합리적일 것이다.

PER=20, 해당 기업의 순이익이 해마다 증가할 수 있으면 저평가인가?

그렇다. 앞서 설명했듯 성장률의 지속은 PER 값을 높여준다. 성장률이 충분하다면 PER 30배 이하에서는 PER 값이 합리적 평가이고 주가 상승도 가능하다고 본다. 필자는 직관적으로 안정 지속성장 20%에서는 PER 20배 수준, 지속성장 30% 수준에서는 PER 30배가 가능하다고 생각한다. 그러나 30배 이상의 배수에서는 성장률이 더 높다고 하여 PER 배수를 그 이상으로 받아야 한다고 생각하지는 않는다.

PBR : 해당기업의 신뢰도 평가

PBR(price book-value ratio,주가순자산비율)은 기업의 시가총액을 일정 시점의 기업 순자산으로 나눈 값이며, 기업의 주가가 해당 기업 주당 순자산의 몇 배로 거래되는지를 나타내 주는 지표로서 앞서 PER과 유사한 해석이 가능하다. 다시 얘기하면, '해당기업의 시장 평가가 그 기업의 순자산의 몇 배의 가치를 시장에서 인정받고 있는가'를 나타내며 PER의 배수가 해당 기업에 대한 인기라고 표현한 것과 마찬가지로 PBR에서는 그 배수를 '해당 기업에 대한 신뢰'라고 표현이 가능하다. PBR 배수가 높을수록 해당기업의 재무제표상 자산가치는 시장에서 충분히 인정받는다고 생각되기 때문이다.

PBR 1배 이하는 저평가인가?

PER에 있어서 10배라는 추상적인 개념의 숫자와 마찬가지로 PBR에서는 1배가 중요하다. 순자산은 재무제표상 자본(자본총계:자본금과 잉여금의 합)의 값으로 장부상의 가치, 즉 청산가치를 뜻하기 때문이다. 즉 PBR은 회사가 만약 청산된다면 받을 수 있는 주당 가치가 현재 주가와 어떤 괴리를 보이고 있는지를 판단할 수 있는 척도이며, PBR 1배수의 뜻은 해당 기업이 청산가치 수준의 평가를 받고 있다는 의미로, PBR 값이 1보다 작은 경우에는 해당 기업이 청산해도 주가 이상의 가치를 회수할 수 있으므로 투자에 부담 없는 상황임에는 틀림이 없을 것이다. 그러나 순자산의 가치는 재무제표상 장부가 기준으로 설명되고 있으며, 장부가는 현재 기업의 실질적인 자산가치보다도 높을 수도 혹은 낮을 수도 있음에 유의해야 한다. 물론 정상 기업들은 수익을 쌓아가고 있으므로 실질 자산가치가 장부가보다 높음이 정상일 것이다. 그러나 만약 한계 기업의 경우 설사 자본잠식이 되지 않았다 하더라도 장부가 자체가 고평가 되어있을 가능성이 높으므로 PBR의 가치를 액면 그대로 인식함은 바람직하지 않을 것이다.

PER이 향후 주가의 상승 가능성 측면에서 수익의 성장 지속성에 관점을 둔 지표라면, PBR은 보다 보수적으로 향후 주가의 안정성 측면에서 최소한의 환급 가치에 중점 된 가치를 내포하고 있다. 더욱이 PBR의 투자기준이 되고 있는 자산가치는 PER의 투자기준이 되는 수익가치 대비 변동성이 낮은 수치로서 본 지표를 참고로 할 때 투자 안정성을 보다 높일 수 있을 것이다.

PBR은 ROE와 언제나 함께한다

PER이 10% 이하의 금리 적용을 전제로 투자 기업을 판단하는 반면, PBR은 ROE 10% 달성을 전제로 해당 지표를 함께 고려해야 함이 옳다. ROE(Return on Equity:자기자본수익률)는 기업의 자본을 활용하여 어느 정도의 이익을 얻고 있는가를 나타내는 지표로 한 해의 당기순이익을 자기자본으로 나눠 계산한다. 자기자본수익률이 10%라면 주주가 연초에 1,000원을 투자하여 연말에 100원의 이익을 냈다는 의미이다. 반면 PBR은 주가와 자기자본 간의 비율이며 ROE와 PBR 간의 상관관계는 ROE가 높은 기업일수록 해당기업은 자본의 활용성이 높아 통상적으로 자본으로 주가 비율을 표시하는 PBR 지표도 높게 평가받아야 하는 상관관계를 갖고 있다. 즉 PBR 지표의 상대적인 높낮이는 ROE가 고려되어 판단되어야 한다.

PBR 또한 단편적으로 배수가 몇 배인가, 해당 배수가 싼가 또는 비싼가의 고민은 큰 의미가 없다. 기관 펀드매니저들은 PBR을 보면서 항상 ROE를 동일 선상에 놓고 평가하며, PBR과 ROE간의 직관적인 상관배수를 정해놓고 주가에 대한 신속한 판단을 해오고 있다. PER과 마찬가지로 PBR 역시 단일 밸류에이션 지표로 무한정 배수가 높아지는 것은 합리적이지 않다. 밸류에이션 투자 지표의 직관성을 높여야 한다.

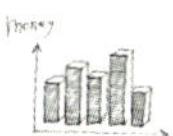

PBR=1, 해당 기업은 청산해도 제값 못 받는 기업인가?

PBR 1배수의 값은 청산 기업의 가치다. 그러나 장부상 평가된 값으로 해당 기업의 실제 자산가치가 장부가 이상의 가치를 보유하고 있을지 고민해 봐야한다. 통상의 계속기업들은 부동산 등의 고정자산 장부가가 실제 평가액보다 뒤늦게 반영될 수 있으므로 PBR 1배는 충분히 매수할 가치를 보장하는 값이 될 수 있으나, 재고나 지적재산 등 확인이 어려운 자산들이 부풀려 있어서 자산가치에 대한 신뢰가 약한 기업이라면 PBR 1배라고 해서 무조건 매수에 가담하는 것은 신중한 투자 판단이 아닐 것이다.

PBR=2, 과연 ROE 20%가 지속 가능한 회사인가?

ROE가 높은 기업, 특히 해마다 ROE가 증가하고 있는 기업들은 주주의 자본금에 대한 투자 효율성이 높거나 향후 더 높아지는 경우로서 자본의 가치가 증가함에 따라 주가도 동반 상승함이 당연할 것이다. 단 ROE는 채권자 지분을 제외하고 계산하므로 ROE가 과도하게 높은 경우 심각한 레버리지 사용의 가능성이 클 수 있다. 필자는 직관적으로 ROE가 10%면 PBR은 1배 이하가, ROE가 20%면 PBR은 2배 이하가 저평가 구간이라고 판단하고 있는데, 단 ROE의 30% 이상은 단일지표로 평가된 과도한 수익률 구간으로 판단하여 이에 따른 PBR 3배수는 정상 시장 상황하에서는 PBR로 측정 가능한 최고 수준의 밸류에이션 배수 값이라고 생각한다.

PSR : 해당 기업의 위험경고 지표

PSR(price sales ratio, 주가매출액비율)은 기업의 시가총액을 한 해의 매출액으로 나눈 값이며, 기업의 주가가 해당 기업 주당 순매출의 몇 배로 거래되는지를 나타내 주는 지표이다. 직관적으로 '해당 기업의 시장 평가가 그 기업의 외형과 비교하여 어느 정도의 수준을 보여주고 있는지'를 나타낸다. PER의 배수가 '해당 기업에 대한 인기', PBR의 배수가 '해당 기업에 대한 신뢰'라고 표현한 것과 마찬가지로 PSR의 배수는 '해당 기업의 위험경고'라고 표현할 수 있다. PSR은 해당 기업의 주가 수준이 외형 규모와 비교하여 비상식적으로 높은지 그렇지 않은지를 직관적으로 판단해 주기 때문이다.

PSR이 중요한 이유는?

PER과 PBR이 해당 기업의 순이익과 자산을 기준으로 기업가치를 평가하는 반면 PSR은 매출액을 기준으로 해당기업의 가치를 평가하고 있다. 매출액은 어떤 기업에 있어서도 회사 평가에 있어서 가장 기본이 되는 숫자이다. 매출이 있어야 수익이 가능하고 수익이 쌓여서 자산이 증가되기 때문이다. 기업의 모든 가치는 매출액에서 시작되는 것이다. 같은 이유로 애널리스트들도 기업 실적 추정 시에는 매출액을 제일 먼저 추정한고, 어떤 추정보다도 가장 정교하게 심혈을 기울인다. 매출액이 틀려지면 수익이나 자산 등 다른 숫자는 그 신뢰성을 보장 받을 수 없기 때문이다.

또 수익과 자산이 마이너스인 기업은 종종 찾아볼 수 있어도 매출액이 제로이거나 마이너스인 기업은 찾기 어렵다. 어떤 가치평가보다도 매출액 기준 가치평가가 모든 기업에 광범위하게 적용이 가능할 수 있는 이유다. 한편, 펀드매니저들이 종목을 피킹할 때, 초기 성장 기업의 경우 PER이나 PBR 보다는 PSR 지표에 주목한다. 그 이유는 초기 성장주는 시장에 아직 주목받지 못한 기업의 경우 시가총액이 크지 않으나 수익이나 자산도 아직 높은 편은 아니어서 PER이나 PBR 지표상으로 절대적인 저평가를 인지하기 어려운 상황이고, 한편 향후 성장할 기업들은 수익이나 자산이 확대되기에 앞서 먼저 매출이 증가하게 되므로 PSR 값이 먼저 선행하여 해당 기업의 밸류에이션 저평가 신호를 제시해 줄 수 있기 때문이다.

PSR 1배의 의미는 무엇인가?

그러면 PSR의 적정 배수는 과연 얼마일까? PSR도 PBR과 마찬가지로 통상 1배 수준을 기준으로 가치평가의 고저를 판단한다. 그 이유는 일반적인 계속기업의 경우 해당 기업의 이익률이 약 10%를 달성하고 있다는 가정 하에 PER 배수의 적정수준을 10배로 가정한다면, 그에 대한 매출액은 시가총액의 약 1배로 계산되기 때문이다. 결론적으로 어느 한 기업의 시가총액과 매출액 규모는 PSR 분석상 유사한 수준이 적정하다고 판단되는 것이다. 그러나 주의할 점은 시가총액과 매출액 규모가 항상 일치되어야 한다는 법칙은 세상 어디에도 없다는 것이다. 단지 어림짐작한 수치일 뿐이다. 이에 PSR의 적정 배수는 단지 1.0배로 한정짓기보다 약 0.5~2.0배 수준으로 폭넓게 기준을 가져가는 것이 바람직하다.

PSR의 적정배수를 지정된 숫자가 아닌 밴드(범위)로 적정 수준을 판단함에 따라 같은 1.0배 수준을 적정수치로 활용하는 PBR 지수 대비 저평가 확인이 다소 명확하지 않은 것도 사실이다. 예를 들어 PBR이 0.7배면 저평가 가능성이 높아 밸류에이션싱으로 주목해볼 필요가 있으나 PSR이 0.7배라는 것은 PBR보다는 그 의미가 약하다고 할 수 있다. 즉 PSR 0.8배와 1.2배를 보이고 있는 두 기업을 PSR 지표만으로 상대 비교하려고 하려는 시도보다는 PSR이 극단적으로 0.5배 이하이거나 PSR이 3.0배 이상일 때, 해당 기업의 현재 주가 수준이 비이성적일 가능성을 확인하여 해당 주식을 주목해 봐야 하는 것이다.

PSR의 경고신호

어떤 기업의 PSR 배수가 3.0 이상이라 함은 해당 기업 시가총액 규모가 매출액보다 세 배 이상이라는 말이다. 이런 밸류에이션 상황이 정당화되려면 해당 기업은 수익성이 줄곧 30% 이상이 지속되거나, 아니면 PER 배수가 30배 이상이 유지된다는 가정하에 가능할 것인데, 앞서 PER 배수 30배 이상과 마찬가지로 PSR 3배수 이상도 고평가 영역으로 판단해 볼 수 밖에 없다. 어떤 기업이든지 고수익성은 장기간 유지가 쉽지 않을 것이고 결국 감소하게 될 것이며, 특히 PSR 3배수는 PER 30배와 비교하여 수익이 아닌 매출액 증가에 따른 수익 성장 가능성으로 평가된 수치이기에 보다 불확실성도 높은 것이 사실이다. PSR 3배 이상의 주가는 하락 확률이 매우 높은 상황으로 주가 고평가는 결국 해소될 것으로 판단함이 옳다.

EV/EBITDA

EV/EBITDA 역시 PER, PBR, PSR과 더불어 주가 분석에 가장 많이 사용되는 지표 중의 하나다. EV는 Enterprise Value로서 기업의 시가총액과 순부채(총차입금−현금예금)의 합을 말하며, EBITDA는 간략하게는 세전영업이익과 유형자산감가상각비의 합으로 계산된다. EV/EBITDA도 PER과 같이 회사의 가치를 한해의 발생 이익으로 나눈 값이나 PER과는 달리 기업가치에 채권자 가치를 포함시켰으며 발생 이익은 영업활동에 의한 현금창출 능력을 보기위해 감가상각비를 고려하지 않은 세전영업이익으로 설명함으로써 보다 기업의 본질적인 가치 측면의 배수 값을 측정한 지표다.

동 밸류 지표는 PER과 마찬가지로 수익지표다. 그러나 그 수익의 정의를 다르게 해석하고 있으므로 해당 지표는 채권자 가치나 감가상각비가 과다한 기업이나 업종에 대하여 PER 대신 활용이 적정할 것이다. PER과 마찬가지로 배수의 값이 높으면 고평가이고 배수의 값이 낮으면 저평가의 상태라고 할 수 있다.

PEG를 활용한 성장 가치주 투자

• • •

펀드매니저의 대부분은 가치투자자다? "맞다"
가치투자자들은 밸류에이션이 낮은 기업들에만 관심이 있다? "맞다"
펀드매니저들은 밸류에이션이 낮은 기업들에만 관심이 있다? "아니다"

궁금했다. 펀드매니저들은 대부분 가치투자를 표방하는데, 그리고 가치투자는 밸류에이션이 낮은 기업들만 사는 것인데, 왜 증권 시장에는 여전히 밸류에이션이 낮은 기업들이 많고 또 해당 기업들은 여전히 시장의 주목을 받지 못하고 있는지 이유가 궁금했다.

핵심은 성장주 투자였다. 상당수의 펀드매니저들이 가치투자를 표방하면서도 실제는 성장주 투자를 즐겨하고 있으며, 성장주 투자는 가치투자와는 다르나 또 가치투자와 유사한 점이 많은 투자 방식이었다.

미래 성장에 대한 가치 확대

가치투자를 하기 위해서는 '가치가 있는 기업'을 발굴해야 하는데 DCF 등 기업의 절대가치평가 방법들은 주관 개입의 여지 및 고평가 우려라는 치명적인 단점에 따라 활용 범위가 넓지 않으며, 실제 운용에서는 간략하고 직관적이며 다각도의 검토가 가능한 PER, PBR 등의 상대가치평가 기준에 따라 가치 기업들이 선별되어 투자되고 있다. 그러나 대개 투자하기 좋은 기업은 이미 시장에서 충분히 알려진 만큼 밸류에이션도 높음에 따라 실제 시장에서 '싸고 좋은 기업'을 찾기란 이론만큼 쉽지 않은 것도 사실이다.

또한 가치투자자들의 전통적 기준은 주가수준의 높고 낮음을 구분하여 가치보다 가격이 낮을 때만 매수하는 것인데, 이미 확정된 과거 및 현재의 이익만을 고집하고 있으므로 미래의 가치를 반영하고 있는 현실적 주식시장에는 적합하지 않은 면도 많다. 기업의 주가는 과거와 현재뿐 아니라 해당 기업의 미래를 반영하고 있는데 지나간 것에 연연하여 주가가 싸다 혹은 비싸다를 판단한들 해당 주식의 내일은 알 수가 없기 때문이다. 즉 현대의 가치투자자들은 상대가치평가의 기준도 지나간 과거나 현재가 아닌 현재가 포함된 올해, 혹은 향후 12개월의 실적을 기준으로 평가하기 시작했고, 밸류에이션을 평가하기 위해 현재의 가치도 중요하지만 결국은 기업의 미래 성장에 대한 판단에 보다 많은 시간을 할애할 수밖에 없는 상황에 이르렀다.

가치주와 성장주의 구분

기본적 분석상의 투자방법은 흔히 가치주 투자와 성장주 투자로 나뉜다. 가치주 투자는 현재 주가 수준이 해당 기업의 내재가치에 비해 현저히 저평가된 주식을 찾아 투자하는 방법으로 앞서 소개 했던 PER, PBR, PSR 등 가격 밸류에이션 지표가 낮은 종목을 선택하는 반면, 성장주 투자는 EPS나 BPS의 빠른 개선 등 기업 내재가치가 증가하는 기업에 투자하는 방법이다. 현대 증권시장에서는 저평가주식의 전통적 가치투자를 기반으로 하여 실적이 개선되는 성장주 투자가 가미된 '현대가치투자법'이 합리적 선택으로 활용되고 있다.

가치주에 대한 인식 변화

가치주와 성장주 복합 투자법

예를 들어 전통적 가치주 투자는 현재 시장 평균 PER이 10배라고 했을 때, 어떤 종목이 PER 7배라며 시장 대비 저평가로 판단하여 투자하는 방식을 말한다. 가치주 투자자들은 항상 주식을 저가에 매수하려고 하나 저가 주식은 대부분 투자 당시의 비인기 종목을 의미하고, 비인기 종목들의 특징은 싸게 사는 것은 쉬울지 몰라도 향후 주가가 빠르게 상승반전하기가 쉽지 않은 상황의 주식들이 많은 편이다. 즉 비인기 종목들은 설사 해당 기업의 진정한 가치가 시가총액보다 현저히 높다 하더라도 그것이 시장에서 주가상승으로 증명되는 데에는 상당한 시간을 필요로 한다. 그런 이유로 대부분의 가치주 투자자들은 보수적 투자자들로서 중장기 투자를 선호하는 경향이 있다.

반면, 성장주 투자는 현재 해당기업의 PER이나 PBR 등 가격 밸류에이션 지표가 다소 높다 하더라도 연간 이익증가율이 20% 혹은 30% 이상 증가하는 기업을 찾는 방식이다. 성장주 투자법은 최고의 성장주들을 찾다보니 현재 주가가 다소 비싸다 하더라도 더 좋은 기업을 찾는 데에 관심을 집중한다. 그리고 더 좋은 기업이란 현재 시장에서 한참 인기 있고 주목 받고 있는 주식으로 주가가 생각 이상으로 비싼 경우가 많으나, 주식이란 오르는 주식이 계속 오르는 특성이 있어 비싸게 산 이후에도 주가는 상승이 계속될 가능성이 또한 높다. 그러나 시장 인기에 따라 주가가 단기에 상승한 주식이라면 언젠가는 높아진 밸류에이션을 이유로 주가 조정이 시작될 가능성도 또한 크며, 성장주 투자자들은 이와 같은 가능성들을 인지하고 있기에 그들은 발 빠르게 단기성과를 쌓아가는 투자방식으로 흐르기 쉽다.

현대적 가치투자 전략으로 바꾸자

그러나 사실 성장주와 가치주의 개념을 명확하게 구분하는 경우는 많지 않으며 현대의 펀드매니저들은 상호간 혼재하여 포트폴리오 운용에 활용하고 있다. 가치주를 분석함에도 미래의 수익을 추정하여 현재의 주가와 비교하고 있으며, 성장주를 분석할 때도 현재의 상대가치가 과도하지 않은 밴드 내에 있어야 함을 반드시 확인하고 있다.

어떤 성장주가 향후 몇 년 동안 지속적으로 30% 이상씩 이익이 증가할 것이라 가정해보자. 만약 해당 주식의 주가가 상승하지 않는다면 반대로 주가의 PER 배수는 매년 30%씩 낮아질 것이며 3년이 지나면 해당 주가의 PER 배수는 이전 PER의 절반 아래로 낮아지게 된다. 이런 상황에서 어찌 가치주 투자라고해서 미래수익을 확인하지 않을 수 있단 말인가? 성장주를 찾는 것이 진정한 주가가 저렴한 가치주를 찾는 것임을 부인할 수 없을 것이다. 또한 성장주도 미래의 가치가 현재의 가치보다 높을 것으로 판단하여 투자하기에 성장주도 넓게 생각하면 미래의 가치주라 불릴 수 있는 것이다.

이런 의미로 현대의 가치투자전략이란, 협의의 가치주와 성장주를 동시에 고려하는 전략이며, 가치주와 성장주란, 단순히 말해서 기본적 분석을 통해 투자가 가능하다고 선택된 기업들이라는 공통점을 갖고 있다. 차이가 있다면 미래성장성이 좀 낮더라도 현재 가치대비 저렴한 종목을 사느냐, 가격이 다소 높더라도 미래성장성이 더 높은 기업을 선택하느냐의 문제다. 실제 기관 펀드매니저들도 현재 주가가 얼마나 싼지도 중요하지만, 향후 해당 기업이 얼마나 안정된 지속 성장을 보일 수 있을시에 보다 큰 관심을 갖고 있다.

109

성장 가치주
투자 방법

성장주 투자를 위한 유용한 밸류에이션 지표에는 PEG(Price Earnings to Growth ratio, 주가이익성장비율)가 있다. PEG란 해당기업의 PER 배수의 값을 eps 증가율로 나눠서 계산하며, 성장성을 반영하지 못했던 기존 PER 지표의 한계를 극복한 미래의 PER 지표라고 해석이 가능하다. 예를 들어 PER이 10배수인 기업의 eps 증가율이 10%라면 해당 종목의 PEG 값은 1배가 되며, 이에 대한 해석은 '해당 기업의 eps 성장률이 10%이므로 PER 10배가 성장성 측면에서 적절한 주가 수준이다.' 라고 할 수 있다.

투자자들이 PEG 지표를 처음 활용하기 시작한 것은 기존의 가치주 투자 방법으로는 성장주를 투자할 수 없음을 보완하기 위한 것이었다. 예를 들어 어떤 기업의 PER 20배일 때, 만약 해당 기업의 EPS 성장률이 20%를 보인다면 해당기업의 PER은 올해는 20배이나, 1년 후에는 16.7배[20/1.2], 2년 후에는 PER 13.9배 [20/(1.2)2], 3년 후에는 PER 11.6배 [20/(1.2)3]로 3년 후면 PER 값이 약 12배 이하 수준으로 낮아진다. 이는 eps 성장률이 높아질수록 PER의 하락 속도도 빠르게 진행되므로 현재의 PER 배수가 높다하더라도 eps 성장률이 충분히 높은 기업의 주가는 밸류에이션이 고평가 된 것이 아니며, 해당 시점에서도 미래를 보고 충분히 매수가 가능하다는 의미를 갖고 있다.

		현재	1년 후	2년 후	3년 후	4년 후
성장율	10%	10.0	9.1	8.3	7.5	6.8
	20%	20.0	16.7	13.9	11.6	9.6
	30%	30.0	23.1	17.8	13.7	10.5
	40%	40.0	28.6	20.4	14.6	10.4
	50%	50.0	33.3	22.2	14.8	9.9

PEG 1일 때 연도별 PER 값의 변화

PEG 1배는 어떤 의미인가?

PEG는 1배 값을 시장에서 적정 밸류에이션 값으로 인식하고 있다. PEG 1배의 값은 해당 기업의 PER 값과 eps 증가율(%를 제외한 수치)이 동일한 상황을 말하며, PER 값과 eps 증가율이 같을 때, 현재의 PER 값의 높고 낮음과 상관없이 약 4년 이후이면 PER 배수의 값이 약 10배수가 되는 수준을 의미하고 있다. (예를 들어 eps성장율이 50%일 때, 해당 기업의 현재 PER은 50배임에도 불구하고, 1년 후에는 33.3배, 2년 후에는 22.2배, 3년 후에는 14.8배, 4년 후에는 9.9배가 된다.) PEG=1의 뜻은 '현재 PER 값이 높다하더라도 약 4년 후 적정 PER 값을 만들어주는 데 필요한 기업의 성장률'이며, 이때 그 성장률의 답은 해당기업의 PER값에 %를 붙인 값이 된다. 시장에서는 간편하게 PEG 값이 1보다 높다면 해당 주가가 성장가치를 지나치게 많이 반영하고 있는 것으로 보며 (적정배수의 PER 값을 찾아

가기 위해서 시간이 너무 오래 걸린다.) 반대로 PER 값이 1보다 작으면 해당 기업의 성장가치가 주가에 다 반영되지 않은 저평가 상황으로 인식한다. (성장률이 높으므로 적정배수의 PER 값을 찾기 위해 많은 시간을 필요로 하지 않는다는 뜻이다.)

PEG 지표의 한계

PEG는 기업의 성장성을 직관적으로 밸류에이션 할 수 있어 투자 활용성이 매우 높은 지표임에도 불구하고 분명한 한계점을 갖고 있다.

첫째, PEG 공식부터 논리적으로 맞지 않다

분자의 PER 값은 단위가 배수인 반면 분모인 eps 증가율은 단위가 증감율(%)이다. PEG는 분모의 %는 떼고 분자를 나눠서 나온 값을 밸류에이션 배수로 도출한다. 사실 지금까지 아무런 이론적 근거 없이 단위가 다른 것을 나눠 무의식적으로 1배수라는 값을 도출해내고 있었던 것이다. 이렇듯 PEG는 이론적으로 비합리적인 상황이다. 또한 앞서 밝힌 1배수가 되기 위한 4년이라는 시간도 자의적이다. 왜 투자하여 꼭 4년 보유할 것을 가정하는지 의문이다. 한편 4년을 보유기간으로 한다면 4년 보유에 따른 할인율도 고려해야 하는 것이 맞을 것이다.

둘째, PEG는 eps 증가율에 대한 질적 수준이 고려되어 있지 않다

PEG는 eps 증가율이 높으면 높을수록 해당 기업은 그만큼 높은 PER 배수(고평가)를 받아야한다는 의미를 내포하고 있으나, 모든 기업은 eps 증가율이 높아질수록 규모의 확대에 따른 고성장 지속이 부담스러워지는 것이 당연하다. 이는 다시 생각해보면 절대적인 EPS 값이 낮을수록 향후의 eps 증가율이 높을 수 있다는 것을 의미한다. 이런 결과로 실제 시장에서도 삼성전자와 같은 우량 대기업들은 PEG 값이 0.5배 수준으로 보통은 매우 낮은 반면, 중소기업 중 과거 실적이 상당히 훼손되었거나 신사업에 대한 전망만으로 eps 전망이 과장되어 eps 증가율이 높게 추정되는 기업들은 상대적으로 PEG 값이 높게 나타난다. 후자의 기업들이 단지 현재 수익성이 부진하다고 PEG 값을 높게 받아야 할 이유는 없다. 한편 eps 증가율 5%를 지속하는 것과 20%를 지속하는 것은 분명히 다를 것이며, eps 증가율 20%를 지속하는 기업이 5%를 지속하는 기업의 4배의 밸류에이션을 받아야한다는 논리도 용납하기 어렵다. 그리고 4년 후는 모두 PER 값이 10배 수준으로 수렴한다고 할지라도 그전에 2년 혹은 3년 후나 그 후의 5년 혹은 6년 후 각 eps 증가율별 PER 도달 수준은 eps 증가율별로 분명히 다를 것이다. 이 또한 PEG 1배수를 활용하기 위해 억지로 끼워 맞춘 느낌일 뿐이다.

PEG 지표의 효율적 활용법

PEG는 위와 같은 한계점들이 분명 많은 투자지표다. 그럼에도 불구하고 현재 성장주를 밸류에이션 하는 데 있어서 PEG 만큼 적절한 투자지표 또한 없다. 그리고 실제 펀드매니저들을 비롯하여 많은 투자자들이 PEG 지표를 활용하고 있어서 아이러니하게도 실제 주가가 PEG 지표에 적합하게 움직이는 경우도 많다. 이런 상황에서 단지 논리적이지 못하다고 PEG 지표를 외면할 수는 없고, 지표의 한계와 효용성을 잘 인식하여 적합하게 활용해야 할 것이다.

첫째, PEG는 매수보다 매도기준 지표로 활용한다

시장에서 PEG 지표에 대해 관심을 보일 때는 그만큼 주가가 높아져서 더 이상 다른 밸류에이션으로는 설명이 어려울 때다. PEG 지표는 주가 고평가를 설명할 수 있는 최상의 지표라는 이야기다. 반대로 이야기하면 PEG 지표에서 설명이 불가능하다면 해당 주식은 그 어떤 밸류에이션 지표로도 설명이 어려워서 향후 주가는 하락할 가능성이 크다는 뜻도 된다. 이에 PEG 지표는 매수종목을 검색하기 위한 활용보다는 현재 보유종목들의 PEG 지표값을 살펴보고 극단적으로 PEG가 높아진 종목에 대해 매도를 고려해 봄이 바람직하다.

둘째, PEG 지표는 적정한 할인을 필요로 한다

PEG에 있어서 eps 성장률이란, 향후 지속가능한 성장률이어야 한다. 보통은 5년치의 추정 평균 성장률로 계산한다. 그러나 증권사 애널리스트의 분석 보고서 자료에는 통상적으로 3년 후의 연간 재무제표 추정만 표기되어 있어서 그들의 커버리지 종목이라 할지라도 eps 성장률 또한 3년치 밖에 구할 수 없는 상황이다. 그러면 3년간의 eps 성장률은 지속가능 성장률이라고 보기에는 무리가 있으므로 3년간의 eps 성장률을 활용하여 5년 및 10년 추정치를 가늠해보기 위해서는 3년 값에 대한 적정한 할인을 필요로 할 것이다. 저자는 이와 같이 시간에 대한 보상과 흔히 애널리스트들이 과도하게 긍정적인 추정을 하고 있다는 점을 근거로 하여 3년치의 평균 eps 성장률을 약 30%를 할인한 값으로 PEG를 구하고 있다.

셋째, 유효한 PEG 지수의 범위는 1배에서 3배 사이일 뿐이다

저자는 앞서 PER 30배 이상의 수준에서는 PER을 정상 수준으로 인식하지 않는다고 한 것과 마찬가지로 PER을 성장률로 나눈 지표인 PEG 또한 3배 이상의 수준은 적절하지 않다고 본다(사실 3배도 너무 높다.) 이유는 PEG 3배 값이란 숫자는 해당 기업이 연간 30%이상의 성장을 5년 혹은 10년 지속해야 가능한 밸류에이션 값을 의미하기 때문이다. 현실적으로 과연 어떤 기업이 이 정도의 고성장률을 지속할 수 있을까 하는 의문이다. 같은 의미로 이런 성장의 지속은 신사업을 계속 확장하는 중소기업이나 가능할 것으로 PEG 지표를 대형 우량주의 가치평가에 적용하는 것은 바람직하지 않다. 또한 PEG 지표는 성장주의 밸류에이션을 위한 지표이므로 eps 성장률 10배 이하의 저성장 기업에 PEG 지표를 적용하는 것도 적절하지 않다고 본다.

주가 순환매가 발생되는 과정은?

통상적으로 가치주 투자자들은 주식시장이 조정에서 회복 국면으로 전환될 때 투자하기를 선호한다. 가치주 투자자들은 해당 주식들이 저렴하다는 것을 알기에 업황의 전환 혹은 기업 내 실적 증가의 가능성이 조금이라도 확인이 되면 남들보다 먼저 주식을 매수하려고 하고 이때부터 가치주들의 주가상승이 시작되는 것이다. 그러나 시장 지수가 상승을 지속하게 되면 투자의 무게중심은 가치주에서 성장주로 옮겨진다. 과거 극단적으로 저평가 되었던 가치주의 주가는 어느 정도 현실화되어서 이전만큼 밸류에이션 매력이 높지 않은 데 반해, 시장의 관심이 현재에서 미래로 옮겨 가면서 장밋빛으로만 생각했던 미래의 전망들이 실적발표를 통해 점차 확인되고 성장주들의 가치평가가 점차 신뢰성을 높이는 구간에 들어서게 되는 것이다. 이후 주가 지수가 상승을 지속한 후에는 성장주 중에서도 실적이 뒷받침 되는 종목과 그렇지 않은 종목 간 옥석이 가려지면서 종목별 차별화가 진행되게 된다. 가치주 중에서도 실적 개선이 분명한 종목들은 주가 밸류에이션 매력이 재조명되면서 이렇게 선별된 종목을 중심으로 제2차 주가상승세가 이어지는 것이다. 이런 식으로 주가 상승 시기에는 가치주와 성장주가 마치 시소게임을 하듯 순환매를 거치면서 각자 계단식 주가 상승을 하게 된다.

펀드매니저 투자의 비밀

남들이 가지 않는 곳을 가서
말하지 않는 것을 들어라

• • •

애널리스트 시절, 사내 기본 교육을 마치고 혼자 처음 탐방 나갔던 그날을 기억한다. 애널리스트 선배들은 나에게 회사가 있기에 애널리스트와 펀드매니저도 존재하는 것이라며, 탐방을 나가는 기업체 사람들에게 고마움을 느껴야 하고, 또한 애널리스트와 펀드매니저는 수많은 불특정 다수의 주주들을 대표한다는 생각으로 기업체 앞에서 당당해야 한다고 가르쳤다. 기업체들은 애널리스트와 펀드매니저를 통해 그들의 회사를 시장에 알리고 기업의 가치를 평가 받을 수 있지만, 한편 애널리스트와 펀드매니저도 탐방을 받아주는 회사가 있기에 그 회사를 분석하고 그들에게 투자하며 자신들의 본업을 영위해 갈 수 있기 때문이었다.

처음 기업 탐방을 홀로 나가던 그날, 나는 스스로 탐방 갈 기업체를 선별하고, 회사에 연락한 후, 시간 일정을 잡고서, 교통수단도 파악하여 혼자 기업체를 방문한다는 소소한 새로움에 매우 흥분되어 있던 것으로 기억한다. 사회에서 흔히 얘기하는 '갑과 을'의 관계가 아닌 투자와 삶의 동반자로서 처음부터 그들을 인식하고 싶었다. 당시 새로운 회사를 들를 때마다 나의 손에는 박카스 한 박스가 들려 있었다.

펀드매니저와 탐방

**일상 속의
기업 탐방**

　　기관투자자들 간의 우스갯소리로 '다리품 값이 펀드의 수익률'이란 말이 있다. 이 얘기는 대부분의 기관투자자들이 기업 탐방을 매우 중요하게 생각하기 때문에 생긴 말이다. 그들이 탐방을 중요하게 생각하는 이유는 그들은 전문투자가로서 그 누구보다도 자신 스스로의 분석과 판단에 가장 의존하여 투자하고 있기 때문이다. 그들은 시장의 심각한 등락이 있을 때나 실적보고 등으로 많이 바쁠 때를 제외하고는 시간이 허락될 때마다 습관처럼 탐방을 나간다. 그들의 탐방 목적은 투자처 발굴을 위한 것이지만, 업계 동향을 파악하기 위해서, 상대 기업의 크로스 체크를 위해서, 때로는 해당 기업과 관련성이 낮은 생뚱맞은 투자 아이디어를 발굴하기 위해서도 탐방을 나간다. 사실 무엇인가 복잡하고 판단이 잘 안 될 때면 언제나 기관투자자들은 탐방 길에 나선다는 말이 적절할 것이다. 어떤 날은 하루에도 몇 기업을 한꺼번에 들를 때도 많아서 보통 기관 펀드매니저들은 대개 1년에 최소 50번 내외, 부지런한 펀드매니저들은 1년에 200번 이상의 기업방문을 하는 경우도 있다.

눈과 발로 확인한 기업만이
수익을 보장한다

물론 최근에는 직접 탐방을 가지 않는다 하더라도 인터넷, 기업 IR자료, DART, 애널리스트 분석보고서, 뉴스기사 등을 통해 투자에 필요한 회사에 대한 최소한의 정보는 접할 수 있다. 그런데 왜 군이 펀드매니저들은 회사에 직접 찾아가 소중한 시간을 그렇게 많이 소모하고 있는 것일까? 펀드매니저들이 생각하는 가장 중요한 이유는 직접 눈과 발로 확인하고 투자한 기업의 경우 투자 성공 확률이 높다는 점을 경험을 통해 분명히 알고 있기 때문이다. 탐방을 통해서는 체험적 학습을 배울 수 있으며, 기업의 실질적인 경쟁력이 궁금하다면 해당 회사와 함께 유사한 기업으로 한꺼번에 테마를 잡아서 경쟁업체나 납품관계 등의 체계적인 크로스 체크를 할 수도 있다. 또한 불특정 차입금이나 소송관계 등 공표된 자료로 찾아보기 힘들고 회사가 스스로 밝히기 쉽지 않은 내용들에 대한 확인도 가능하다. 기업들은 대개 공식적으로 밝히기 어려운 내용들도 종종 기업에 방문했을 때는 이야기해주는 경우가 많았다.

이렇듯 펀드매니저는 탐방을 통해서만이 전방위적으로 기업에 대한 이해 구성을 완성함으로써 해당 기업에 대한 투자의 신뢰를 확보할 수 있으며, 이는 그냥 단순히 추천을 받았거나 적당한 수준의 검색을 통해 발견한 기업과 투자에 대한 신뢰도 측면에서 명백한 차이를 보이게 된다. 그리고 그 신뢰는 결국 수익으로 결국 보답 받는다는 점을 펀드매니저들은 오랜 경험을 통해 알고 있다.

그러면 과연 펀드매니저들이 탐방에 있어서 중요하게 생각하는 점은 무엇일까?

남들이 가지 않는 곳을 가라

한창 시장의 주목을 받고 있는 기업들에 탐방을 나가면 전후 타임으로 친숙한 애널리스트나 동료 펀드매니저들을 만나기 십상이다. 이런 기업의 IR 담당자는 근래 들어 갑자기 탐방 요청이 너무 늘자 다른 업무들은 포기하고 있다며 기분 좋은 푸념을 늘어놓곤 한다. 왜 펀드매니저들은 시기에 따라 한두 이슈의 기업들에 휩쓸려 다니고 있는가? 이는 시장에서 소외되기 싫은 펀드매니저의 기본 특성 때문이기도 하다. 예를 들어 시장에서 전기차, 혹은 바이오 등의 이슈가 주목받고 있을 때, 펀드매니저들은 이를 알아야 한다는 의무감에 휩싸인다. 시장에 뒤지지 않기 위해 일정 부분 해당 주식을 편입하기도 한다. 이렇게 펀드매니저들이 시장 분위기에 휩쓸려 부랴부랴 탐방을 챙기는 모습을 보면 안타깝기 그지없다.

사실 제대로 된 펀드매니저나 애널리스트가 되려면 시장에서 소외되지 않는 것도 중요하지만 시장에서 인기 있는 곳보다는 상대적으로 인기가 없는 곳, 주가가 오른 기업보다는 주가가 내린 기업들을 위주로 탐방하여 펀드매니저의 시장 역할인 시장 균형을 찾아주는 일이 중요하다. 시장 전체적인 입장에서 가능성 있는 기업들을 찾고, 혹 오랜 기간 주가가 하락한 종목이 있다면, 과연 시장의 오해가 주가에 과도하게 반영된 것은 아닌지, 매우 낮아진 주가에도 희망의 불씨를 살릴 만한 부분은 없는지를 판단하여 탐방을 통해 미래의 시장을 준비하는 것이 바람직하다.

말하지 않는 것을 들어라

탐방이 시작되면, 펀드매니저나 애널리스트들은 기업의 IR담당자들을 통해 기업을 소개받는다. 대기업의 경우 이들은 별도의 IR부서에 속해 있기도 하나, 중소기업의 경우, 기획팀, 회계팀, 총무팀, 홍보팀 등 각기 다른 부서에 배속된 회사 직원들 중 일부가 IR을 담당하게 되는 경우가 많다. 어느 회사는 IR담당자가 10년 이상 해당 기업에서 근무하여 회사를 잘 이해하고 있는 내부자들로 구성되어 있기도 하나, 최근에는 시장에서 상장기업의 IR을 전문으로 담당하는 IR담당자들도 많이 증가하고 있는 추세다. 이들은 애널리스트와 투자자에게 회사와 회사가 속한 업종에 대한 많은 부분을 소개하고 설명해준다.

그런데 기업을 소개해주는 IR 담당자나 재무담당이사, 혹은 대표이사의 회사 소개가 탐방을 간 투자자들에게 여과 없이 그대로 전달되고 또 그것이 마치 사실의 전부인 양 이해되는 경우는 문제가 있다. 또 해

당 기업을 탐방 다녀온 이들이 대부분 회사 사람들의 견해만 복사해오
는 경우도 많고 심지어 최근에는 애널리스트 분석 보고서에서 IR 담당
자들이 이야기하는 바가 그대로 분석보고서에 옮겨지고 있는 경우도
많이 봐왔다. 매우 안타까운 일이다. 탐방은 소개자가 해주는 이야기만
그대로 듣고 그 말을 이해하고 끝나는 것이 아니다. 멀리까지 해당 기업
을 찾아갔다면 탐방을 통해서 그 회사가 어떤 회사이고, 현재 어떤 상
황이며, 그리고 과연 투자할 만한 기업인지 탐방자가 스스로 판단을 내
릴 수 있어야 하는 것이다. 그러기 위해선 그들이 소개해주는 그들의
이해를 넘어서서 말하지 않는 것을 듣고 그들도 알지 못하는 것을 그
들에게 말하게 하여 객관적으로 회사를 파악할 수 있는 시간을 보내야
할 것이다.

　대부분 기업의 대표이사를 비롯한 회사 소개자들의 설명은 그들 입
장에서의 주관적 견해가 매우 높게 반영된 경우가 많다. 그래서 탐방은
그들의 설명에 한정되어 진행해서는 안 된다. 회사 소개자가 자신들 기
업의 수익과 성장에 흥분되어 있다고 하여 펀드매니저가 같이 흥분하
거나, 그들이 자신들 기업의 가치를 알아봐주지 못한다고 말할 때 투자
자 또한 그들에게 동화되어서는 안 된다. 탐방자는 충분한 사전 조사
를 통해 회사의 내용을 미리 파악해 가야하며, 날카로운 질문으로 회
사의 본질을 이해할 수 있는 노력을 해야 한다. 그리고 가능한 한 객관
적 입장에서 회사를 판단할 수 있는 기준을 정립하고 그 기준에 맞게
회사를 평가하여 기업의 본질적 가치를 충분히 느낄 수 있는 시간으로
만들어가야 할 것이다.

탐방의 목적은 탐방 기업에 대한 순수한 궁금증의 해소가 아닌 회사를 이해하여 투자 가능여부를 파악하기 위함이다. 이에 탐방을 마치고 기업을 떠날 때는 회사가 좋다 혹은 그렇지 않다의 느낌을 넘어서서 이번 탐방을 통해 해당 기업에 대해 투자가 가능한 기업인지 아닌지, 투자한다면 바로 현재시점에서 투자할 수 있는지 아니면 조금 기다렸다 투자할 수 있을지, 투자했을 때 목표수익률은 어느 정도를 기대할 수 있을지 등에 대한 판단을 가늠하고 나올 수 있어야 한다. 그러기 위해선 탐방을 통해 해당 기업의 기본적인 내용을 듣고 이해하고 나오는 수준뿐만 아닌, 투자의 판단여부에 필요한 다양한 학습과 질문지 작성이 반드시 필요하다.

탐방을 위한 질문지 작성은 단지 궁금한 질문거리를 적는 것 이상의 의미를 갖고 있다. 질문지 작성이란 탐방을 가기 전 사전정보를 미리 숙지한 후 회사에 대한 이해가 미비한 점에 대한 일련의 작업으로 해당 기업의 재무제표와 주요사업에 대한 내용, 그리고 분석 및 판단을 위해 필요한 다양한 것들을 적는 것이다. 특히 질문지 작성은 탐방지에서 체류하는 짧은 시간을 효율적으로 사용하게 해주며, 회사 전체적인 면을 조명하기 위한 균형도 잡아준다. 특히 단지 기업 담당자의 설명을 듣고 오는 정도가 아닌 투자자의 판단 기준을 확인할 수 있는 시간으로 활용하기 위하여 탐방의 주도권을 가져가게 해준다.

실적 추정으로 마무리 하라

펀드매니저의 탐방과 애널리스트 탐방의 차이점은 대부분의 펀드매니저는 탐방을 마친 후 정리하여 투자 판단의 지표로 삼는 반면, 애널리스트들은 탐방 이후 분석보고서를 작성하기 위해서 탐방 가서 얻은 정보들을 토대로 실적 추정의 작업을 거친다는 점이다. 그런데 재미있는 것이 탐방 이후의 실적 추정 작업을 통해 기존에 탐방했던 기업이 탐방 당시에 생각했던 바와는 다르게 투자 판단이 변화되는 경우가 종종 발생된다는 점이다. 어떤 경우는 실적 추정이 수월하게 진행되어 해당 기업의 실적 추정이 의외로 높은 숫자로 귀결되기도 하고, 또 어떤 경우는 탐방 시에 잘 이해되었던 부분이 막상 숫자로 표현되면서 논리적으로 맞지 않아 도저히 실적 추정을 지속할 수 없는 경우가 발생하기도 한다. 대개 선사의 징우 기업 측의 설명이 상당히 보수적이어서 추정의 여유가 생기는 경우이며, 후자의 경우 기업 측이 열심히 설명해서 당시에는 충분히 이해가 가능했으나 실질적인 추정 단계에 이르러 회사 측의 설명이 앞뒤가 안 맞는 경우가 확인된 것이다.

이렇듯 탐방 이후의 실적 추정은 탐방 시 기업 측 설명의 강도와 진정성을 확인시켜주며, 또한 실질적인 숫자 요약을 통해 한눈에 회사에 대한 집약적 이해를 가능하게 해준다. 특히 탐방 이후 실적 추정을 계획하고 있다면, 그렇지 않은 경우보다 실제 탐방에서 물어보는 질문의 깊이 수준이 다를 것이다. 펀드매니저도 중요한 기업의 탐방 이후에 실적 추정을 할 것을 권한다.

효과적인 탐방을 위한 주의점

첫째, 논리로 모든 것을 설명하지 마라

만약 어느 애널리스트가 어떤 기업을 탐방하고 긍정적인 분석을 한 후, 다른 애널리스트가 동일 기업을 탐방하여 새로운 논리로 다른 시각의 분석보고서를 작성했다면 그것은 그들의 투자 분석 경력과 시각차에서 발생되는 것으로 매우 자연스러운 일이다. 시장에서는 해당 기업에 대해 두 가지 논리가 작성된 것이며, 투자자들은 자신의 기준에 따라 어떤 애널리스트의 의견을 참조하든지 투자에 반영하면 된다. 그러나 펀드매니저의 탐방은 다르다. 탐방은 기업을 이해하기 위한 최소한의 논리를 필요로 하지만, 만약 두 투자자의 탐방의견이 다르다고 해서 그 중 더욱 논리적인 것으로 투자판단의 결론을 내는 것은 매우 위험한 발상이다. 탐방은 앞에서 설명했듯이 남들이 보지 못하는 것을 보고 그것을 투자에 적용하여 수익으로 연결시킬 수 있는 것이지, 내가 본 것과 다른 펀드매니저가 본 것이 서로 다르고, 듣고 느낀 것 또한 서로 다른 상황에서 서로 논리 논쟁을 해봤자 정확한 답을 도출 할 수는 없다. 탐방은 옳고 그름을 판단하고자 하는 것이 아니라, 경험과 실력과 시각에 따라 짧은 시간 내에 직관적인 투자 자신감을 받으러 가는 것이다.

둘째, 탐방으로 내일의 주가를 예측하지 마라

주식투자들은 초보 투자자일수록 성급한 편이다. 이는 기관 펀드매니저들도 마찬가지다. 만약 어느 한 기업을 탐방하여 매우 만족스러운 자신만의 해답을 찾았다면, 초보 펀드매니저일수록 해당 주식을 내일 당장 매수해야 하는 것 같은 착각에 휩쓸리기 쉽다. 이런 성급함은 탐방을 통해 얻은 기업에 대한 이해의 본질을 흔들어 버리기도 한다.

다시 한 번 강조하자면 탐방을 통해서 얻어야 할 것은 해당 기업이 투자할 만한 기업인지에 대한 확신과 향후 해당 기업에 대한 어떤 변화에 있어서 그 회사를 지속해서 이해할 수 있는지와 같은 직관이지 해당 주식을 당장 매수해야 한다는 등의 재촉감은 아니다. 물론 해당 기업의 주식을 이미 보유하고 있으나 매도를 고민할 때, 탐방을 통해서 ㅗ 내도의 확신을 강화하고자 할 때는 빠른 판단이 필요한 경우도 있으나 투자에 있어서 빨라서 좋은 적은 그리 많지 않았던 것 같다. 앞서 소외된 종목을 탐방하라고 얘기했던 이유와 마찬가지로 탐방은 성장하는 기업, 소외되어 제대로 된 평가를 못 받는 기업을 중장기적 견해로 투자 가능 여부를 판단하기 위해 가는 것이지 당장 내일 살 종목을 찾기 위해 길을 떠나는 것은 아님을 명심해야 할 것이다.

기업에 탐방 가서 질문해야 할 것들

필자의 경우 탐방에 가서 하는 첫 질문은 보통의 경우 기업의 업무 부서별 조직도에서 시작된다. 회사 내부자들은 본인들 회사의 부서 조직의 구성이 어쩌면 지극히 당연하다고 생각해서 그들의 조직에 대한 설명을 소홀히 하는 경우가 종종 있는데, 한 기업의 조직도는 현재 해당 기업의 많은 부분을 설명해 주고 있다. 유사한 업종의 기업이라 할지라도 조직도는 기업마다 특색이 있기 때문이다. 먼저 조직도는 해당 기업의 역량이 과연 어디에 집중되어 있느냐를 한눈에 알려 준다. 기업들은 자신들도 모르는 사이에 업무 특성에 최적화하여 기업 조직을 계속해서 변화시켜 가기 때문이다. 만약 해당 기업이 기술 위주의 기업이라면 연구소 업무가 세분화 되면서 많은 인력이 구성되어 있을 것이고, 만약 영업 위주의 기업이라면 영업부서가 강화되고 고위직급자들이 책임을 맡고 있을 것이다. 더욱이 같은 영업 파트라 할지라도 부서가 고객별로 구성되었는지, 혹은 지역별로 구성되었는지에 따라 다르며, 만약 해당사의 영업을 좌우하는 핵심 고객이 있다면 해당 고객에 대한 전담 영업 부서가 따로 구성되어 있을 것이다.

가끔은 "직원들 연봉은 다들 비슷한가요?" "성과급은 어디가 가장 많이 받나요?" 하고 직접적으로 급여와 관련된 질문을 하기도 한다. 질문을 받은 내부자들은 별 특이한 부분을 물어본다고 생각하고 편하게 대답할지 모르겠으나 나는 여기서 이미 회사의 핵심 능력을 파악해냈다. 특별히 수당을 지급해서 급여를 많이 주는 부서가 해당 기업의 핵심역량을 책임진 부서일 것이다. 그리고 만약 향후 탐방 이후라도 위에서 언급된 핵심부서나 인력 등에 이상 징후가 발견된다면 해당 기업의 주식은 매도할 상황을 고려해봐야 할 것이다.

또한 조직도를 보면서 주요 부서라고 생각되는 부서를 가리키며 "이쪽 부서 담당
하시는 분과 얘기를 나눌 수 있을까요?"하고 해당 부서 인원을 요청하기도 한다. 대
부분 해당 부서 내부 직원들은 탐방자와 같은 외부인들을 접촉할 일이 거의 없고, 본
부 부서의 부탁으로 탐방에 즉석 참석할 경우, 의외로 솔직하고 대담한 이야기를 들
려 줄 때가 많다. 예를 들어 IR담당자는 신사업에 대해 매우 긍정적으로 계획을 이야
기 했는데, 해당 부서 직원은 해당 사업의 진행 경과를 꽤 객관적으로 이야기해 줄
가능성이 높다. 그 뿐만 아니라 회사인력 충원을 최근에 언제 뽑아서 어떻게 배치했
는가와 향후 인력 충원 및 배치 계획이 어떤지도 물어본다. 전체적인 인력 충원은 회
사가 성장한다는 증거이며, 경력직의 충원은 대부분 신사업을 적극적으로 진행할 때
이뤄지는 경우가 많다. 그리고 어느 부서의 인력이 증가하는 것을 안다면 해당 파트
의 향후 성장 가능성이 얼마나 높아질 것인지를 짐작해 볼 수도 있다.

과거의 선배 투자자들은 탐방을 가면 회사 화장실이나 구내식당을 꼭 가봐야 한
다는 얘기들을 했다. 청결 등 눈에 잘 보이지 않는 사항을 잘 체크해야한다는 뜻이
었다. 그러나 필자는 탐방에서 너무 사소한 것에 치중하다보면 큰 그림을 놓칠 수도
있다고 생각한다. 화장실 청결보다 더 중요한 것들은 수없이 많이 있을 것이다. 필자
는 사무실의 자리배치나 전반적인 분위기, 혹은 직원들의 출퇴근 경로 등을 살펴보
고 현재 이 회사의 직원들의 근무환경이 이 정도라면 대부분 장기 근속할 수 있을까
를 고민해본다. 또한 직원들의 표정과 옷차림(특히 여직원의 옷차림)을 좀 유심히 보
는 편이다. 젊은 미혼의 여성들은 대개 급여를 받으면 옷과 외모에 많은 비용을 지출
하기에 해당 기업의 여직원들 옷차림만 봐도 해당 기업의 급여 수준과 직원 만족도
를 대략 짐작해 볼 수 있다.

또한 복사기 등 전산기기 주위를 유심히 보는데, 청결하고 정리정돈을 잘했느냐
를 살펴보는 것은 아니고, 이면지를 사용하느냐 그렇지 않느냐를 살핀다. 비용을 절
감하여 짜낸 올해의 이익률 10%와 편하게 근무하면서 달성한 올해의 이익률 10%가
내년에는 분명 다르게 변화될 수 있기 때문이다. 그리고 공장을 들를 일이 있을 때는

단지 그들의 공장 업무를 호기심으로 들여다보는 것 외에도, 슬쩍 기계 한 두 대의 수율을 살펴보고, 또 작업반 게시판도 유심히 살핀다. 그러면 기업 소개자들이 이야기 했던 내용의 진실을 확인해 볼 수 있다. 기업 소개자들은 "우리는 이렇게 일하고 있습니다."라고 이야기하고 싶겠지만, 필자의 눈과 귀에는 "우리는 이 정도로 사업이 진행되고 있습니다."로 보이고 들리게 된다.

탐방 받지 않는 기업에 투자해도 되는가?

국내 증권시장에는 탐방을 받지 않기로 유명한 일부 기업들이 있다. 상장 기업은 주주들에게 공시와 IR 등의 투자정보를 제공해야 하는데, 이들은 사업보고서 및 기본공시 등 최소한의 투자 정보만을 의무적으로 제공하고 있을 뿐 수시적인 탐방을 받지는 않는다. 투자자 입장에서 보면 '배 째라 식의 IR'이다. 이들이 탐방을 거부하는 것은 대부분 IR에 있어서 아쉬운 게 없다는 뜻이다. 필자도 과거 애널리스트 시절, 한 기업의 IR 형태가 너무 마음에 들지 않아 보고서에 해당 기업의 IR 상의 문제점을 분석 보고서 상으로 지적한 적이 있었는데, 해당 기업은 몇 달 후 급작스럽게 상장을 폐지하고 말았다. 말 그대로 아쉬울 게 없었기 때문이다.

이들 기업들의 공통점은 최대주주 지분율이 높다는 것이다. 이에 최대주주들은 주가 자체에 관심이 없다. 이들은 주력사업이 성장성은 높지 않으나 높은 시장 점유 등을 통해 안전성이 확보된 경우가 많으며, 자산가치가 높은 자산주인 경우도 많다. 또한 해당 주식들은 애널리스트가 증권시장에서 정보의 부족으로 관리하지 못하기 때문에 주가에 거품도 없는 경우가 많다. 이에 따라 수급상 매수세가 높지는 않지만 안전성이 높은 만큼 이런 기업들이 향후 성장을 지속한다면, 수익률 측면에서 중장기 투자를 통해 큰 보상이 따르는 경우도 종종 본다. 그러나 이와 같은 기업들을 투자함에 있어 주의해야 할 점은 정보의 제한적 공개와 적기에 제공되지 않는 기업 정보로 인해 주가가 상당부분 기업 가치에 후행하기 쉬우며, 비합리적 추측에 따른 일시적인 주가 변동성 확대 가능성도 보유하고 있다는 점이다. 이렇기에 해당 기업들의 가치 평가에는 대폭적인 할인율 적용과 함께 보수적 접근을 필요로 한다.

성공투자를 약속하는
손절매의 법칙

· · ·

"암보험에 들었는데 암에 걸리지 않았다고 해서 보험비가 아까운 적이 있는가?" 아니면 "자동차 보험에 들었는데 1년간 사고가 나지 않았다고 보험비를 아깝다고 생각해 보았는가?" 만일 그렇게 생각하는 독자가 있다면, 그는 주식투자에 있어서 큰 약점을 갖고 있다고 생각된다. 사람들이 혹시나 있을지 모를 사고나 재해에 대비하기 위해 기꺼이 돈을 지불하고 보험에 가입하는 것처럼 투자에 있어서도 손실 실현을 통해 기대수익이 감소될 것을 알면서도 기꺼이 비용을 지불하는 것이 손절매이기 때문이다. 손절매는 주식에서 보험과 같은 역할을 담당한다. 작은 비용을 아까워하면 현재에는 당장 문제가 없을지 몰라도 결국에는 큰 비용을 치르기 마련이다. 손절매는 투자금을 보존하기 위한 중요한 투자 행위이다.

궁핍한 사람들일수록 일상생활에서 당장의 현금이 아쉬워 보험을 들지 않는 경우가 많다. 그리고 결국에는 불의의 사고를 당해 생활이 더 곤궁해지는 경우가 주변에서 왕왕 보인다. 충분한 보험을 들었으면 피해갈 수 있었을 상황이었다. 그들은 미리 보험을 들고 준비하지 못했음을 아쉬워한다. 그런데 사람들은 큰 손해 이후, 자신들이 손절매에 소홀하여 큰 손해를 얻었다고는 생각을 하지 않는다. 마찬가지로 합리적인 손절매가 있었다면 큰 손해를 피할 수 있었음을 여전히 인지하지 못하는 것이다. 그리고 투자에서도 작은 투자금으로 무언가 단기에 성취를 이뤄야 하는 조급한 사람일수록 손절매에 소홀하여 결국은 손실만을 남긴 채 투자시장에서 떠나는 것이 많이 목격되고 있다. 실생활에서 궁핍할수록 보험을 들지 않는 것과 마찬가지다. 그리고 부자는 더욱 부자가 되고 가난한자는 더욱 가난해지기 마련이다. 투자의 세계도 마찬가지다.

주식으로 반드시 이기는 법

주식을 해서 지속적으로 성공하려면 아마 둘 중 하나일 것이다. 10번의 종목 선택 가운데 5번 이상이 성공하거나(동일한 수익금과 손실금일 때) 10번의 투자 중 5번 이하의 성공 확률을 갖더라도 성공 시 수익금이 실패시의 손실금보다 확연히 클 때이다. 그런데 투자에 대한 중요한 오해 중 하나가 성공한 투자자들은 후자(성공의 횟수가 많지 않더라도 수익금이 손실금보다 큰 경우)가 대부분임에도 불구하고, 많은 투자자들은 전자(성공확률 증가)를 위해 노력하고 있다는 점이다. 투자의 성공을 위해서는 현실을 직시하고, 한번 수익에서 큰 수익을 얻는 것이 성공 확률을 높이는 것보다 중요하다는 것을 아는 것이다. 유능한 펀드매니저들의 잔고를 열어봐도 그들의 포트폴리오는 다수의 손실 종목보다 몇몇 종목의 수익금액이 손실을 상회하고도 남음을 알 수 있다. 장기적으로 투자에 성공하려면 이익 볼 때는 크게 보고 손실은 최소화시켜야 하는 것이 무엇보다도 중요하다.

손실은 피할 수 없지만 손실은 줄일 수 있다

세상에 손실을 완전히 피할 수 있는 투자 철학이나 투자 전략은 분명히 없다. 손실은 주식투자에 있어서 불가피한 요소이며, 투자자도 사람인 이상 인간적인 실수나 판단의 착오는 일반투자자 뿐만 아니라 기관 펀드매니저들도 자주 경험하고 있다. 뿐만 아니라 실수나 착오가 없다 하더라도 예상하지 못한 시장상황의 변화로 투자 결과가 항상 원하던 바로 귀결되지 않기도 한다. 중요한 점은 손실발생 시 이를 수용하고 기꺼이 받아들이며 이를 어떻게 처리하느냐에 따라 투자자의 최종 수익률 결과는 판이하게 달라진다는 것이다. 수익금이 손실금보다 크게 되기 위해서 수익금을 증가시키는 전략을 살펴보기에 앞서 손실의 한계를 미리 설정하고 손실을 최소화하는 노력을 해야 한다. 이것이 손절매의 중요성이다.

손절매의 3가지 기본 방법

주식 대가들의 책을 보고, 많은 수익을 달성했다는 성공한 투자자들의 이야기를 들어봐도 손절매의 중요성만 강조할 뿐 '과연 몇 %에서 손절매를 해야 하는가?'하는 질문에는 명쾌한 답을 듣기가 쉽지 않다. 어떤 책은 5% 이하의 짧은 손실률에서 팔라고도 하고, 어떤 투자자들은 20% 수준이 적당하다고도 한다. 결론적으로 손절매는 투자자 자신의 운용스타일에 적합한 손실률을 정해야 한다는 점이다. 그리고 분명한 점은 단기매매의 손절매 시점은 중장기 매매보다 손절률이 낮고 시점이 빠를 것이고, 해당 투자자들의 목표수익률의 차이에 따라 저위험 저수익 투자는 고위험 고수익 투자보다는 마찬가지로 손절률이 낮고 그 시점이 빠를 것이라는 점이다.

예를 들어 A란 투자자가 단기매매는 10%, 중장기는 20%로 손절매율을 설정했다고 치자. 만일 주가가 11% 하락하다가 다시 상승하거나 21% 하락하다가 또 다시 상승하면 어떻게 하겠는가? 이런 상황이라면 그는 불필요한 손절매를 한 것이 된다. 손절매에 관해 흔히 7%, 10%,

혹은 20%나 30%의 정률적인 손절매를 반드시 지키란 얘기를 듣지만 의문이 생긴다. 종목마다의 특성이 다르고, 투자자마다 매수한 가격대가 다른데 어찌 일률적인 손절매 범위를 가져가란 말인가? 이에 주식을 조금 더 공부했다고 하는 투자자들은 손절매를 기술적 분석과 연관하여 설명하기도 한다. 예를 들면 이동평균선이나 매물대 등 주가가 미리 설정한 지지선을 하회하면 손절매하는 식이다. 하지만 이런 기술적 분석을 활용한 손절매의 방법 또한 모호한 점이 매우 많다. 기술적 차트도 역시 평균적이거나 대표적인 가격대가 계산된 선으로서 손절매의 분명한 기준이 되기에 부족하긴 마찬가지이기도 하다. 그리고 흔히 상승하는 기업의 주가는 많은 사람들이 생각하던 지지선을 분명히 하회하고 나서야 많은 사람들이 손절했던 물량들을 다 받고 다시 상승 했던 경우를 현실에서 충분히 경험해 봤다.

이보다 더 진보된 방식의 손절매 방법도 있다. 종목이 아닌 펀드 전체를 기준으로 펀드 내의 손실규모를 한정하는 방법이다. 포트폴리오 상의 최대 손실액을 20%로 정하여 한 종목이 큰 손실을 냈어도 다른 종목들이 수익이 나서 전체적으로 포트에 문제가 없다면 손절매를 하지 않는 식의 기준이다. 이는 포트폴리오 전체의 위험관리 측면으로서 한두 종목이 손실이 커도 포트폴리오에 큰 위험이 되지 않는다면 충분히 더 관찰할 기회를 가져다준다는 점에서 상당히 융통성이 크고 바람직하다. 또한 종목별 편입비중과 함께 위험 비중을 세분화함으로써 보다 합리적인 위험관리 방안이 될 수도 있다. 그러나 이 또한 시장이 급락하여 포트폴리오 전체에 위험이 증가한다면 효용성에는 문제가 있는 방법이기도 하다.

손절매와
매도의 원칙

기계적으로
손절매 하지 않는다

그러면 손절매의 기준을 과연 어떻게 가져가야 보다 합리적인 것인가? 필자는 분명 손절매를 중요하게 생각하지만 손절매를 통한 즉각적 매도 개념 자체는 부정한다. 이 말은 결국 "손절매도 매도일 뿐, 자신이 설정한 매도의 원칙에 따라 매도할 상황이냐 아니냐를 분별하여 행동하라"는 것이다. 몇 %에 손절을 하느냐가 중요한 것이 아니고 매도해야할 시점에 매도를 과감히 하여 손실을 줄일 수 있느냐가 관건이다.

주식을 매도하는 데에는 두 가지 큰 원칙이 필요하다. 첫째, 매수했던 이유가 사라지면 매도한다. 예를 들어 저평가를 이유로 매수했다면, 주가가 올라 저평가가 해소되고 예상 목표주가에 도달하면서 파는 것이고, 어떤 긍정적인 이벤트를 예상하여 매수했다면, 달성된 수익률과 상관없이 매수된 이벤트가 종료될 때 주식을 파는 식이다. 둘째, 매수한 주식이 현재 시점에서 현재 주가에 투자할 만한 가치가 없다면 파는 방법이다. 이는 매수가격과는 상관없이 현재 해당 종목을 보유하지 않고 있다고 가정하고, 현재시점에서 과연 해당 종목이 투자할 만한 종목인가를 다시 분석해서 만약 그렇지 않다면 매도하는 방식이다. 현재라면 사지 않을 만한 주식을 이미 과거에 샀기 때문에 그냥 갖고 있어야한다는 행동은 어리석다. 주식은 언제나 현재 시점에서 새로 살 만한 자신 있는 종목군들을 보유하고 있어야 하는 것이다.

> 첫째, 지금 새로 살 수 없는 주식을 보유하고 있다면 판다.
> 둘째, 기업이 당초 생각과 다르게 변화되었으면 판다.

매도의 두 가지 중요 원칙

진짜 손절매를 해야 하는 경우는, 해당 주식을 현재 갖고 있지 말아야 할 때다. 1만 원에 산 종목이 현재 9,500원이든, 9,000원이든, 아니면 1만500원으로 소폭 상승했다 할지라도, 어떤 이유로든지 현재 주가 수준에서 투자자가 현재가에 주식을 다시 살 수 있는 상황이 아니라면 해당 주식은 주가에 상관없이 팔아야 하는 것이다. 만약 이런 이유로 매도한 주식이 큰 손실을 봤다면, 그건 투자자가 투자에 실력이 없거나, 무관심했거나 혹은 너무도 운이 없기에 벌어진 일이다. 이런 의미에서는 손절매란 것은 없다. 원칙에 입각한 정확한 매도가 있을 뿐이다. 손절매는 그런 과정 속에서 발생되는 매도 행위의 일부 표현일 뿐이다.

분명한 손절매의 이유는 당초 생각했던 바와 다른 회사의 모습이나 변화를 발견했을 때다. 투자자가 회사의 대주주가 아닌 이상 투자하는 회사의 모든 면을 면밀히 다 알고 투자를 할 수는 없다. 보통의 경우

투자에 필요한 최소한의 것들을 확인하고 투자하게 되는데, 추후 회사에 대해 다른 모습을 알게 됐을 때나 회사의 가치관이 투자자의 가치관과 크게 다르다면 손절매는 반드시 필요하다. 실수였든 실수가 아니었든 그것은 중요하지 않다. 또한 실적을 보고 투자했을 경우에는 예상했던 실적이 실제와 많이 달라 기업가치가 크게 변화되었다고 판단되어도 손절매는 필요하다.

전통 방식은 경고시점으로 활용하자

서두에는 '손절매가 무척 중요하다'고 하고, 이후 '손절매란 없다'라고 표현하니 다소 혼란을 가중시킨 것 같다. 그러나 저자의 말이 다소 혼란스럽게 들리는 이유는 현재 시장에서 손절매에 대한 인식이 잘못 정립되어있고 독자들 대부분이 이런 잘못된 고정관념을 여전히 가지고 있기 때문일 것이다. 투자와 관련된 많은 책들에서 손절매는 철저하게 지켜야한다고 하면서, 한편 혹자들은 '시장에서 기관투자자들조차 손절매를 철저하게 지키지 않고 있는데 왜 개인들에게는 철저한 손절매를 요구하는가?'라고 반문하며, 손절매란 매매를 빈번하게 하여 수수료를 얻기 위한 증권사의 술책이라고 비난도 하고 있는 듯하다. 그러면 일반 투자자들은 '손절매는 지켜야하는 거야? 아니면 무시해야 하는 거야?' 하며 판단이 어려워진다. 모두 손절매에 대한 잘못된 인식에서 출발한 생각들이다. 손절매를 반드시 지키지 않는다고 해서 손절매가 중요하지 않은 것은 아니고, 더욱이 손절매가 불필요한 것도 아니다. 손절매는 투자에 있어서 반드시 필요한 중요한 부분이고, 손절매에 대해 정확히 이해하고, 각자의 투자 상황에 맞게 손절매를 적절히 활용하는 것이 필요하다.

기관투자자들은 기관마다 설정된 세부 숫자는 다를 수 있으나 보통 15~30% 수준의 손절매율을 분명히 갖고 있다. 그러나 그들은 해당 가격대를 절대적인 손절매 규칙으로 반드시 매도하기보다는 종목이 해당 가격에 도달했을 때 이를 경고시점으로 인식하고, 이때 해당 기업에 대해 상세 조사 및 리서치 이후 해당 종목에 대하여 투자 재 판단을 하는 시점으로 활용하고 있다. 손절매는 필요하나 이를 예외 없는 절대 원칙으로 지키기 보다는 경고 시점으로 판단하여 과연 '해당 주식은 매수할 때와 큰 변화가 없었나?' 아니면 '과연 해당 주식은 지금 현재가에도 살 수 있는 기업인가?' 등 해당 주식을 재판단하는 기회로 활용하고 있는 것이다.

앞으로는 개인투자자들 또한 가격대를 통한 무조건적인 손절매 매도는 지양하되, 투자자마다의 투자성향에 따른 적정한 위험 경고 손실률을 설정하여, 해당 시점에서 투자 기업에 대한 철저한 재검토는 분명히 필요할 것이다. 다시 한 번 강조하면 손절매란 경고 시점일 뿐이며, 손절매 매도도 분명한 매도의 원칙에 따라서 행해져야 하는 것이다.

물타기는 반드시 잘못된 행동일까?

대부분의 투자자들은 주식을 사고 나서 주가가 떨어지면 그 주식은 왠지 더 싸졌다고 생각한다. 뉴스에서 어떤 이유로 주가가 떨어졌다고 하나 주가가 떨어진 본질적 이유에는 관심 없고 뉴스에서 이야기하고 있는 악재가 주가를 어느 정도 하락시킬 만한 악재인지에 대해서도 무관심한 투자자들이 많다. 단지 손해 본 것만 생각한다. 지금 팔면 손실이다. 손실이 크진 않지만 투자자 스스로는 본인들이 매우 현명한 투자자라고 생각하고 이정도의 하락금액은 스스로가 충분히 견딜 수 있는 상황이기에 더 싸진 가격에 더 사야 한다고 생각한다. 그렇게 한다면 자신은 매우 현명하고 결단성 있는 투자자가 될 것 같은 착각에 휩싸인다. 본인이 더 사면 그것이 바닥이 되어 주가는 다시 상승을 시작할 것으로 생각되기도 한다. 그리고 해당 주식을 더 매수한다. 이런 좋은 기회에 평균단가를 더 낮추기 위해 최초 샀던 금액보다 더 많은 금액을 산다. 과연 옳은 투자 행동이었을까?

위의 사례를 주식시장에서 흔히 '물타기'라고 부른다. 결론을 얘기하면 물타기 역시 손절매와 같은 성질의 판단이 필요하다. 단, 차이는 손절매가 매도 행위의 일부인 것처럼 물타기 또한 일종의 매수 행위일 뿐이다. 물타기도 행위 자체를 가지고 옳고 그름을 판단하는 것은 의미가 없다. 단지 물타기를 해야 할 기업이 '현재 보유하고 있지 않았더라도 해당 주식은 새로 살 수 있는 기업인가?' 하는 점을 분명히 고민해 봐야 할 것이다.

포트폴리오 비중 조절의 마법사

• • •

매일 증시가 개장하면 주가는 업종별로 각각 다르게 움직인다. 어느 날은 IT주와 자동차주가 강한 주가 흐름을 보이고, 또 어떤 날은 제약주와 보험주가 강세를 보이기도 한다. 주니어인 A펀드매니저는 예전 주식을 처음 접할 때는 아는 것이 별로 없었기에 모든 것이 새롭고 신기했다. '오늘 왜 이 주식들이 올랐을까?' 궁금함에 온갖 공시와 뉴스 등 찾아볼 수 있는 정보들을 뒤적여 보기도 했다. 그런데 사실 오늘 특별히 해당 업종들이 오를만한 이유는 없었다. 시간이 좀 흘렀다. 그는 이제 주식시장의 기초적인 부분에는 익숙해졌다. 세미나에 참여하기도 하고 선배들의 조언을 들으며 분석하는 법도 배웠고 매매하는 법도 익혔다. 조금씩 더 익숙해졌다. 그러자 예전에 궁금했던 많은 것들이 사라졌다. 사실 궁금했던 중요한 질문들이 해결되지 않았고 아직도 그 이유는 모르는데, 익숙해졌기 때문에 그리고 바쁘다는 이유로 스스로와 시장에 대한 중요한 질문들이 그에게서 사라졌다.

시간이 지나고 또다시 새로운 하루의 증권시장이 열리면 오늘도 주가는 업종별로 서로 다른 흐름을 보인다. 물론 예전과 마찬가지로 특별히 해당 업종이 오늘 오를 이유는 없다. A펀드매니저는 이젠 선배가 되어 후배의 질문을 받는다. "선배님, 오늘 이 업종이 왜 오르죠?" "아~ 순환매야, 이렇게 종목별로 업종들이 순환매 하면서 주가 지수가 상승하는 거야, 어제는 IT와 자동차주가 올랐잖아, 오늘은 제약주와 보험주가 오르네. 이게 바로 순환매야." "선배님, 근데요. 하필 왜 오늘 제약주와 보험주가 올라야 하는 거죠? 특별한 이유는 없잖아요." "……." 그는 대답하지 못했다. 그도 사실 이유를 모른다. '내가 그걸 알면 여기 있겠어?' 스스로 위안을 해보지만 그는 애널리스트 경력이 몇 년이고 펀드매니저 명함을 뿌린 지 몇 년인데 차마 부끄러워 말도 못할 것이다.

펀드매니저의 포트폴리오 분산

포트폴리오 분산투자는 기관 펀드매니저들과 개인투자자들과의 주식운용 방법을 구분 짓는 큰 차이점 중 하나이다. 현대의 기관투자자들은 대부분 철저하게 포트폴리오를 구성하여 주식을 운용하는 반면, 수많은 개인투자자들은 대개 일부 종목에 집중하여 투자를 하고 있다. 주식시장에서의 분산투사란, 투자금을 업종과 종목으로 다양하게 나눠서 분산시킴으로써 분산에 따른 투자 성공 보상이 감소할 수는 있어도 보다 큰 위험의 감소를 통해 자산을 안정적으로 증식시켜 갈 수 있다는 논리로 시작된 투자의 방식이다. 반면 분산투자와 상반되는 개념의 집중투자란, 투자자가 제일 잘 아는 종목에 대부분의 투자금을 집중하는 것으로써, 투자자가 제일 잘 알고 제일 좋은 기업에 투자해야지 그보다 좋지 않고 잘 알지도 못하는 종목에 투자금을 낭비할 필요는 없으며, 가장 잘 아는 종목일수록 투자 위험을 축소시킬 수 있다는 이유로 투자 종목 숫자를 최소화 한다.

분산과 집중의 균형이 필요하다

분산투자와 집중투자 두 전략의 장점은 사실상 모두 논리적으로 옳고 실전 투자에서도 역시 상황에 따라 바람직한 결과를 가져오는 경우가 많다. 물론 기관 펀드매니저들은 포트폴리오 구성에 익숙해져 있어 집중투자보다는 분산투자를 선호하지만 그들 또한 집중 투자전략을 소홀히 하고 있지는 않다. 더구나 최근에는 많은 유능한 펀드매니저들이 개인적 사유로 기관 운용을 마치고 개인투자가가 되어 스스로 본인의 자금을 운용하면서, 기관투자자 시절의 포트폴리오를 최대한 압축하고, 집중전략으로 변화하는 경우가 왕왕 있었다. 경우에 따라 다르겠지만, 기관투자자들이 포트폴리오 분산투자 전략을 전적으로 선호하는 것은 그들의 투자자 성향이나 투자 철학 때문은 아니고, 기관들은 그들의 자금 성격이나 내부의 투자환경 상의 이유로 포트폴리오 분산투자 전략을 기본 투자전략으로 구성하게 된 것이다.

그러나 어떠한 전문 투자자 집단이라고 하더라도 너무 극단적인 집중전략이나 너무 무책임한 분산 전략은 옳지 않고 합리적인 균형점을 찾아야 한다는 데에 모두들 동의하고 있다. 분산투자의 최대 약점은 '업종과 종목이 다양해지면 물리적으로 모든 종목에 대한 관심이 불가능해지면서 관심 밖의 투자종목이 증가되고 이에 따라 펀드 관리가 느슨해진다는 점'인데, 이에 따라 분산과 집중의 균형은 '얼마의 자금을 몇 명의 투자자가 함께 운용하는가? 투자자들의 경험은 어느 정도의 수준인가? 주위에 도움을 받을 수 있는 상시적인 투자운용 환경이 구축되어 있는가?' 등의 사유로 구분되어야 할 것이다. 처한 투자환경에 따라 자신이 컨트롤할 수 있는 최대치의 포트폴리오 분산을 가져가야 함이 옳지 않겠는가.

통상적인 금액 기준으로는 현재 KOSPI 시장의 규모 및 시장 환경상의 이유로 만약 투자금이 수억 원 이하라면, 굳이 업종이 세분화된 체계적인 포트폴리오 분산투자는 불필요할 것으로 생각되며, 이 경우 최선으로 생각되는 몇 개의 업종과 다시 업종 내 부각되는 몇 개의 기업으로 미니 포트폴리오를 구성하여 투자금을 관리하는 것이 보다 효율적일 것이다. 그러나 만약 투자금이 최소 약 10억 원 이상이라면 업종 및 종목이 고루 분포된 체계적인 포트폴리오의 구성이 가능하고, 분산투자의 이점이 분산되었을 때의 수익 감소효과를 상회하는 분기점을 넘어서게 되므로 충분한 인력을 구성하여 안정된 포트폴리오를 구성하여 주식투자에 임하는 것이 바람직할 것으로 판단된다.

기관은 비중 조절에 익숙하다

기관들은 통상적으로 최소 수백 억 원 이상의 거대 자금을 운용하므로 포트폴리오를 구성하지 않을 수 없다. 특히 전문 운용기관의 펀드들은 시장 상황에 따라 예측할 수 없는 자금의 유출입이 다반사로 발생되므로, 주식의 보유 여부와 관계없이 기본 포트폴리오를 항상 관리하고 이를 기준으로 자금 유출입시를 대비하는 것이 필수적이다. 새로운 투자금이 유입되었다고 해서 그때서야 새로운 종목을 개발하고 사서 포트폴리오 내 종목 숫자를 증가시키거나 상당한 자금이 유출되었다고 일정 종목을 전액 매도하여 환매에 응하는 것은 물리적으로 불가능하기 때문이다. 이에 전문 운용기관들은 포트폴리오를 항시 구비하고 있다가 자금이 유입되면 포트폴리오 전체를 해당 금액만큼 매수하고 자금이 유출되면 포트폴리오 전체의 일부 자금을 매도하는 식의 매매를 한다. (반면, 고유자산 펀드매니저들은 대개 그들의 운용자금이 상당기간 일정하거나 그렇지 않다 하더라도 상당기간 지속 증가하거나 지속 감소하는 일정한 자금 흐름을 보이고 있어 향후 가용 자금에 대한 예측이 비교적 수월한 편이다. 이에 만약 투자자금이 증가하면 기존의 포트폴리오에 구애받지 않고 새로운 자금으로 기존 포트폴리오를 보강하거나 펀드를 분리하여 새로운 포트폴리오에 투자하기도 한다. 그러나 그들도 투자금 증가 시 어느 정도의 기존종목에 대한 추가 매수는 불가피한 상황에 처한다.)

위의 과정을 통해 펀드매니저 특히 전문운용사 매니저들은 개별 종목의 매매 타이밍 포착보다는 포트폴리오의 비중 조절을 통해 운용 수익을 쌓아가는 법을 배워 왔다. 이런 의미에서 증권시장에서는 전문 운용기관 펀드매니저들을 지칭하여 '포트폴리오 매니저'라고 부른다. 포트폴리오 매니저들은 증권사에서 나오는 수많은 리포트를 읽고 그 중 정확한 분석과 합리적인 판단을 하고 있는 보고서를 골라내야 한다. 또한 항상 시장을 생각하고 새로운 투자 아이디어를 고민해야 한다. 이후 탐방을 통해 기업을 방문하고 가치평가를 통해 적정 가치를 계산한 다음 포트폴리오에의 편입 여부와 투자 비중을 결정해야 한다. 주식을 매입한 이후에는 의도했던 대로 기업의 가치가 반영되며 수익이 나는지를 점검하고 시장의 변화가 있다면 업종과 종목별 투자비중을 신속하게 변화시켜 주어야 한다. 이런 일련의 과정을 통해 벤치마크를 이기고 쌓아가야 한다. 한편 개별 업종과 종목의 투자비중을 조정하면 다른 업종과 종목의 투자비중도 상대적으로 변화되기 때문에 항상 최적의 포트폴리오를 유지하기 위해서는 포트폴리오상 모든 종목을 업데이트하고 지속적으로 관찰해야 한다.

포트폴리오 관리를 통한 주식운용이 어려운 점은 포트폴리오의 관리를 위해서는 강한 상승장에서 아쉬움에도 팔아야 할 때도 있으며, 깊은 하락장에서도 두려움에 반드시 사야하는 상황이 발생된다는 점이다. 개인 돈이 아닌 기관자금이기에 일정부분 주식투자 비중을 가져가야 하기 때문에 그렇고, 개별 종목도 높은 주가상승률을 보이면 펀드의 종목별 비중을 안정화하기 위해 그렇다. 그러나 아이러니한 점은 이런 어쩔 수 없는 매매들이 펀드 수익률을 강화시킨다는 것이다. 포트폴리오에 따른 자동 분산은 그 제도만으로도 인간의 본성 및 군중심리를 이겨낼 수 있는 투자 방법이기에 시간이 지나면 결국 수익률에 큰 도움이 되게 된다.

147 ∙

포트폴리오
비중 조절의 마법사

중세 유럽에서는 '연금술사'라는 사람들이 등장했었다. 연금술이란 기초 화학을 활용하여 구리와 같은 비금속을 금과 같은 금속으로 변화시키는 신비적 성격이 가미된 일종의 전근대적 과학기술로서 이는 당시의 중요 화폐인 금에 대한 사람들의 열망을 표현하고도 있다. 현대에는 기관 펀드매니저들이 그들의 포트폴리오 비중 조절을 통해 수익(화폐)을 창출하고 있는데, 연금술사가 금에 대한 욕망을 보였듯이 펀드매니저들은 수익에 대한 열정을 갖고 있으며, 연금술사들이 여러 물질들을 정제·정화·복합하여 금을 만들고자 하듯이 펀드매니저들은 자신들의 포트폴리오를 연구하고 개발하고 지속적으로 비중을 조절하여 수익을 창출해낸다. 그들은 현대판 연금술사 '포트폴리오 비중 조절의 마법사'인 것이다. 단지 차이는 중세 연금술사들이 비과학적인 근거로 무한반복을 통해 목적을 달성하고자 했다면 현대의 펀드매니저들은 실물 경제의 발전, 특히 기업의 가치 성장과 동반하여 실질적인 금(수익)을 만들어내고 있다는 것이다.

펀드매니저들이 포트폴리오의 비중 조절을 통해 펀드를 관리하고 있다는 사실은 일반 투자자들이 증권 시장에서 잘 알아 볼 수는 없지만 시장에 매우 거대한 영향력을 행사하고 있다. (재미있는 점은 펀드매니저 개인들도 그들의 행위가 모여 파도를 만들고, 또 파도가 모여 풍랑을 만든다는 점을 잘 인식하지 못하는 경우도 많다.)

펀드의 포트폴리오는 업종을 중심으로 구성되어 있고 또한 대부분의 업종 내 보유 주식은 업종 대표주를 포함한 업종 내 최고의 성장 및 가치주로 구성되어 있기 때문에 국내외 수많은 운용기관의 포트폴리오는 상당 부분 중복되고 있다. 예를 들어 최근 경기가 좋지 않아 내표적 수출주인 자동차 업종이 신통치 않고 내수주인 통신 업종이 상대적인 성과 개선을 보이고 있다면, 대부분의 펀드매니저 포트폴리오에는 이미 자동차 업종 비중을 낮추고 통신업종 비중을 높였거나 아니면 지금도 이와 같은 방식으로 비중조절을 하고 있는 중일 것이라는 뜻이다. 어느 펀드매니저도 시장 및 업계 상황에 역행하여 포트폴리오 업종 비중을 구성하지는 않기 때문이다. 만약 통신업종 내에서는 SK텔레콤 실적이 최고로 개선되면서 업종 성장을 주도하고 있다면, 그 경쟁사인 KT가 SK텔레콤 이상의 성장과 이익 개선을 동시에 보이기는 불가능하며, 이는 수많은 펀드매니저들의 포트폴리오들이 이미 대부분 KT가 아닌 SK텔레콤 위주의 비중 조절이 완료되었거나 현재에도 포트 조정이 진행 중이라는 이야기가 된다. 아주 강력한 포트폴리오의 중첩이 일어날 수밖에 없는 구조다. 펀드매니저들이 모두 합리적인 운용을 추구하고

149

있는데 어찌 이런 일이 일어나지 않을 수 있겠는가?

파도를 일으킨 사람도 풍랑의 출발점을 모른다

앞의 A 주니어 펀드매니저의 '오늘 왜 이 주식들이 올랐을까?'하는 질문에 대한 대답도 앞서 설명한 포트폴리오의 중첩과 함께 단기 주가에 있어서 수급이 가치에 우선하기에 가능한 이야기이다. 기관은 개인보다 풍부한 유동성을 운용하며, 또한 그들의 자금은 업종 내 대표주나 핵심주에 집중되므로 해당 종목에 대한 주가를 좌우할 수 있게 된다. (물론 외국인 투자자들은 그들의 또 다른 논리로 핵심 우량주 주가를 변화시킨다.) 한편, 눈여겨봐야 할 점은 자금이 일정 종목에 집중되는 것과 더불어 자금의 집행 및 회수 (매수와 매도) 시기도 역시 집중되고 있다는 점이다. KOSPI 변화에 따라 자금의 펀드 유입이 시작되면 동일하지는 않지만 운용사 별로 자금 유입이 분배되고, 어느 업종 개선이 유망하다는 판단 또한 많은 펀드매니저들이 같은 애널리스트들의 분석을 보고 판단하기에 당시의 투자 집중 업종, 하물며 집중되는 종목, 그리고 매수와 매도 시기까지도 유사한 진행이 가능해진다.

예를 들어 어느 A 운용사에서 자동차 업종 비중을 줄이고 통신 업종을 늘리기로 결정했다면, B 운용사도 유사한 결정을 하게 될 것이다. 그리고 A란 운용사가 2013년 10월 현재시점에서 내부 회의를 거쳐 오늘 투자비중의 조정을 한다면, B 운용사도 무한히 게으른 운용사가 아닌 한 회의를 거쳐 액션을 취하는 날이 수일 이상 다르기 쉽지 않을 것이다. 또한 A운용사와 B운용사의 핵심 펀드매니저들은 (담합은 아닐지라도) 함께 식사하며 함께 탐방을 다니는 등 서로 간 친분이 높아 의견을 공유하며 독자적인 판단으로 의사결정을 함에도 불구하고, 같은 날 유사한 시점에 비중 조절을 행하는 경우가 상당수 발생할 것이다. 물론 A나 B중 어느 운용사가 시장에서 영향력이 매우 큰 메이저 운용사일 경우 해당 운용사가 매수했다는 이유만으로 추종 매수세가 붙어 과도한 일간 오버슈팅이 나오면서 변동성을 확대시키는 것들은 제외하고도 말이다.

비중 조절은 의지 없는 매매를 유발 시킨다

여기서 더 재미있는 시장 현상이 발생된다. 운용자금의 증가 시 전문 운용사 펀드매니저들이 어떤 종목을 포트에 넣고 매수를 시작하면 펀드 규모가 점차 증가되면서 최초 생각했던 그 이상의 물량을 보유할 수밖에 없는 상황에 도달하게 된다. 종목 내 지분이 증가되면서 종목 주가가 자연스럽게 상승하고, 주가상승은 해당 펀드의 수익률 개선으로 이어지며, 펀드 수익률이 좋아지면 그 수익률을 따라서 자연스럽게 펀드 자금이 유입되는데, 펀드자금이 더욱 커지면서 펀드매니저의 의지와는 상관없이 추가 매수가 계속되는 상황이 발생되고 있다. (일부 포트폴리오 종목군 확대가 시도되기는 하지만, 고유의 투자 철학과 효율적인 관리 특성상 유입되는 자금 이상의 종목 수 증가가 일어나기는 어렵다.) 뉴스에서는 펀드매니저들이 한 종목을 좋게 보면 중장기를 보고 투자하기에 일정 수준까지 지속 매입하는 일관된 투자성향을 보이고 있다고 설명하지만, 막상 진실은 펀드매니저들이 해당 종목을 포트폴리오에 편입시키고 나서는 돈이 더 들어오니 그들도 어쩔 수 없이 더 사게 되는 것이다.

반대의 경우도 마찬가지다. 펀드의 자금 유입이 정체되게 되면 펀드 매니저들은 종목별 기회비용에 대한 고민이 커지게 된다. 현재의 보유 펀드 규모를 이용하여 최대한 수익성을 이끌어 내야하기 때문이다. 펀드매니저가 자금이 유입될 때는 무엇을 살까에 대한 고민이었다면, 이제는 무엇을 팔아서 무엇을 살까라는 2차원적 고민으로 확대된다. 삼성전자를 살 것인지, LG전자 혹은 하이닉스를 살 것인지에 대한 고민과 함께 그 자금을 마련하기 위해서는 LG화학을 팔 것인지 POSCO를 팔 것인지도 함께 고민해야 되다. 이에 제한된 상황으로 인해 결국 선택의 폭도 좁아지고 규모 대비 매매도 잦아지게 된다. 수수료가 증가하며 실수의 가능성이 높아지면서 수익률이 축소될 여지가 크다는 뜻이다.

특히, 펀드 내 운용자금의 절대규모가 감소하고 있다면 펀드매니저의 고민은 더욱 커진다. 포트폴리오의 구성은 유지되지만 포트폴리오 내 종목에 대한 자연스러운 매도는 피할 길이 없다. 펀드의 규모가 줄어들면서 펀드 내 종목을 유사한 비중으로 매도해 나가야 포트폴리오의 구성이 유지되기 때문이다. 또한 운용 자금이 감소되고 있다면, 펀드 자체의 유동성도 관리되어야 하기 때문에 환매에 대비하여 주식 비중을 선 조정해야 할 필요성도 생긴다. 그야말로 엎친 데 덮친 격으로 내가 내 포트의 주식을 팔면서 수익률을 스스로 낮춰나가는 악순환의 고리가 시작되게 되는 것이다.

기관투자자들은 대개 포트폴리오를 구성해 운용하는 펀드의 특성상, 어느 한 종목에 대한 투자 유무의 결정과 매수 및 매도를 일시에 실행할 수 없고, 점진적으로 포트폴리오의 편 출입과 비중 조절로 나타나는 것을 보게 된다. 특별한 경우가 아니고서는 매수도 분할 매수를 하고 매도도 분할 매도를 할 수 밖에 없는데, 이때 기관투자자들의 매매 행위는 상당기간에 걸쳐 주가에 영향을 줄 수밖에 없게 된다. 또한 최근 기관투자자들의 투자 철학이 유사해지고 투자 전략 또한 상당부분 동일할 뿐만 아니라 생각의 속도 및 투자 아이디어 수준마저 일정 수준으로 평준화 되면서 기업실적 및 경제상황 등에 따라 기업에 대한 판단의 결과가 대부분 유사한 방향으로 결정되고 있다. 기관들의 매매 종목군이 동질화되고 있다는 이야기이다. 그러면 이런 현상은 더욱 강화되게 된다.

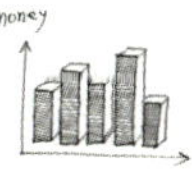

삼성전자는 특별하게 관리해라?

2013년 11월말 현재 국내 IT 대표기업인 삼성전자의 시가총액은 약 215조원이다. KOSPI 시가총액이 1,200조원 수준이니 개별 종목 하나가 전체시장의 17%를 상회하는 비중을 차지하고 있는 것이다. 이렇다보니 국내 펀드매니저들은 포트폴리오를 구성하고 리밸런싱 할 때, 삼성전자를 여간 신경 쓰지 않을 수 없다. 보통은 포트폴리오에서 삼성전자의 시총 비중 17% 이상을 채우는 편이다. 만약 시장에서 절대적인 시총 비중 기업의 포트폴리오 비중을 줄였을 때 본인의 포트가 시장과 괴리가 생긴다면 감당하기 힘들기 때문이다. 또한 현재시점에서 대형주 중 삼성전자만큼 유동성과 시가총액 비중이 충분한 종목을 찾을 수는 없는 형국이다. 예를 들자면 삼성전자 종목 비중을 17%에서 14%로, 3%로 줄였을 때, 발굴된 우량주 1% 짜리를 4%로, 3% 상회하는 것은 펀드매니저에게 위험부담이 너무 크다.

삼성전자가 이런 상황이다 보니 삼성전자를 중심으로 한 특화 펀드가 포트를 구성하기도 쉽고, 삼성전자와 관련된 펀드들이 시장에서 잘 팔리고 있다. 삼성 그룹주 펀드, 사회책임투자(SRI)펀드, 정보기술(IT)펀드, 대표우량주 펀드 등 삼성전자를 중심으로 한 펀드는 시장에 넘쳐나게 많다. 안타까운 점은 시장 상황이 이렇다 보니, 펀드매니저들의 삼성전자 의존도는 계속해서 높아지고 있다는 점이다. 그러다 보니 병폐도 생겨났다. 유동성이 여타의 종목과 다르다 보니 지수 성격과 같은 역할마저 하고 있어 외국인들은 삼성전자를 이용하여 롱숏전략을 극심하게 사용하는 등 유동성을 우선으로 한 단타 물량이 끊임없이 해당종목 주가를 괴롭히고 있는 것이다. 그러면서 커진 단타 물량에 따라 삼성전자라는 우량주의 기업가치가 주가에 제대로 반영되지 못하는 현상도 발생하고 있는 상황이다.

Part 3

그들만의 투자 전략

펀드매니서의 기본 가지투자 전략

·

하지 않으면 소외되는 주도주 추종 투자전략

·

수익률 차별을 위한 포트폴리오 투자 전략

·

펀드매니저의 투자 색깔을 보여주는 심리 투자 전략

·

누구도 부정할 수 없는 안정적 배당 투자 전략

펀드매니저의 기본 가치투자 전략

전문 운용사의 다양한 펀드매니저들과 만나서 얘기하고 또 운용사들의 수많은 투자 제안서들을 받아서 살펴보면 그들은 항상 자신들의 투자 전략을 동일한 얘기로 소개하고 있음을 발견할 수 있다. 그들은 "우리는 가치투자를 합니다."라고 소개한다. 열에 아홉 이상은 모두 그런다. 초기에 저자도 '왜 대부분의 운용사 펀드매니저들이 모두 동일한 투자 전략을 활용한다고 얘기하고 있지?' '어쩌면 그들 중 누구는 거짓을 이야기 하고 있는 것이 아닐까?'하고 의심을 하기도 했다. 그러나 시간이 좀 지나고 그들이 거짓되지 않았음을 알 수 있었다.

수많은 펀드매니저들이 각자의 다양한 투자법을 구사하고 있으나 대부분 가치투자에 근간한 투자법을 보이고 있으며, 전통적 가치투자법을 자신들의 방법으로 변형해 활용하고 있기에 그들은 모두들 가치투자를 하고 있다고 이야기 할 수밖에 없는 상황이었던 것이다. 또한 그들이 그랬듯이 만약 필자 또한 전문 운용 펀드를 맡아 고객들에게 필자의 펀드와 투자 전략을 소개해야 한다면 "저는 가치투자를 기본으로 주식운용을 합니다."라고 다른 펀드매니저들과 같은 말을 해야 할 것이다.

일상생활과 가치투자

　가치투자를 쉽게 표현하면 가격이 가치보다 낮을 때 사서 가격이 가치 이상으로 오르면 이익을 취하고 파는 투자 전략이다. 그런데 세상에 어느 투자가가 투자 대상을 비싸게 사서 손해를 보고 싸게 팔기를 원하겠는가? 싸게 사서 비싸게 팔고자 하는 것은 모든 사람들에게 있어서 지극히 당연한 마음가짐일 것이다. 그리고 굳이 전문적인 투자의 개념을 접목시키지 않는다 하더라도 일상생활에서도 사야할 것은 가능한 싸게 그리고 팔아야 할 것은 가능한 비싸게 팔려고 하는 것도 누구나 갖고 있는 생각이다. 그래서 가치투자 전략은 처음 접하는 투자자들에게도 결코 낯선 투자 방법이 아니며, 단지 차이가 있다면 투자재의 가치를 측정하여 가격이 가치보다 쌀 때 사고, 가격이 가치보다 비쌀 때 판다는 것이다. 그러나 소비자들은 일상 소비생활에서 자신이 소비를 통해 얻는 효용보다 가격이 낮다고 생각하면 재화를 선택하고, 반면 효용이 가격보다 낮을 것이라 판단되면 소비하지 않는 상대적 소비생활에 익숙해져 왔다. 어찌 보면 가치투자 전략은 하나의 전략이라고 하는 것보다 아주 기본적인 투자 마인드나 투자 철학이라고 명명하는 것이 본질에 더욱 가까울 듯하다.

가치투자 전략의 세 가지 기본 가정

가치투자자들은 주식시장의 세 가지의 기본 가정에 동의하고 있다.

첫째, 기업의 가치는 측정 가능하다

어떤 가치분석 지표로 측정하느냐에 따라 각각의 가치 크기는 변화될 수 있으나 어떤 방법을 활용하든지 기업 가치를 측정 가능해야 가치투자에 대한 판단도 가능해진다.

둘째, 시장은 비합리적이다

단기적으로는 시장이 효율적으로 기업 가치를 반영하지 않기에 가치와 가격 차이에 의한 괴리가 가치투자를 가능하게 해준다. 또한 주가는 단기적으로 수급에 의해 가격이 결정되므로 호재나 악재에 그 가치 이상으로 과도하게 반응하는 경향을 보인다.

셋째, 주가는 결국 기업 가치에 수렴한다

충분한 시간이 흐른 뒤에는 주가가 장기적으로는 기업 가치와 일치하는 구간이 생성되게 된다. 주가란 결국 기업의 현재와 미래의 가치를 반영하기 때문이다. 가치투자는 가격과 가치 간의 괴리가 감소되어 결국은 채워질 것이라는 신뢰가 충족되어야 투자가 가능하다.

가치투자 전략의 활용 방법

펀드매니저들은 위의 세 가지 가치투자의 기본적 가정에 따라 다음 아래와 같이 네 가지 가치 투자 전략을 활용한다.

첫째, 주가가 가치보다 낮을 때 매수

가치보다 주가가 낮은 기업들은 시장에서 주목받고 있지 못한 기업들이다. 전통적 가치투자는 이런 기업들이 투자의 대상이다. 또한 하락하고 있는 주가는 일정기간 계속 하락하는 추세 특성을 갖고 있어서 가치투자자들의 매수는 통상적으로 매수한 후 일정기간 수익이 발생되기 쉽지 않은 구조를 갖고 있다. 그래서 정통 가치투자자들은 대개 단기 차익매매보다는 안정된 중장기 투자를 선호한다.

둘째, 사놓고 마냥 기다릴 수는 없다

여기서 가격이 가치보다 낮은 구간이라고 할지라도 가격이 하락하는 구간과 가격이 상승하는 구간으로 나눠볼 수 있는데, 가치투자를 하면서 상대적으로 빠른 수익실현의 기회를 얻기 원한다면, 가격이 가치보다 낮은 구간 중 가격이 하락하는 구간보다는 가격이 상승하고 있는 구간에서 주식을 매수하는 것이 주가의 기업가치 수렴 측면에서 보다 효율적이다. 이에 가치투자자들은 절대 가격이 지속 하락하는 기업보다는 일정기간 하락세를 멈추고 주가가 상승을 시도하는 기업 중 가치가 가격보다 높다고 판단되는 기업에 투자한다.

셋째, 기업 가치가 지속 상향되는 기업에 매수

가치투자는 시장의 불합리성에 따른 주가 변동성의 차익을 수익으로 실현하려고 하는 것이지만, 이 또한 주가가 지속 상승 추세를 보일 때가 주가하락 추세일 때보다 수익실현 가능성과 수익실현 금액측면에서 모두 유리하게 된다. 이에 가치투자자들은 기업의 가치가 일정하거나 하락하는 기업보다는 기업의 가치가 상승하는 기업을 선호하며, 단지 가격과 가치의 상대 괴리만 보는 것이 아닌, 기업가치가 성장하는 기업이 가격과 가치의 괴리가 확인될 때 투자를 실행한다.

넷째, 주가 하락 기업에만 투자하지 않는다

가치투자에서 주가가 싸다는 것은 해당 기업의 가치 대비 싸다는 뜻으로 만일 어떤 기업이 상당한 주가 하락을 보였다 할지라도 해당 기업의 가치가 여전히 현재 주가 이하라면 가치투자의 대상은 되지 않는다. 마찬가지 이유로 어떤 기업 주가가 상당한 상승을 보였다 할지라도 해당 기업의 가치가 여전히 현재 주가보다 충분히 높다면 가치투자의 대상이 될 수 있다. 또한 현재의 가치보다 더 중요한 것은 해당 기업의 미래의 가치이다. 현재 주가가 현재의 가치수준과 유사하다 할지라도 해당 기업이 높은 성장을 바탕으로 향후의 기업가치가 증가될 것으로 판단된다면 이 또한 가치투자의 대상으로 가능하다.

　결론적으로 가치투자는 성장하는 기업이 가격과 가치의 괴리를 보일 때, 가격의 안정성을 확보하였거나 주가상승 가능성이 높은 기업에 대하여 투자를 하며, 가치투자는 전형적인 중장기 투자 전략으로 단기에는 수익을 장담하기 어려우나 충분한 시간을 투입하여 시장 성장이상의 높은 성과를 기대할 수 있는 안정된 주식투자 전략이다.

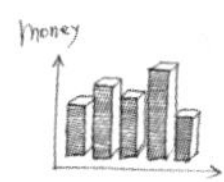

현대의
가치투자 전략

162

가치평가의
약점 보완

　　앞서 가치투자를 이해하기 위해 정확한 개념을 상세하게 풀어서 설명했을 뿐이지 가치투자 이론은 분명 간단하다. 쌀 때 사서 비싸게 팔면 되는 아주 단순한 구조의 투자 전략인 것이다. 그러나 싸다는 것, 혹은 비싸다는 것을 판단하기 위해서는 기업의 가치를 정확히 평가할 수 있어야 하는데 사실 기업의 가치를 평가하는 방법은 쉽지는 않다. 기업의 가치를 객관적으로 분명하게 파악할 수 있는 투자지표나 이론은 현재까지도 개발되지 않고 있으며, 이 점은 가치투자 전략의 가장 큰 약점이 되기도 하다. 본 책에서는 이 부분에 대해 현재 시장에서 가장 많이 활용되고 있는 가치평가 지표를 '2-1. 밸류에이션의 환상에서 벗어나라.'와 '2-2. PEG를 활용한 성장 가치주 투자' 부분에서 비교적 상세히 설명했다.

　　요약하면 시장에 알려진 기본적 분석의 투자지표 중 절대가치 평가지표들은 과대평가 및 자의적 평가 요소의 한계에 따라 특수 상황에서 제한적 적용만 가능할 뿐이고, PER, PBR, PSR, EV/EBITDA, PEG

등의 상대가치 평가지표들이 시장에서 폭넓게 활용되고 있으나 이 또한 각각의 지표들로는 정확한 가치를 측정할 수는 없는 상대적인 개념일 뿐으로, 이에 가치투자자들은 다수의 기본적 가치투자지표에 대한 다양한 접근을 통해 복합적으로 해당 기업의 가치를 판단하고 현재 주가와 가치와의 높낮이를 파악하려고 애쓰고 있다.

예를 들어 기본적인 투자지표의 상대적인 값이 모두 매력적이라면 좋겠지만, 만약 PBR 값은 높다 하더라도 PER 값이 낮으면 해당 기업은 실적 측면에서 주가 저평가를 의심해볼 필요가 있으며, 마찬가지로 PER, PBR 값이 높은데, EV/EBITDA 값이 의외로 낮다 하더라도 해당 주가의 저평가 또한 의심받아 마땅하다. 한편 PER, PSR, EV/EBITDA 값 모두가 높더라도, 만일 PBR 값이 극단적으로 낮다면, 향후 해당 주가는 극단적인 PBR 값을 기준으로 주가는 상승할 수도 있을 것이다. 가치투자 전략의 가장 큰 약점은 현존하는 하나의 투자지표를 통해서는 객관적인 가치의 판단이 어렵다는 점으로, 이 이유로 인해 펀드매니저 등 가치투자자들은 다양한 투자지표를 복합적으로 해석하고 활용을 통해 그들의 가치투자 전략을 실행해 가고 있다.

시장에서 인정받은 기본 투자 전략

그러나 또 반론의 여지는 있다. 다양한 투자지표를 복합적으로 판단한다고는 하지만 주가 등의 가격은 명확히 정해진 숫자이고 상대가치평가 지표에 의한 기업의 가치는 '싼 것 같다' 아니면 '비싼 것 같다'의 상대적인 판단일 뿐 정확히 지정되어진 숫자는 아니기에 가치평가 지표 간의 상호 비교는 곤란하며 상대적 가치투자란 뜬구름 잡기라는 식의 비판적 의견이다. 그럼에도 불구하고 가치투자 전략이 모든 투자 전략의 기본이 되며 대부분의 기관 펀드매니저들이 가치투자 전략을 추종하는 이유는 가치전략이 '싸게 사서 비싸게 판다'는 투자원칙의 기본에 가장 충실하며, 가치의 객관적 가격은 분명하지 않지만 다수의 지표 비교에 의한 합리적인 가격 산출 방법이 충분하다고 시장에서 인정받아 널리 통용되고 있기 때문이다. 특히 주식시장은 논리적으로 정확한 답을 반드시 구해야지만 그 답이 주가로 귀결되는 곳이 아니기 때문에 실질적인 주식의 매매는 정확한 논리보다는 수많은 투자자의 생각으로 귀결된 미래에 대한 합리적인 판단에 의해 주가가 형성되는 경우가 더욱 비일비재 하다. 이렇기 때문에 가치투자 전략은 분명한 이론적 약점 속에서도 현대 주식운용 시장에서 가장 폭넓게 사용되는 안전성 높은 투자 전략이 되어왔다.

PBR과 PER을 어떻게 함께 활용할 수 있을까?

가치투자 전략의 효율적 활용을 위해서는 본 전략의 약점인 가치에 대한 측정 객관성을 높여야 하고 그러기 위해서는 투자지표의 복합적 이해가 필요한데, 그중 펀드매니저들이 가장 기본적으로 활용하는 것으로는 ROE가 고려된 PBR 지표와 EPS 성장률을 고려한 PER 지표의 상호 비교를 들 수 있다.

ROE(Return on Equity:자기자본수익률)는 기업의 자본을 활용하여 어느 정도의 이익을 얻고 있는가를 나타내는 지표로 한 해의 당기순이익을 자기자본으로 나눠 계산한다. 자기자본수익률이 10%라면 주주가 연초에 1,000원을 투자하여 연말에 100원의 이익을 냈다는 의미이다. 반면 PBR은 주가와 자기자본 간의 비율이며 ROE와 PBR과의 상관관계는 ROE가 높은 기업일수록 해당 기업은 자본의 활용성이 높아 통상적으로 자본으로 주가 비율을 표시하는 PBR 지표도 높게 나타난다. 즉 PBR 지표의 상대적인 높낮이는 ROE가 고려되어 판단되어야 하는 것이다. 통상적으로 ROE가 10%면 PBR은 1.0배 이하가 ROE가 20%면 PBR은 2.0배 이하가 저평가 구간이라고 알려져 있다.

같은 의미로 PER 또한 EPS 성장률과 함께 고려되어 PER 지표의 높낮이가 판단되어야 한다. (앞서 배운 PEG의 의미와 유사하다.) PER은 주가를 한해의 순이익으로 나눈 값으로 PER의 값은 해당 기업이 일정한 수익을 지속할 때 기업의 수익만으로 해당 기업의 시가총액이 몇 년 만에 달성되느냐를 의미하는데, EPS 성장률이 높아질수록 그 달성 소요 년수는 짧아질 수밖에 없기 때문이다. 통상적으로 EPS 성장률이 10%를 보이는 기업은 PER 10배 이하가 EPS 성장률이 20%를 보이는 기업은 PER 20배 이하가 저평가 구간이라고 알려져 있다.

이 네 가지 지표를 복합하여 판단할 때, 만일 A라는 기업이 ROE가 10%면서 PBR은 0.8배, EPS 성장률이 10%를 보이면서 PER이 7배라면 복합적 밸류평가에 의한 매력적 저평가 기업이라고 할 수 있다. 그리고 어떤 B 기업이 ROE가 20%면서 PBR은 1.5배, EPS 성장률이 20%를 보이면서 PER이 13배라면 B기업이 A기업보다 상대적으로 더 저평가 상태라고 판단해 볼 수 있을 것이다.

펀드매니저 투자의 비밀

하지 않으면 소외되는 주도주 추종 투자 전략

• • •

증권사 객장에 있다 보면 수없이 많이 듣는 고객들의 한숨 소리가 있다. "왜 내가 가진 종목은 안 오르지?" 안타까운 이야기다. 또한 초보 투자자들 중에는 주식이란 사고 기다리면 반드시 오르는 것이라고 순진하게 생각하시는 분들도 의외로 많다. 특히 본인의 보유 종목은 오를 것이라고 생각하고 있다. 떡은 내 떡보다 남의 떡이 더 커 보인다던데, 주식은 남의 주식보다 내 주식이 다들 좋게 보이는 모양이다. 그러나 이 문제의 해결 방법은 간단하다. 주식을 사서 오를 때까지 기다릴 수 없다면 이론적으로 오를 만한 주식을 사면된다.

오를 만한 주식, 그러나 말이 쉽다. 과거 기관 펀드매니저들에게 어떤 무지한 관리자는 이렇게 이야기 했다. "전문가 아닌가? 오를 만한 주식을 왜 사지 않지?" 그러나 이 말은 잘못된 말이다. 사실 오를만한 주식이란 없다. 이미 오른 주식과 아직 오르지 않은 주식만이 있을 뿐이다. 즉 이 말은 이미 과거에 오를 주식을 사서 그 주식을 현재 갖고 있어야 한다는 이야기다. 결과론적인 이야기다. 펀드매니저는 점쟁이가 아니다.

오르는 주식만
사는 법

주도주
확인은 필수

　　그렇다면 해결 방법은 없을까? 주가의 상승은 누군가 해당 주식을 현재가격보다 비싸게 사줘야 가능한 것인데, 현재 시점에서 그 누군가 비싸게 사주는 주식이 무엇인가를 확인하여 그것을 재빠르게 따라 사는 것은 어떨까? 시장에서는 이것을 가리켜 '추종 매매'라 부른다. 추종매매는 남들을 맹목적으로 따라한다는 것이 무언가 부끄러워 보일 수도 있으며, 투자자 본인의 가치판단 없이 시장 흐름을 따라 주식을 사고파는 것으로 중장기 투자에도 적합하지 않을 수도 있으나, 현실에서 상당수의 투자자들이 이런 매매 형태를 보여주고 있다. 하물며 기관투자자들도 또한 실전에서 많이 활용하는 편이다.

　　그러나 추종매매라고 해서 다 성공할 수는 없다. 아마 투자자들은 일시적인 테마주나 개별주들을 추종 매수하다가 손실을 본 기억을 한두 번씩은 다 갖고 있을 것이다. 단기적인 테마주나 개별주들의 상승은 순식간에 매수세가 몰려왔다가 이슈가 끝나면 또한 한꺼번에 사라지는 경우가 많아 섣부른 추종 매매 시 손실을 입기 쉽다. 그래서 추종매매 자체가 꼭 나쁘다고는 할 수 없으나 추종매매를 하려면 반드시 해당 주식이 시장을 선도할 수 있는 주도주가 맞는지 정도는 확인하고 사야한다. 그래야 단기수익이라도 확보할 수 있으며, 지속 가능한 투자 전략의 구성이 가능하여 최소한의 합리적인 투자 선택이라고 인정받을 수도 있을 것이다.

시대와 투자자가 주도주를 만든다

주도주란, 상승장에서 상당한 기간 대량 거래를 동반하면서 주가가 상승하여 지수 상승을 이끄는 대장주를 말하는 것으로서 기업의 실적이나 가치가 검증되지 않은 상황에서 투기적으로 움직이는 테마주와는 분명히 구분된다. 테마주는 개별적 테마를 기반으로 주가가 상승할 수는 있으나 상승의 연속성이 약하고, 언제라도 분위기가 가라앉으면 주가가 다시 원위치 되는 반면, 시장 주도주는 시세의 연속성이 강하고 상승장에서는 가장 먼저 제일 많이 오르며, 하락장에서도 가장 나중에 하락하며 상승폭 이상 하락하지 않는 특성을 갖고 있다. 국내 KOSPI 시장에서는 80년대 후반의 3저현상(저환율, 저금리, 저유가)에 따른 트로이카주(건설, 무역, 금융), 90년대 초 외국인 증시개방에 따른 저PER주, 2000년대 초반 정부의 IT 육성책에 따른 IT와 인터넷주, 2007년에는 조기철(조선,기계,철강)이라는 증권 신조어가 탄생했었다. 그리고 잇따라 2008년 리먼사태 이후 2011년의 주도주는 차화정(자동차,화학,정유)이라는 신조어로 대변되고 있다. 이들 주도주는 모두 시대가 만들어낸 산물이라는 공통점을 갖고 있다. 당시의 경기상황, 정부정책, 기업실적, 수급 등 다양한 증시환경을 반영하여 어울려졌을 때 비로소 시장 주도주가 탄생되었던 것이다.

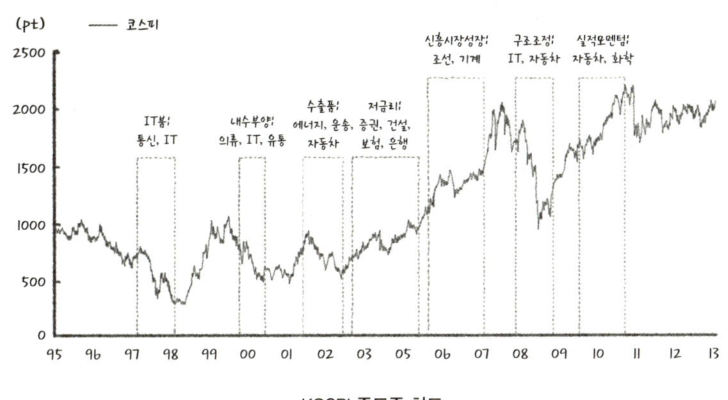

KOSPI 주도주 차트

주도주의 탄생의 조건

　　　　　　　주도주는 주로 대세 상승장에서 발생되며, 업종 등 종목군을 형성하여 시장을 이끄는 힘이 있기에 시장 상황을 판단할 때에도 시장을 주도하는 주도주군이 있느냐 혹은 없느냐에 따라 현재 상승장세가 진정한 상승장이냐 아니냐를 판단하곤 한다. 주도주가 되기 위한 조건은 다음과 같다. 1)우수한 실적을 가진 기업들이 2)우호적 증시환경을 만나서 3)유사 기업과 함께 업종군을 이루며 4)함께 수급이 뒷받침 되며 주가가 상승 되는 것, 그때만이 진정한 주도주로 인정받을 수 있다.

1) 우수한 실적을 가진 기업들이

2) 우호적 증시환경을 만나서

3) 유사 기업과 업종군을 이루며

4) 수급이 뒷받침

주도주의 조건

해당 업종에 딱 맞는 경제상황이나 정부의 중장기 전략 정책 등 해당 업종군이 특별히 오를만한 논리가 분명해야 하며, 기관이나 외국인의 스마트한 투자자들이 대규모로 유입되며 유동성이 투입되어야 한다. 물론 해당 업종에 대한 초기 투자자 기관들은 해당 업종을 주도주로 의도적으로 만들려고 한 것은 아니다. 그러나 시장에서 투자 공감대가 형성되게 되면, 주가가 오를수록 애널리스트들과 언론에서는 해당 업종의 주가상승에 대하여 당위성을 논하게 되고, 그 이후에는 다수의 기관투자자들과 외국인 및 스마트한 개인투자자들까지 합세하여 빠르게 유동성이 보강되는 과정을 거친다. 이러한 매수세의 쏠림은 유사 업종군으로 확산시키면서, 핵심 업종군의 상승을 더욱 강화시키게 된다. 핵심 업종군의 주요 종목들은 시장의 핵으로 등장하면서 '오르다 쉬었다'를 반복하면서 순환매를 생성시키는데 이때 비로소 시장에서 '주도주'로 불리게 되는 것이다.

💰 스마트폰 주도주 사례

뉴스에서 '초등학생들 어린이날 선물 받고 싶은 1위가 스마트폰이다.' '경제수준이 매우 낮았다고 생각했던 아프리카까지도 스마트폰 보급이 빠르게 확산되고 있다.' 등 스마트폰의 보급에 대한 기사가 널리 퍼지면서 '이런 스마트폰을 만들고 있는 글로벌 1위와 2위는 국내 KOSPI 시장의 A기업과 B기업이다.'라는 소식이 들리면, 투자자들은 당연히 A기업과 B기업의 주가에 관심을 갖기 시작한다. 또한 이때 발 빠른 투자자들에 의해 주가가 상승을 시작하면 해당 주식을 갖고 있지 않은 투자자들은 조급해지기 마련이다. 한편 해당 기업의 실적이 가파르게 성장하고 있다는 애널리스트의 미래에 대한 장밋빛 전망 및 분석은 해당 주가가 여전히 저평가라는 시장 인식을 확산시키며 주가상승을 더욱 부추긴다.

이런 과정 속에서 '스마트폰에 들어가는 주요 부품은 X이고, 이건 누가 납품한대' 하면서 해당 부품기업의 주가가 동반 상승하며, 'C기업도 스마트폰을 만드는데 X기업만은 못하지만 그래도 이정도 가격이면 X기업에 비해서 훨씬 싼 가격이야'라고 하면서 관련 기업 주가도 동반 상승하게 된다. 주도주의 상승이 부품주와 주변 기업으로까지 주가상승세를 확산시키는 것이다. 또한 주도주가 주가 밸류에이션을 높이면, 해당 업종의 밸류에이션이 동시에 높아지면서, 업종에 속한 타기업 및 유사기업들은 상대적으로 저평가 매력이 부각되면서 순차적으로 순환매를 이뤄, 관련 주식군 주가가 점진적으로 동반 상승하게 된다. A기업과 B기업 및 스마트폰 관련주들이 KOSPI 시장 자체를 주도하면서 주가를 상승시키는 주도주군으로 탄생하는 순간이다.

주도주 추종 전략의 활용

매수 후에 투자 판단을 하자

주도주 추종 전략의 기본적 활용 방법은 기관과 외국인 등 메이저 투자자의 수급을 매일 확인하며, 그들이 추세적으로 순매수를 확대해가는 종목을 유의 있게 관찰하는 것이다. 그들이 지속적으로 매수하는 종목에 대하여 실질 매수 사유를 주도주 관점에서 추측해 봐야 한다. 앞서 밝힌 주도주의 조건대로 해당 종목이 과연 실적은 개선되는 종목인지, 기업 주변의 환경이 우호적인지, 업종군을 이뤘거나 이룰 수 있는지, 건전한 유동성이 충분히 공급되고 있는지를 명확히 확인해야 한다.

그러나 주도주 추종전략의 활용 시 주의해야 할 점이 있다. 이 또한 '추종전략'의 일부로서 남을 따라하는 것이기에 반드시 매수 이후에라도 자신만의 투자 기준에 근거한 충분한 가치판단을 해봐야 한다는 점이다. 추종전략이라고 하여 본인의 가치판단 없이 타인의 매매를 복사하여 수익을 얻어 가는 것은 아니다. 단지 가치판단 후 투자할 것인가, 투자 후 가치판단 할 것인가의 순서가 뒤바뀌었을 뿐이고, 주가 변동성이 빠른 주식에서의 적합한 매수 방법을 위해 단지 판단 이전에 먼저 매수했을 뿐이다. 물론 이미 매수한 이후이므로 그 향후 판단의 기준은 매수여부에 대한 판단이 아닌 매도시기에 대한 판단이 될 것이다. 그럼에도 불구하고 단기적 인기주나 테마주를 사지 않기 위해 해당 주식이 주도주인지 아닌지에 대한 판단은 최소한 매수 이전에 분명히 시행되어야 한다. 주도주의 선택만이 추종전략으로서 의미가 있기 때문이다.

주도주 답게 대접하라

최소한의 기본적인 것만 확인하고 매수하는 주도주 추종 전략은 얼핏 보기에는 간단해 보일수도 있지만 실전에서 활용하기에는 보기보다 쉽지 않은 것이 사실이다. 시장에서 관심이 집중될 초기에는 가치대비 낮았던 주가 덕분에 주가가 빠르게 상승하는 구간이므로 매일 큰 폭으로 오르는 주식을 그 순간 매수하기란 쉽지 않고, 또한 주도주의 상승이 어느 정도 진행된 후에는 일시적인 조정구간에서 매수를 유혹받지만, 이미 높아진 주가에 보수적인 밸류에이션 판단으로는 안정적 매수 선택이 쉽지 않기도 하다. 특히, 위의 주도주 여부에 따른 판단 또한 확인되어야 할 것이 많아서 정확한 판단은 주가 상승이 상당부분 진행된 상황에서야 가능하곤 하는데, 그때도 이미 주가는 너무 올라서 밸류에이션 측면에서 부담이 클 것이다. 그래서 주도주는 마음속으로는 사고 싶지만 너무 비싸 보이고, 어느 정도의 주가가 하락해 주기를 고대하는데, 이미 시장에서 해당 주식군이 주도주라는 것이 충분히 알려진 상황 하에서는 조금만 하락해도 사려는 사람이 충분히 많아지기에 사려는 투자자에게는 매수할 기회를 주지 않고 상승을 지속하곤 한다. 주도주 추종 전략을 적극적으로 활용하려면 이러한

시장 주도주군의 특성을 충분히 알고, 어떨 때는 주가가 다소 비싸다고
판단이 서더라도 과감한 매수가 필요하다.

선별된 전략으로 활용하라

사실 필자는 실전에서 시장 주도주 추종 전략을 많이 펼치지는 않는다. 첫째, 시장 주도주 전략은 펀드매니저의 여러 투자 전략 중 '하이리스크 하이리턴 전략'에 속하기 때문이다. 필자가 운용하던 기관들은 연기금과 보험사였으며 이들은 자산의 고유 특성상 해당 기법을 지속적으로 활용하기에는 적절한 운용기관들이 아니었다. (시장주도주 전략은 안전성 위주의 자산운용 보다는 BM을 추종하는 상대수익형 펀드 중심의 전문 운용사에서 많이 활용한다.) 둘째, 시장 주도주 전략은 타인 추종 전략이기 때문이다. 필자는 대부분 운용팀제 보다는 홀로 운용을 판단하는 시스템하의 기관들에 속해 있었기 때문에 중요한 것은 투자환경에 맞는 매우 압축된 투자 전략의 선택이었다. 혼자였기 때문에 증권사나 타기관 등 외부의 의견에 대한 필요성이 보다 높을 수도 있었으나 그보다 더 합리적인 선택은 포트폴리오를 잘 아는 종목과 선별된 주식으로 압축하는 것이었다. 셋째, 주도주 추종 전략은 평범한 투자자들이 자주 경험하는 부화뇌동된 단기적 추종매매로 빠지기 쉽기 때문이었다. 사실 필자 또한 빠른 시간에 주도주만을 골라낼 수 있는 능력을 보이기에는 마음의 여유가 허락되지 않은 상황을 많이 경험했었다.

주도주 추종전략은 흔히 주도주 따라잡기라고 불리는 맹목적인 시장 추종매매와는 분명히 다른 건전한 주식투자 전략이다. (단편적인 시장

추종매매에서 이야기하는 주도주란 단지 주가가 제일 강하게 움직이는 종목일 뿐이다.) 시장추종매매는 투자자들이 가장 빠져들기 쉬운 함정이다. 이성은 냉철한 투자 전략의 필요성을 느끼고 있으나 심리적으로 안정되지 못한 상황에서 투자자들의 감정과 손은 무조건적인 추종매매에 휩쓸리기 쉽다. 그리고 자신들의 감정적 충동매매가 건전한 주도주 추종전략이라고 오해하기도 쉽다. 양측은 분명한 차이가 있으나 주도주에 대한 명확한 이해가 없다면 혼동하기 쉬울 것이다. 위험요인이 작지 않은 상황이다.

주도주 추종전략은 위의 사유 등에 따라 상시적으로 폭넓게 사용될 수 있는 전략은 아니다. 그럼에도 불구하고 국내 기관투자자들은 상당수가 동 전략을 활용하고 있다. 이유는 농 전략이 단기 수익률 개선효과가 높기 때문이며, 시장에서 소외되고 싶지 않은 펀드매니저들의 욕구가 동 전략에 강하게 녹아있기 때문이다. 펀드매니저들에게 있어 그들의 펀드 수익률은 BM와 비교되는 동시에 경쟁기관의 수익률과도 항시 비교되곤 한다. 이런 상황에서 만일 경쟁 기관이 주도주의 편입으로 월등한 수익률을 달성한다면 해당 펀드매니저가 느끼는 상대적 빈곤감은 상당히 크게 되고 많은 기관투자자들은 이것을 매우 두려워하고 있는 것이다. 이에 실전에서는 기관투자자들이 분명한 주도주가 아닌 주도주가 될 가능성 높은 종목들에 상당한 금액을 쏟아 붓고 있는 실정이다. 이는 고객의 투자금을 명확한 판단 없이 투자함과 동시에 일시적인 상승종목에 매수세를 가중하여 시장을 왜곡시키는 결과를 가져온다. 그래서 주도주에 대한 판단을 더욱 어렵게 하고 불필요한 시장 변동성도 확대시킨다. 안타까운 상황이다.

시장 주도주 추종전략은 펀드의 유연성을 높이며, 단기적으로 시장을 이기기 위한 매우 효율적인 전략 중에 하나로서 기본적으로 배우고 숙달해야 할 것이며, 특히 주가 영향력이 큰 기관이나 외국인 투자자들의 매매종목 등을 참고하여 주도주 투자 전략을 접목시킨다면 좋은 투자방법이 될 수 있을 거라 생각한다. 주도주란 한마디로 '여러 면을 다 고려해 봐도 충분히 주가가 상승할 만한 종목이다.' 이런 종목에 대해 전문투자가들의 행적을 추적하고 따라다닐 수 있다면, 또한 그들의 매수 사유 및 분석법 등을 짐작 가능하게 되고, 향후 개인투자자들 또한 투자의 질을 높일 수 있는 학습의 기회를 가질 수 있을 것이라 생각된다. 동 전략을 숙달하되 그와 관련된 기관투자자들의 습성을 분명히 이해하고 투자의 유연성을 높여줄 수 있는 보조전략으로 활용하는 것도 좋다.

💰 실전에서 신고가 주식을 과연 살 수 있을까?

신고가의 돌파(주가 측면에서 이전 고점가격을 경신)는 해당 기업의 주가가 기존에 가지 않았던 길을 가는 것이고, 오르지 않았던 산을 오르는 것으로 해당 기업이 한 단계 업그레이드 되었음을 의미한다. 이는 펀더멘털 측면에서도 경기순환적 상황에서 호황과 불황을 반복하는 일상적인 주가 변동이 아니라 기업자체의 매출구조의 변화나 이에 따른 수익성의 대폭 상승, 아니면 해당 기업이 속한 업종에 대한 관심이 시장에서 크게 집중되었을 때에야 가능한 현상이다. 이에 신고가를 돌파하는 종목은 그냥 간과하고 지나갈 이슈가 아니라 해당 기업 및 해당 산업에 대해 한 번 더 고민해봐야 할 필요성을 제공해 준다. 만약 앞서 언급한 기업 혹은 업종 내의 본질적 업그레이드가 진행되고 있다고 한다면 해당 기업과 업종은 향후 증시를 개척할 주도주 및 주도업종으로 부각될 수 있기 때문이다.

"주가가 이미 상당히 많이 상승했고, 이미 신고가도 돌파했는데 이제 와서 무슨 소리냐 이미 오른 가격이 부담스럽진 않느냐?"하는 얘기를 충분히 들을 수도 있다. 그러나 주도주 매매를 통한 수익은 일상적인 경기순환에서의 주가상승분을 얻는 것이 아니기에 신고가 돌파 이후 시점에서 보다 높은 관심이 필요하다. 예를 들었던 기존 국내의 주도주 또한 이런 과정들을 거쳐서 신고가 돌파 이후에도 1년 이상의 장기 주가상승을 통해 수배 이상의 높은 수익률 달성을 보여준 사례가 많이 볼 수 있다. 신고가 돌파 이후의 주가 상승 구간이 주도주 매매에 있어서는 진정한 수익의 달성 구간이 되는 것이다. 단, 신고가 주식에 있어서의 해당 기업이 주도주냐 아니면 단순한 개별이슈에 따른 주가상승이냐를 구분하여 분명한 주도주의 주가상승 구간에서 신고가를 돌파했을 때 투자를 해야 할 것이다.

수익률 차별을 위한 포트폴리오 투자 전략

• • •

포트폴리오란 상당히 익숙하면서도 매우 어려운 단어 중 하나다. 투자에 있어서 누구도 아는 단어 같지만 대부분의 사람들이 참된 의미를 모르는 단어이기도 하다. 그래서 많은 투자자들이 포트폴리오를 구성한다고는 해도 그것들의 대부분은 엉성하기 짝이 없으며, 투자자를 살펴볼 때, 초보 개인투자자인지 아니면 전문 기관투자자인지를 한눈에 알아 볼 수 있는 방법도 또한 그들의 주식 보유 현황(포트폴리오)을 통해 가능하다.

한편, 기관투자자들 사이에서도 해당 펀드매니저의 투자 내공과 함께 해당 펀드매니저가 투자에 집중하고 있는지 그렇지 않고 무관심한 상황인지도 모두 그들의 포트폴리오 확인을 통해서 가능하다. 이렇기에 포트폴리오는 펀드매니저의 자부심이자 때로는 부끄러움이 되기도 한다. 투자자들은 현재 자신들의 포트폴리오가 시장 상황과 투자환경에 맞게 적절하게 구성되어 있는지, 또 얼마나 유연하고 신속한 대응 변화가 가능한지에 대해서 관심을 가져야 한다.

기관투자자의
포트폴리오의 구성

주식시장에서 포트폴리오란, 다수의 종목 피킹을 통해 운용 펀드의 안정성을 확보하고 지속적인 투자 수익을 가능하게 하는 종목들의 조합을 말한다. 한마디로 펀드를 다양한 종목에 분산투자하여 개별 종목 자체가 아닌 하나의 펀드 수익률로 조합하기 위한 조직 전체를 의미한다.

기관투자자가 포트폴리오를 구성하는 이유는 크게 두 가지다. 하나는 시장과 일관된 수익률을 좇기 위함이고, 다른 하나는 시장과 차별된 수익률 성과를 달성하기 위함이다. 하나의 포트폴리오로 시장을 추종하며 또한 시장을 이겨야 한다니 아이러니하다. 그러나 이 두 가지는 상반되는 것처럼 보이긴 하지만 반드시 함께 고민되어져야 하는 사항이며, 또한 같은 이유로 포트폴리오를 구성하는 일이 쉽지 않다고 이야기되는 것이다. 결과적으로 시장과 따로 가서는 안 되고, 또한 시장에 뒤쳐져서도 안 된다. 기관 펀드매니저들은 이를 달성하기 위하여 먼저 시장과 동떨어지지 않은 포트폴리오를 구성해야하고, 그 안에서 나만의 철학과 색깔을 담아 시장을 이길 수 있는 방법을 찾으려고 부단히 노력하고 있다.

시장과 동행을 위한 포트폴리오 (소극적 포트폴리오 운용 전략)

　　　　　　　　　　　　　　　　　　　　　시장 전체가 아닌 일부의 종목으로 시장 변동과 유사한 흐름을 좇으려면, 먼저 기본적으로 주요 업종의 시가총액 비중이 포트폴리오 비중과 유사해야 하며, 또한 펀드 및 업종 내 종목 포트폴리오 β(베타)가 1에 수렴되어야 한다. β(베타)란 주식시장 전체의 변동성에 대한 개별자산이 가지는 민감도를 표현한 것으로써 흔히 주식시장에서 시장이 움직일 때 개별주가나 펀드가 얼마나 움직이는가를 나타낸다. 펀드 β(베타)가 1이라면 이론적으로 시장변동과 펀드변동성이 일치함을 나타내는 것이다. 그러나 이것은 이론일 뿐 β(베타)가 1이라고 하더라도 펀드변동성은 시장변동과 매번 다르게 변화된다. 그 이유가 β(베타)라는 것이 과거의 시장변동에 따른 평균 변동값으로 계산된 것인데, 현재 및 미래에도 동일하게 움직인다는 보장이 없기 때문이다. 또 종목이나 보유내역이 유지된 펀드일지라도 평가 기간 설정에 따라 β(베타)값은 매번 다르게 계산되기 마련이다. 사실 실전에서는 β(베타)의 의미가 그 유명세만큼 크지 않은 듯하다.

　　포트폴리오에 있어서 β(베타)를 1로 맞추는 것보다 더 중요한 사항은 낮은 변동성간 종목들의 조합을 구성하는 것이다. 개별 종목의 변동성에는 상승변동성과 하락변동성이 있는데, 특히 하락변동성이 낮은 종목 중에 기업가치가 증가되는 기업이 선택되어야 지수 하락기에는 주가가 하방 경직성을 보이면서, 지수 상승기에는 기업가치의 증가에 따른 주가상승을 경험할 수 있게 된다. 예를 들면 고배당주 경우에는 상하의 변동성이 모두 시장 이하라고 할지라도 결국 배당을 받고나면 이미 지급된 배당금이 있기에 상승변동성은 높이고 하락변동성은 낮추는 효과를 가져다준다. 이런 종목들이 포트폴리오에 많으면 많을수록 본인의 포트폴리오는 안정성을 확보하면서도 지속된 수익을 추구할 가능성을 높일 수 있을 것이다.

또 금리, 환율 등 주요 변수에 대한 중립을 명심해야 한다. 능력 있는 펀드매니저가 구성한 포트폴리오라고 할지라도 실전에서는 금리나 환율의 급격한 변동에 따라 포트폴리오의 균형이 깨지는 경우가 왕왕 발생되고 있기 때문이다. 가령 시장 베타가 1이하이고, 실질 변동성 또한 시장보다 낮게 구성된 안정된 포트폴리오가 구축되었음에도 불구하고 IT, 자동차 등 수출관련주가 많은 상황에서는 어느 날 환율이 급락하면서 수익률이 시장대비 강하게 하회하는 경우를 볼 수 있다. 금리 변화도 이와 마찬가지로 펀드에 큰 충격을 가져다주곤 한다. 이에 전체 포트폴리오의 업종 및 종목 균형 이외에 수출주와 내수주의 비중을 적절히 조율해야 할 것이며, 금융, 건설, 항공 등 금리에 민감한 주식은 금리상황을 고려하여 종목 선택에 신중해야 할 것이다. 한편 대형주, 중형주, 소형주 등 기업 규모에 대한 분산과 삼성, LG, SK 등 대기업 그룹의 분산 등 또한 포트폴리오 분산투자를 고려하여 시장 이슈에 따른 전체 균형이 깨지지 않도록 주의해야할 필요가 있다.

시장을 이기기 위한 포트폴리오 (적극적 포트폴리오 운용전략)

포트폴리오를 통해서 시장을 이기는 법은 크게 3가지이다. 자산배분을 통한 수익 차별, 업종비중을 통한 수익차별, 업종 내 종목 선택을 통한 수익 차별이다.

첫째, 자산배분을 통한 수익차별

'자산배분을 통한 수익차별'은 대부분의 경우 펀드매니저들의 고유 투자 영역은 아니다. 특히 시장 BM을 추종하는 주식 액티브 펀드 매니저들의 경우, 운용 자금을 부여받을 때 통상적으로 펀드의 성격 자체가 이미 고정된 경우가 많다. 그들의 투자금은 자산배분이 완료된 자금 하의 주식운용 자금일 뿐이다. 한마디로 주식 사라고 준 돈이기에 펀드매니저는 주식을 사야 한다는 것이다. 또한 펀드 내 자산배분(예를 들어 펀드 내 주식 비중을 일부 낮추는 행동)이라 함은 포트의 구성보다는 경험에 따른 시장 감각으로 결정되는 부분이 많으며, 미세한 조정에도 수익률 차이를 벌리기는 쉽지만 주식 비중을 조절함에 따른 리스크 부담도 상상 이상으로 높아지게 되어 안정적 펀드 운용을 위해서는 선호되지 않고 있다.

둘째, 업종 비중 조절에 따른 수익 차별

'업종 비중 조절에 따른 수익 차별'도 최근에는 폭넓게 활용되지는 않고 있다. 한마디로 많은 기관 펀드들이 업종 자체는 시장비중을 대부분 따라가고 있다는 뜻이다. 증권사 퀀트 애널리스트들의 포트폴리오 추천 자료를 보면 먼저 업종 비중을 손쉽게 변화시키는 전략을 추천하고 있지만, 실제 기관의 신중한 포트폴리오 매니저들은 그들이 속한 운용기관의 지속적 자금 유치 차원에서 여전히 높은 위험성을 보유하고 있는 업종 비중 조절에 따른 포트폴리오 변화를 크게 선호하지는 않는다. (펀드매니저보다는 운용기관 자체에서 투자의 위험 부담을 낮추기 위해 업종 비중을 크게 움직이지 말라고 권유하고 있는 편이다.) 일부 업종 비중 조절이 필요하다 할지라도 업종 비중을 시장상황에 따라 전략적으로 늘리고 줄이는 적극적 업종비중 조절보다는 업황이 매우 좋지 않은 일부 업종과 시총 내 비중이 매우 낮은 일부 업종을 포트폴리오에서 제외시킴으로써 다른 업종 비중이 상대적으로 다소 높아지는 효과, 즉 소극적 업종비중 조절 전략이 일반화되고 있는 상황이다.

셋째, 업종 내 종목선택을 통한 수익차별

이런 상황 속에서 상당수의 기관 포트폴리오들이 세 번째 '업종 내 종목 선택을 통한 수익차별'만을 시장을 이기기 위한 유일한 포트폴리오 투자 전략으로 선택하고 있다. 위의 두 방법보다 리스크가 적고 기업에 대한 확신이 있다면 자신이 노력한 바에 따라 투자 의사를 결정하기가 쉽기 때문이다. 또한 업종 내 종목 선택을 통한 차별은 포트폴리오의 두 가지 목적(시장 추종과 시장 차별)을 가장 편안하고 안정적으로 구현해준다. 이런 이유로 각 투자기관들은 펀드매니저들을 각 업종별로 구분하여 담당하고 연구하게 하고 그들에게 자신들이 맡은 업종 내 최고 및 최선의 종목을 찾아 포트폴리오에 편입시킬 것을 요구하고 있다.

한편, 주식투자를 '포트폴리오 가중치의 예술'이라고 한다. 노래를 부를 때도 기승전결을 두고 강약을 조절하며 곡을 완성해 가듯이 포트폴리오 내 같은 주식을 보유한다 할지라도 어떤 시기에 편입하고 어떤 주식에 강약을 주느냐에 따라 펀드 수익률은 크게 변화될 수밖에 없다. 이에 기관 펀드매니저들은 해당 업종 내 선별된 종목들을 시장상황에 따라 투자비중을 조절하면서 시장을 이기기 위해 최선의 노력을 다하고 있다.

💰 포트폴리오에 적절한 종목 숫자는 몇 개인가?

주식에 대해 조금씩 이해도가 높아지게 되면 분석하는 모든 종목이 다 좋아 보이는 경우를 맞이하게 된다. 이 주식은 어떤 점이 좋아서 매수하고, 또 다른 종목은 어떤 면이 좋아서 사면서, 주식 초보일수록 포트폴리오 내의 종목 숫자는 점차 늘어나게 되는 법이다. 대개 위험분산이라는 미명 아래 종목 수가 늘어나기도 하는데, 이는 거꾸로 수익률 분산으로 펀드에 악영향을 미치는 경우도 종종 발생하게 된다. 결국 좋은 종목이라고 판단이 서더라도 비슷한 종목이 있다면 그 중 가장 돋보이는 종목으로 압축하여 투자하는 것이 좋다. 대부분 종목 수가 적으면 위험이 커진다고 생각할 수 있으나 진짜 위험은 절대적인 종목 수가 중요한 것이 아니고 기업의 내용을 정확하게 알지 못하면서 그냥 막연히 해당 기업의 일부 측면이 좋아 보인다고 전체 내용은 정확히 파악하지 못하고 보유하는 데에 있다.

물론 포트폴리오 구성에 있어서 적정한 종목 숫자가 정해진 바는 없다. 그러나 KOSPI 시장은 흔히 알려진 대분류 업종 분류만도 20여 개 이상으로 그중 몇몇 대형 업종은 복수 종목의 편입이 필수적이라고 볼 때, 시장을 일정 부분 추종하려면 포트폴리오에는 최소 30여개의 종목 수가 적정할 것으로 생각된다. 그러나 일정한 종목 수보다 더 중요한 점은 운용자의 운용환경 (예를 들어 혼자 운용해야하는지 아니면 팀 운용제인지, 팀 인원은 몇 명인지, 내부 리서치의 지원은 받을 수 있는지, 운용자의 역량은 어떠한지, 운용자는 역량을 100% 주식투자에 집중할 수 있는지) 등을 고려하여 충분히 업데이트가 지속 가능한 종목의 숫자가 가장 합리적인 포트폴리오의 종목 숫자라는 것이다. 유사한 종목을 너저분하게 늘어놓고 구색 맞추기를 하지 말고 그 중 핵심 종목에 집중할 필요가 있다.

GICS 업종 분류도

대분류 (10)	중분류 (24)	소분류 (62)
에너지	에너지	에너지 장비 및 서비스, 오일 및 가스
소재	소재	화학, 건설자재, 컨테이너 및 포장, 1차금속, 종이 및 목재
산업재	자본재	방위산업, 건축자재, 건설자재, 전기장치, 복합산업, 기계 및 조선, 무역 및 유통
	상업서비스	상업서비스
	운송	항공, 항공운송, 해상운송, 육상운송, 운송장치
경기 소비재	자동차 및 부품	자동차 부품, 자동차
	내구소비재 및 의류 가정용	가정용 내구재, 레저용품, 섬유 및 의복
	호텔 및 레저	호텔 및 레저
	미디어	미디어
	유통(소매판매)	유통, 인터넷 및 기탈로그 판매, 복합소매, 특화소매,
필수소비재	음식료 소매	음식료 소매
	음식료 및 담배	음료 식료 담배
	가정용품	가정용품, 개인용품
의료	의료장비 및 서비스	의료장비 및 제조, 의료 서비스
	제약 및 바이오	바이오테크, 제약
금융	은행	상업은행, 모기지 금융
	종합금융	기타 금융, 카드, 증권
	보험	보험
	부동산	부동산
IT	소프트웨어 및 서비스	인터넷 서비스, IT 서비스, 소프트웨어
	하드웨어 및 장비	통신장비, 컴퓨터 및 주변장치, 전자장치 및 기구, 사무용 전자기기
	반도체	반도체
통신서비스	통신서비스	유선통신, 무선통신
유틸리티	유틸리티	전력, 가스, 복합유틸리티, 상수도

포트폴리오 전략의 활용

앞서 밝힌 포트폴리오를 통해 시장을 이기는 법 3가지 중 둘째, '업종비중을 통한 수익차별'과 셋째, '업종 내 종목 선택을 통한 수익 차별'의 2가지는 정적인 포트폴리오 전략에 대한 이야기다. 그러나 기관투자자들은 정적인 포트폴리오를 활용하면서도 첫째 '자산배분을 통한 수익 차별'을 종종 구사하는 점에 주목할 필요가 있다. 이는 전문운용사의 액티브 펀드매니저보다는 연기금, 은행, 보험사 등 고유자산운용 기관에서 더 많은 사례를 보여주고 있는데, 그들은 정적 포트폴리오를 구성한 이후, 지수대별 투자 전략과 시나리오별 투자 전략을 통해 자산배분을 구사한다.

지수대별 투자전략

지수대별 투자 전략은 해당기관의 주식투자운용 한도를 지수대별로 시기를 분산하여 투자 집행하는 것을 말한다. 예를 들어 현재가 KOSPI 2,000p 라면, 1,900p에 얼마 1,800p에 얼마

이런 식으로 자금을 분산해서 집행하는 식이다. 먼저 KOSPI 지수의 정상상황 하에서의 변동 밴드를 예상하고, 매수할 기업을 선정하여 포트폴리오를 구성해 놓은 뒤, 그 지수에 도달할 때 미리 정해 놓은 금액을 계획에 맞춰 매수하는 방식이다. 지수대별 투자방식은 고유기관의 직접운용 뿐만 아니라 해당 기관의 위탁운용 집행에도 기본적으로 활용되고 있는데, KOSPI 지수가 하락하면 연기금 등에서 얼마를 집행했다더라 하는 뉴스들은 대부분 기관의 지수대별 투자 전략에 기초되어 집행된 자금들이다.

시나리오별 투자전략

시나리오별 투자 전략은 지수대별 투자 전략과 유사한 분산투자의 일종이나 지수대별 투자 전략의 원하는 지수대까지 시장이 하락하지 않으면 투자를 집행하기 어렵다는 한계를 극복하고 있다. 이 전략은 무조건적으로 지수의 변동에 따른 일정금액을 매수하는 것이 아닌 향후 주가지수의 예상 시나리오를 다방면으로 계획하고, 그 계획에 따라 탄력적으로 주식을 매집하거나 매도하다가 시장이 변화되면 변화한 시나리오에 맞춰 투자를 지속하는 방식이다. 지수대별 투자 전략이 투자금 규모보다는 계획된 지수에 투자하여 안전한 투사 수익을 확보하겠다는 보수적 투자방식인 반면, 시나리오별 투자 전략은 계획된 일정금액을 예상 시나리오에 따라 분산투자하는 방식으로 보다 적극적인 시점분산 투자의 방식이다.

처음에 최적이었던 포트폴리오의 자산배분 상태도 시간이 흘러 각 개별 주가가 변하게 되면 최적의 균형 상황에서 벗어날 수밖에 없다. 이때 리밸런싱이라는 과정을 통해서 자산배분 상태를 다시 최적의 상황으로 되돌려놓아야 한다. 포트폴리오 리밸런싱은 변화된 시장 환경에 따라 업종과 종목을 재선별하는 작업이다. 리밸런싱은 먼저 신규 편입 및 전액 매도를 포함하여 줄이거나 늘려야할 업종과 종목을 구분하고 보유 종목들의 투자 비중을 재부여하여 목표수익률을 지속 달성하기 위함을 목적으로 한다. 중요한 점은 수익을 위한 리밸런싱과 함께 위험을 줄이기 위한 리밸런싱도 함께 고려되어야 한다는 것이다. 급격히 상승한 주식은 일정부분 수익을 실현하고 많이 빠진 종목은 투자 지속 여부를 재차 판단해 볼 필요가 있다. 포트폴리오의 목적이 위험 감소를 통한 안정적 수익 추구인 만큼 리밸런싱 또한 위험 감소를 위한 고민을 게을리 할 수는 없다.

리밸런싱의 적절한 주기는 시장 환경의 큰 변화로 인해 본인의 포트폴리오가 최적군의 상황을 이탈했다고 판단되었을 때다. 물론 일주일 혹은 한 달 정도의 정기적인 주기를 설정하여 포트폴리오 상황을 지속적으로 확인해 갈 필요는 있으나 시간이 지났다고 포트폴리오를 반드시 바꿔줘야 하는 것은 아니다. 포트폴리오 리밸런싱에서 주의할 때는 시장이 빠르게 업종별 순환매를 보이고 있을 때 자칫 잘못 대응하면 계속 뒷북만 칠 가능성이 높아지는 경우다. 이에 시장에 휩쓸리기 보다는 적절한 기준으로 포트폴리오의 중심을 지속해서 잡아가야 할 것이다.

기관 포트폴리오는 왜 유사해지는가?

포트폴리오 측면에서 현대의 기관 펀드매니저들의 안타까운 운용 현실은 성격이 각기 다른 다양한 펀드들을 한두 가지의 유사한 포트폴리오 종목군으로 운용하고 있다는 점이다. 현재 국내에서 운용되고 있는 주식관련 펀드의 수는 약 1만 개이며, 투자금융 협회에 등록된 전문 운용기관 펀드매니저 수는 대략 600명 수준이니 펀드매니저 1인당 16개 이상의 펀드를 운용하고 있는 셈이다. 사실 등록된 펀드매니저 중에는 실제로는 자신의 이름을 걸었음에도 펀드를 운용하지 않는 주니어 운용역이나 리서치 인력마저도 포함된 숫자여서 사실 한명의 펀드매니저가 수십 개의 펀드를 운용하고 있는 상황이다. 물론 그 이유는 펀드시장이 급속히 성장하면서 전문 펀드매니저들이 충원되지 못한 결과이다. 그러나 펀드들 중 순 자산이 수십억 원 이하인 펀드 또한 총 펀드의 절반을 넘고 있어 소규모 유행성 펀드가 난립하고 있음을 알려준다. 이는 시장에서 주목받는 스타일의 펀드가 있으면 많은 운용사들이 너도나도 경쟁적으로 출시하고 있기에 생긴 결과이기도 하다.

어찌되었든 해당 펀드를 담당하는 펀드매니저들은 해당 펀드의 목적 및 스타일에 따라 고객의 펀드 포트폴리오를 구성해야 한다. 그러나 해당 펀드매니저들은 각각의 펀드별 특색에 맞춰 운용하고 있지 못한 것이 현실이다. 많은 운용사들이 일반 액티브 성장형 펀드 기본 포트폴리오에 한두 종목이나 몇몇의 특징만을 가미하여 너무 많은 펀드를 쏟아내기에 펀드매니저들 또한 각자의 선호하는 포트폴리오 색깔은 있으나 여러 다양한 팔색조의 포트폴리오 변화는 물리적으로나 고정관념에 의해 변화하기 어려운 것이 현실이다. 한편 국내 증권시장은 펀드매니저들이 다양한 방식으로 각기 다른 펀드를 운용하기에 절대적 규모가 너무 작고, 또한 몇몇의 주도 종목이 시장을 장악하고 있어서 증권 시장 자체가 충분히 성장과 성숙되지 못한 상황으로 금융시장이 요구하는 다양한 금융상품으로서의 펀드를 출시하기에는 아직 제반여건이 허락되지 못하고 있다.

유니버스 – MP – AP

유니버스란

펀드매니저가 운용할 수 있는 최대한의 투자종목 후보군을 나열한 바스켓으로 투자기관마다 다르지만 대부분 150~200여 개의 투자 기업으로 구성된다. 기관투자자 유니버스에 포함된 종목들은 펀드매니저가 바로 매매할 수 있는 안정된 우량기업으로서 인정받은 기업들이다. 유니버스는 펀드매니저가 리스크가 높은 주식은 손쉽게 거래하지 못하게 하는 일종의 리스크 장치이기도 하며, 펀드매니저들은 유니버스 내에서 종목을 선별하여 포트폴리오를 구성할 수 있다.

MP(Model Portfolio)란, 그 자체만으로도 최소한 시장수익률을 추종할 수 있고, 그 이상의 안정적 성과를 지속할 수 있게끔 해당 기관 리서치 주도하에서 만든 기본 운용 포트폴리오를 가리킨다. 대개 퀀트분석을 이용하여 업종별 주요 종목 및 성장 기업을 선별하고, 업종별 비중을 조절해서 투자가능 기준 모델이 완성된다. 통상적으로 MP는 대략 40~80개의 기업들로 구성되고 실제로 MP만으로도 투자가 집행되기도 하며, MP의 수익률을 측정하여 해당 운용사의 리서치 능력을 검증하기도 한다.

AP(Actual Portfolio)는 펀드매니저가 자신이 속한 운용기관의 MP에 자신이 생각하는 일부 종목을 가감하여 구성한 실제 운용상의 포트폴리오를 말한다. 대개 MP의 60~80%의 기본 복제하에 MP에 포함되지 않은 유니버스 종목 내 유망주를 펀드매니저가 직접 발굴하여 투자를 함으로써 이를 통해 펀드매니저의 실제 펀드 운용수익률을 완성시켜주는 구조를 갖고 있다. 기관투자자들은 이처럼 유니버스, MP, AP의 체계화된 포트폴리오군을 가져감으로써 투자 수익의 원천을 분석해내고 향후 목표 수익률을 달성하기 위해 포트폴리오의 구성 단계에서부터 세부적인 투자 접근을 지속하고 있다.

(조원,십억원,주수,원,%)

업종	기업명	시가총액	종목비중	종목선택	예정금액	현재금액	현재수량	매수여력	매입가	목표가	상승여력
IT	10	265.3	23.4%	24.0%							
	삼성전자	186.6	16.4%	15.0%	XX.X	XX.X	XXX	XX.X%	########	########	25.6%
	하이닉스	19.3	1.7%								
	NHN	12.8	1.1%								
	LG전자	12.3	1.1%	9.0%	XX.X	XX.X	XXX	XX.X%	77,175	100,000	29.6%
	LG디스플레이	9.5	0.8%								
	삼성전기	7.9	0.7%								
	삼성SDI	6.3	0.6%								
유통	6	27.4	2.4%	6.0%							
	롯데쇼핑	10.4	0.9%	6.0%	XX.X	XX.X	XXX	XX.X%	371,556	500,000	34.6%
	이마트	7.3	0.6%								
	현대백화점	3.9	0.3%								
	신세계	2.5	0.2%								
화학	12	58.2	5.1%	9.0%							
	LG화학	21.0	1.9%	9.0%	XX.X	XX.X	XXX	XX.X%	362,035	450,000	24.3%
	호남석유화학	9.5	0.8%								
	OCI	5.3	0.5%								
	한화케미칼	3.3	0.3%								
	제일모직	4.8	0.4%								
	금호석유	3.6	0.3%								
	KCC	3.3	0.3%								
에너지	3	33.0	2.9%	6.0%							
	SK이노베이션	15.5	1.4%	6.0%	XX.X	XX.X	XXX	XX.X%	170,505	220,000	29.0%
	S-Oil	11.6	1.0%								
	GS	5.9	0.5%								
자동차	7	130.5	11.5%	9.0%							
	현대차	55.5	4.9%								
	기아차	33.0	2.8%	9.0%	XX.X	XX.X	XXX	XX.X%	79,194	95,000	120.0%
	현대모비스	27.1	2.4%								
	한국타이어	6.7	0.6%								
	현대위아	3.9	0.3%								
	만도	3.1	0.3%								
	한라공조	2.2	0.2%								
조선	7	43.3	3.8%	9.0%							
	현대중공업	23.3	2.1%	9.0%	XX.X	XX.X	XXX	XX.X%	309,464	380,000	22.8%
	삼성중공업	8.9	0.8%								
	대우조선해양	5.8	0.5%								
	현대미포조선	2.5	0.2%								
	STX조선해양	1.0	0.1%								
	한진중공업	0.9	0.1%								
	두산엔진	0.9	0.1%								
건설	6	41.0	3.6%	9.0%							
	삼성엔지니어링	8.9	0.8%	9.0%	XX.X	XX.X	XXX	XX.X%	227,741	280,000	22.9%
음식료	8	28.5	2.5%	0.0%							
기계	5	14.9	1.3%	0.0%							
은행	6	68.1	6.0%	9.0%							
	KB금융	15.8	1.4%	9.0%	XX.X	XX.X	XXX	XX.X%	41,118	53,000	28.9%
기타금융	4	15.2	1.3%	0.0%							
제약	4	4.0	0.4%	0.0%							
보험	6	43.4	3.8%	0.0%							
유틸리티	2	17.4	1.5%	0.0%							
운송	4	17.3	1.5%	6.0%							
	대한항공	3.4	0.3%	6.0%	XX.X	XX.X	XXX	XX.X%	48,064	63,000	31.1%
통신서비스	3	21.8	1.9%	0.0%							
철강및금속	4	53.1	4.7%	9.0%							
	현대하이스코	3.3	0.3%	9.0%	XX.X	XX.X	XXX	XX.X%	42,316	53,000	25.2%
합계	101	901.3	79.4%	96.0%							

압축 포트폴리오 예시

펀드매니저의 투자 색깔을
보여주는 심리 투자 전략

• • •

펀드매니저들에게는 군중심리와 관련된 불문율이 있다. '기관 펀드를 운용하면서 군중심리에 휩쓸리게 되면 그 순간이 펀드매니저로서의 마지막이다'라는 다소 무서운 표현이다. 기관 투자에 있어서 군중심리가 극단적으로 회피해야 할 대상이며 펀드매니저들은 군중심리가 펀드 운용에 도움이 되지 않는다는 점을 누구보다도 잘 알고 있음을 말하고 있다고 하겠다. 그들은 독창적이라고 생각했던 자신들의 의견이 어느새 많은 사람들이 유사한 생각과 비슷한 행동을 하는 것을 알게 되면, 언제나 '내가 무언가 잘못 생각한 것이 아닐까?'하고 자신들의 논리를 재확인한 후, 결국은 자신들의 전략을 수정하곤 한다.

펀드매니저들이 모인 기관투자자 집단은 시장을 주도하고 언제나 시장과 함께 움직이고 있지만 그들에 속한 개개인의 펀드매니저들은 항상 시장의 대중들과는 함께 하기를 거부하고 있는 셈이다. 이런 과정 속에서 펀드매니저들은 대중에 앞서 선제적 행동의 타이밍 찾기를 노력하며 이런 과정을 통해 그들의 수익률을 지속해가고 있다. 이와 관련하여 '투자 대중의 판단은 왜 언제나 잘못된 것일까?'를 고민하고 이런 면을 실제 투자에 활용하는 것이 기관투자자들의 주된 심리투자 전략이기도 하다.

경제심리학과
군중심리

투자에 대한 현실적 이해 필요

미국 프리스턴대의 심리학과 교수인 다니엘 카네만(Daniel Kahneman)은 경제학자가 아님에도 불구하고 2002년 노벨경제학상을 수상했다. 그는 대중심리에 관한 연구를 통해 '경제심리학'이란 학문을 창시했다. 경제심리학이란 재화를 생산하여 판매하는 생산자나 재화를 구입하여 소비하는 소비자 등의 경제행위 속에서 인간이 보여주는 여러 가지 생활태도와 의사결정과정 등을 심리학적으로 분석·연구하는 학문을 말한다. 즉, 물건구매, 투자, 돈을 빌려주거나 빌리는 행위, 시장가격이 소비활동에 미치는 영향 등 경제주체의 경제활동상의 개인 및 군중 심리를 기반으로 경제현상을 설명하는 깃이다. 이는 경제학과 심리학의 경계에 있는 학문으로 '행동경제학', '행동주의 경제학' 등 다양한 용어로 불리고 있다.

'경제심리학'이 중요한 이유는 현대의 투자 및 증권시장에서 실제 투자 현실의 상당부분을 경제심리학으로 설명할 수 있기 때문이다. 과거 고전 경제학에서는 완전경제와 합리적 인간의 속성을 기본 가정으로 하여 시장 경제를 설명하였는데, 현재 경제 사회에서는 경제 주체들이 비합리적인 개인적 사고와 군중심리에 따른 판단의 오류를 지속해가는 것이 일반적이며, 각 개인들은 매우 복잡하고 예측하기 어렵지만 개인들이 모인 집단이나 군중의 심리 특성은 매우 단순하고 휩쓸림에 약하여 예측이 가능하다는 특성을 보이고 있다. 예를 들면 훌륭한 인격과 지식을 갖춘 사람이라고 할지라도 예비군 훈련에 참가하여 집단에 소속되었을 때에는 언행이 거칠어지고 마음대로 행동하려고 하는 성향이 많이 노출되는 것을 볼 수 있다. 그리고 그의 행동은 예비군들의 전형적인 특성에 따라 예측이 가능할 수 있다.

투자의 상대는 집단 속의 군중이다

증권시장에서도 그렇다. 만약 모든 투자자가 가치평가를 정확히 해내고 모든 정보가 공개되어 있으며 모든 투자자가 실수 없이 합리적 판단을 지속한다면 과연 시장의 유동성은 누가 공급해 줄 것인가? 투자자들이 모두 이성적 판단의 주체라면 주식의 변동성은 발생되지 않거나 아주 미미한 상태로 변동성에 의한 투자의 동인은 사라지고 말 것이다. 어쩌면 변동성이 너무 낮아서 투자 자체가 불가능한 상황이 발생될 수도 있다. 그러나 현실 속에서 투자자들은 합리적이지도 이성적이지도 않으며 심리적으로 크게 요동치는 존재일 뿐이다. 주식시장에 있어서 집단사고와 군중심리는 주가결정과 주가변동의 원동력을 제공하고 있는 것이다. 그리고 주식시장의 변동성은 투자자의 수익을 제공해 주고 있다.

불완전한 심리의 투자자들이 군집되면 보다 비합리적인 군중심리에 휘둘려 투자자들은 더욱 크게 휩쓸리게 된다. 이런 투자자들이 모여 주가를 폭등시키거나 폭락시키는 현상을 만드는 것이다. 이런 이유로 현실 투자시장에서는 심리학이 경제학보다 더 큰 위력을 발휘한다. 투자는 경제학자가 하는 것이 아니고 집단 속의 사람들이 참여하기 때문이다. 나의 투자의 상대방은 냉철한 이성을 가진 합리적 존재가 아니고 때로는 군중심리에 휩싸인 생각하지 않는 투자자들이다. 그래서 시장은 참으로 고맙다. 투자자의 행동패턴을 잘 정의하여 차분히 고민할 수 있게 되면 이론적으로 완성된 그 어떤 투자기법보다도 투자심리 그 하나만으로 높은 확률의 투자 게임을 즐길 수 있게 된다.

인간 본성을 이기는
투자 전략

역발상 투자의 등장

　　행동경제학을 이용하는 투자 전략 중 가장 대표적인 것이 '역발상 투자'다. 역발상 투자란 대중의 여론을 측정한 후, 그 여론이 극에 다다를 때 여론에 반하여 투자하는 것을 말한다. 투자자들의 군중심리가 환희 혹은 절망 중 어느 한쪽 방향으로 지나치게 치우칠 때, 이에 반하는 방향으로 투자를 결정하는 것이다. 역발상 투자는 행동경제학 중 군중의 심리는 항상 과도하게 치우치는 쏠림현상이 발생된다는 점에서 탄생되었다. 신문에 연일 주가 폭락에 대한 기사와 절망하는 사람들에 대한 뉴스가 가득하거나 증권사 지점에 임산부와 스님이 출현했다는 이야기가 들릴 때, 역발상 투자자들은 투자를 개시한다.

　　역발상 투자 전략은 현재 시장에서 주목받는 종목보다 시장에서 인기가 없는 종목이 결과적으로 좋은 성과를 낸다는 생각을 기본으로 하고 있다. 역발상 투자의 시초라고 불리는 데이비드 드레먼(David Dreman)은 이런 이유로 P/E, P/B, P/CF, P/D가 낮은 종목들이 높은 밸류에이션 종목보다 좋은 성과를 낸다고 강조하고 있다. 이렇듯 역발상 투자는 중장기 투자 전략의 하나로서 반드시 필요한 전략이다. 주식시장에서 현재 인기를 얻고 있는 주식은 세일을 하지 않는다. 주목받지 못하고 소외당하고 있는 주식이 세일을 한다. 소비자들은 일상생활에서 재화를 소비할 때 물건이나 서비스가 세일할 때 사는 것을 좋아하면서 왜 주식은 세일할 때 사려고 하지 않는가. 그 이유는 군중심리 때문이다. 군중심리를 극복해야 비로소 주식투자를 통해 수익 달성이 가능할 것이다. 그리고 그것을 가능하게 하는 것이 심리투자 전략에 근간한 역발상 투자이다. 역발상투자는 군중심리에 휩쓸리지 않고 좋은 기업을 세일할 때 싸게 사게 만들어 주는 것이다.

역발상전략은 비꿔서 말하면 투자시점 당시 최악의 주식을 사서 (주가가 매우 쌀 때 사야하므로) 향후 최고로 변화되었을 때 (마찬가지로 시장이 환희에 가득 차 있을 때) 팔겠다는 전략으로 주식의 상승기간 전부를 영위하겠다는 융통성 없는 매우 위험한 사고의 전략이기도 하다. 주식시장의 옛 명언에도 '무릎에서 사서 어깨에서 팔라.'라고 하지 않았던가? 이런 규칙을 무시하고 있다. 그런 이유로 역발상전략은 처음 매수하는 시점부터 매우 큰 용기가 필요하다. 경제상황의 극심한 침체 혹의 위기 상황으로 이에 따라 개별 종목도 악재가 가득 찬 상황에서 그런 악재가 현실화되면 주식은 휴지조각이 될 수 있는 상황인데도 말이다. 과연 실전에서 이런 주식을 과감히 매수할 수 있는 사람이 몇이나 있을까? 말이 쉽지 역발상 투자는 '공포'와 '탐욕'의 인간적 본성에 대한 도전이다. 인간의 본성을 이길 수 있는 사람은 많지 않을 것이다. 또한 역발상전략은 중장기 투자에 적합한 투자기법으로 이런 인간 본성에 역행하는 시간이 상당기간 지속되어야 할 것이다. 자신의 판단을 믿고 끊임없이 참아낼 수 있는 능력을 보유한 투자자만이 구사할 수 있는 전략인 것이다.

역발상 투자의 조건

현명한 애널리스트들 또한 경기 침체가 계속 이어지는 상황에서 추세전환의 어떠한 신호도 찾을 수 없을 때, 그러나 주요 개별기업들의 주가가 너무 매력적인 상황일 때, '위기는 곧 기회이다.' 혹은 '동트기 전 새벽이 가장 어둡다.'라는 표현을 사용하며 투자자에게 역발상 투자 전략을 권하곤 한다. 이럴 때는 애널리스트가 생각하기에도 경험에 의해 주가가 오를 것 같지만 논리적으로 주식을 사라고 권할 근거는 없는 시기다. 그렇지만 투자자 입장에서는 주가가 좀 빠졌다고 언제나 역발상의 논리를 들어 주식을 매수할 수는 없다. 역발상 투자를 위해서는 최소한 3가지는 확인되어야 하는데, '첫째, 충분한 가격이 떨어졌는가? 둘째, 충분한 시간 동안 떨어졌는가? 셋째, 단 하나라도 살만한 이유는 있는가?' 이다.

역발상 투자의 필수 확인 조건

첫째, 충분한 가격의 폭은 정확히 정해진 바는 없으나 KOSPI 지수나 개별주가 변동성 특성상 대략 30%가 하락하면 관심 가질 만하고, 40% 이상 하락을 보이면 투자를 적극적으로 검토하는 것이 일반적이다. 둘째, 급락한 지수나 주가는 일시적 반등이 있다 하더라도 다시 되돌림 하락을 당하기 쉬우므로 충분한 시간 동안 떨어져야 진정한 주가 반등을 경험할 수 있을 것이다. 예를 들어 주가가 오른 기간만큼 하락의 시간이 진행되었거나, 주가상 최소한 2단 내지 3단 하락을 경험한 후 아니면 하락의 기울기가 완만해진 상황에서 역발상 투자를 고민해봐야 할 것이다. 셋째, 지수가 급락하는 상황에서는 온통 패닉만이 존재하고 있다. 그러나 하락이 깊으면 깊을수록 이런 짙은 어둠 속에서의 최악 상황도 결국은 주가지수에 충분히 반영되게 된다. 그때는 촛불 같은 작은 불빛(호재) 하나라도 시상에서는 매우 크게 반영되기 쉽다. 모든 악재가 다 반영되었고 팔고 싶은 모든 사람들이 팔았기에 작은 호재도 주가와 지수에는 큰 영향을 미치기 쉬운 것이다. 만약 가격과 시간상으로 역발상투자 전략을 실행하기에 적합한 상황에 도달했다고 생각이 든다면, 이제는 작은 호재 하나라도 놓치지 말고 이때를 기해 역발상 투자를 실행해 보자.

역발상투자 전략에서는 대개 '건실한 저가주'가 추천된다. 건실하다는 의미는 이익성장이 계속된다는 의미이며, 저가주란 그 이익 대비 밸류에이션 매력이 있는 저PER 주를 의미한다. 그러나 개별 기업의 이슈보다는 업황 자체가 턴어라운드 가능한 업종을 먼저 선별해보는 것이 중요하며, 그 안에서 악재가 주가에 충분히 반영되어 청산가치 등에 비교된 절대 저평가 종목을 발굴하는 것이 필요하다. 또 지수 하락의 시간이 길었다면, 종목별로는 불필요한 매도가 더 이상 나오지 않아 저평가 상황에서 수급적인 이유로 인해 주가 하방경직성이 매우 높아진 기업이 역발상 투자를 하기 위한 최고의 기업이라고 할 수 있다.

역발상 투자종목의 선별

첫째, 업황을 판단할 때는 먼저 금리, 환율 및 상품가격 동향 등 현재 거시경제 환경의 변화에 유리한 업종을 선별해야 한다. 종목의 주가 반등 또한 업종군으로 함께 움직일 때, 더 강하고 높은 주가 반등이 가능할 것이다. 둘째, 역발상투자 전략은 단지 대중과 반대로 투자한다는 단순한 투자 전략이 아니다. 다른 투자자보다 좀 더 장기적인 안목으로 외부의 환경이 아닌 해당 기업이 보유한 내재가치를 정확하게 평가하고 이에 근거해 과감히 투자를 실행하는 것이다. 이는 객관적인 분석 기준을 통해 해당 주식의 가치를 판단하고, 주가가 그 이하로 내려갔을 때 주식을 사서 고평가 됐을 때 매도를 하는 가치투자와 본질은 동일하다. 즉, 역발상 투자에 있어 단지 많이 빠졌기 때문에 주가가 다시 오를 거 같아서 많이 빠진 종목 위주로 매수를 하는 투기적 단타 접근법은 옳지 않다. 가치투자에 근간한 투자를 해야 하며, 더욱 다행인 것은 해당 기업의 주가가 가치와 높은 괴리를 보이고 있어 매우 매력적인 매수 상황이라는 점이다. 이런 기회를 통해 보다 건실한 중장기 투자를 하는 것이 바람직하다.

펀드매니저들은 군중심리를 싫어한다고?

기관 펀드매니저들은 일반 투자자들과의 군중심리에 휩싸이는 것을 극단적으로 회피하려고 하는 반면, 펀드매니저 자신들끼리의 군중심리에는 상당히 편안함을 느끼는 편이다. 그런 순간은 바로 다른 펀드매니저와 비교 당하고 있을 때다. 펀드매니저들은 자금을 유치하여 펀드 규모를 키우기 위해 타 기관의 유사 펀드들과도 항상 수익률 경쟁을 한다. 그러나 가끔은 시장 자체의 오르고 내림을 떠나서 일반적인 펀드매니저의 투자 전략이 시장에서 잘 적용되지 않는 이유로 대부분의 펀드매니저들이 시장대비 초라한 성과를 달성하게 될 때가 있는데 그때 그들은 이런 얘기를 한다. "봐 봐, 나만 못하는 것은 아니라고… 내가 시장에서 지고는 있지만 다른 운용 기관들보다는 우수한 성적을 내고 있다고…."라고 말한다. 실제 시장의 평가도 마찬가지다. 펀드가 벤치마크인 시장에 못 미치는 수익률을 보이고 있다면 질책 받아야 마땅하지만, 만약 대부분의 펀드들이 그런 상황에 같이 놓이게 되면 이런 현상을 상당 부분 이해해주는 경향이 있다. 현실적으로 대안이 없기 때문이다. 투자금을 위탁하고 있는 기관 입장에서도 현재의 운용 펀드매니저보다 특별히 더 좋은 수익률 대안처가 있어야 펀드를 옮겨 맡길 텐데 그런 대안이 없다면 펀드매니저를 질책하느니 용기를 북돋아 펀드 수익률을 높이는 것이 낫기 때문이다.

이런 이유로 전문 운용기관 펀드매니저들은 동료 및 경쟁 관계의 펀드매니저들에게 신경이 많이 쓰이는 편이다. 이런 관점에서 동료나 경쟁자들이 함께 갖고 있는 종목을 보유하면 문책당할 가능성이 적기에 본인도 매수하고 심적으로 편안함을 느끼게 된다. 이에 많은 기관투자자들은 역발상 투자를 한다고는 하지만 군중심리에 거슬리는 역발상 투자를 전적으로 하기에는 한계를 갖고 있는 것이다.

　　그런데도 현실에서는 많은 펀드매니저들이 "나는 역발상 투자를 합니다."라는 말을 즐겨한다. 사실 본인들의 투자 행태는 과감한 역발상 투자를 하는 경우가 드물지만, 어떤 이유든 매수 근거가 약한 상황에서 과감한 매수 투자가 성공했을 때, 이를 설명할 수 있는 가장 효율적인 표현이 바로 역발상투자라는 단어이기 때문이다. 물론 이런 말은 결과론적인 이야기다. 만약 당시의 투자가 실패했다면 해당 펀드매니저는 매수 논리가 부족한 상황에서 극단적인 주관에 따라 매수한 것에 대해 심한 질책을 받았어야 할 것이다. 앞으로는 국내 주식운용 시장에서 역발상 투자에 대한 체계가 바로잡히고, 실질적인 역발상투자를 전문적으로 펼칠 수 있는 운용기관이 많이 확대되길 기대해 본다.

펀드 매니저 투자의 비밀

누구도 부정할 수 없는 안정적 배당 투자 전략

• • •

　필자가 현재의 회사에 입사하여 처음 맡은 업무는 매도가능 주식의 운용이었다. 보험회사의 매도가능 주식운용이란, 주식시장이 좋지 않을 때 우량주식을 사서 중장기 보유 후 시세차익 실현을 목적으로 하고 회계적으로는 평가손익을 자본 조정할 수 있기에, 펀드매니저의 주식운용 철학을 펼치고 소신 있는 가치주 투자 및 중장기 투자를 증명할 수 있는 멋진 투자 운용 업무였다.

　필자는 매도가능 주식을 운용하면서 언제나 중장기 투자에 적합한 안전성 높은 가치주를 고민했으며 그때마다 선택된 투자 기업들 대부분이 배당주였음에 스스로 놀란 적이 있다. 반드시 배당주만을 투자하려고 의도한 바는 아니었는데, 안정된 주식투자를 계획하다 보니 국내 KOSPI 시장에서는 그 해답을 배당주만이 갖고 있었던 것이다. 그러면서 배당 자체에 대한 관심이 점차 높아져 갔다. 주식시장에서 배당이란 어떤 의미일까를 생각하면서 때로는 한밤을 고민하기도 했다. 과거 단편적 사고로는 생각하지 못했던 배당의 속살들이 점차 드러났다.

KOSPI와
배당 투자

시장 관심의 빠른 확산

　　일반적인 주식투자의 목적은 주가상승에 따른 시세차익(자본이득)을 얻는 것이지만, 때로는 기업에서 지급되는 배당수익을 얻기 위해 주식을 투자하기도 한다. 과거에는 배당수익을 위한 배당투자 전략이 주식투자시장에서 상당부분 소외되어 왔던 것도 사실이다. 그러나 근래 들어는 장기 저금리 현상과 향후 인플레이션에 대한 경계가 필요한 시점에서 이의 대안인 배당주가 주목을 받고 있다. 그러나 미국·유럽 등 금융 선진국에서는 배당투자가 건전하고 안정적인 투자기법으로 자리 잡고 있음에도 불구하고, 우리나라에서는 아직까지도 배당투자의 중요성이 충분하게 인식되지 못하고 있는 듯하다. 그 이유는 첫째, 우리나라 기업들의 상당수가 아직도 배당에 매우 인색한 편으로 배당다운 배당을 주는 기업들이 사실 손에 꼽을 정도이고, 둘째, 개인뿐만 아니라 기관들 역시 주식투자의 단기성과에 치중하게 되면서 배당주는 이벤트성 테마주 정도로만 인식해왔기 때문이다. 셋째, 앞의 두 가지 이유로 배당에 대한 관심이 등외로 밀려나면서 배당주 투자기법이 아직 국내시장에서는 체계적으로 정립되지 못하고 있는 상황이

207

며, 넷째, 소수의 기업들을 제외한, 대부분 국내 상장 기업들은 배당을 1년에 한번만 주고 있어서 배당 주기가 해외에 비하여 너무 늦은 편이기 때문이다. 이와 같은 이유로 그동안 배당투자는 시장에서 소외받아 왔었다.

그러나 그럼에도 불구하고 배당주들은 이미 국내 증권 시장에서 알게 모르게 1)저금리 및 인플레의 중장기 지속 전망 확산, 2)외국인들의 국내 시장 참여에 따른 선별적 매수, 3)장기투자자들의 증가에 따른 배당주 수요 확대 등의 이유로 안정적 주가상승을 보이고 있다. 채권 수익률이 점차 낮아짐에 따라 주가의 안정성이 높으면서도 채권 이자율 이상을 배당으로 하는 주식이 각광 받는 것이며, 배당에 높은 투자 잣대를 두고 있는 외국인 투자자들과 국내 중장기 기관투자자들 역시 배당을 통한 재투자 효과로 인해 장기 포트폴리오 수익률을 강화시킬 목적으로 배당주를 사 모으고 있는 상황이다. 이런 현상은 향후에도 지속되고 강화될 것으로 전망된다.

배당 지급의 이면

기업 입장에서는 배당금 지급이 투자자를 위한 최선의 선택이 아닌 경우도 있다. 예를 들면 아주 작은, 초창기의 기업들은 안정성 측면을 강화하기 위하여 창출된 수익의 상당부분을 내부에 유보할 필요가 있으며, 성장률이 높은 기업들 또한 배당을 지급하지 않고 현재 영위하고 있는 사업 투자에 자금을 투입한다면 경우에 따라 주주 입장에서 회사 가치를 더욱 극대화시킬 수 있기도 하다. 한편 성장성이 그리 높지 않은 기업이라 할지라도 만약 이익의 변동성이 크다면 상당한 수준의 배당을 지급하는 것은 회사와 주주 모두를 위해 옳지 않은 선택이 될 것이다.

　주주 입장에서 배당이 공짜도 아니다. 기업이 주주들에게 배당금을 지급한다는 것은 회사 자산이 감소하는 결과를 가져와서 결국 회사 주가도 이론상으로 하락해야하기 때문이다. 현재 우리나라 시장에서 주식배당의 경우 배당락 일에 배당률만큼 주가가 하락한다. 그리고 현금배당의 경우 배당락 일에 제도적으로 주가를 조정하지는 않고 있으나 배당이 회사 순자산의 감소임은 분명하므로 현금배당의 경우에도 통상적으로 배당락 일에 지급된 배당률 수준으로 주가가 하락하는 경우가 많다. 또한 국내에서 배당은 배당소득세 15.4% (소득세 14%+주민세 1.4%)를 납부해야 하며, 주주들의 세금만큼 기업의 가치는 국가로 이전되게 된다.

▌배당투자의 장점

　　　　　　배당투자의 장점은 첫째, 시세차익은 주가의 움직임에 따라 주가가 내리면 손실을 기록할 수도 있으나 배당금은 주식시장의 주가 변화와 상관없이 언제나 지급된다는 점이다. 또 안정적 배당을 지급하는 기업들은 주가하락에 따른 실질 배당수익률이 상승함으로써 주가하락 방지에 강력한 힘을 발휘한다. 둘째, 배당금이 지속하여 증가하는 주식에 투자하면 강력한 인플레 헤지 효과가 가능하다는 점이다. 주식 또한 화폐로 측정됨에 따라 물가 상승 시 실질 가격이 하락 효과가 나타날 수 있으나, 배당 지급 시에는 현금플로우의 유입에 따른 인플레 헤지 효과를 갖는다. 셋째, 배당은 회사의 이익을 근간으로 하기 때문에 배당 투자 시 이익이 나거나 많은 잉여금을 보유한 가치 있는 기업에만 투자하게 되고, 배당이란 회사의 주주우선정책이 정립 되었을 때만 안정적으로 지급이 가능한 것으로 배당 투자 시 건전한 시장가치 철학을 보유한 기업에만 투자되는 장점이 있다.

회사 입장에서 보면 배당금은 한번 지급하기 시작하면 이후에는 배당성향을 줄이기 어렵다는 점을 잘 알고 있다. 이에 회사가 배당금을 지급하기로 결정했다는 말은 회사 스스로 판단하기에 장래에 계속 배당금을 지급할 수 있다는 자신감의 표출이라고 생각될 수 있다. 회사는 자신들의 사업 현황과 전망을 가장 잘 알고 있는 주체이기에 회사의 배당금 지급 결정은 어떤 애널리스트의 긍정적인 분석보다 효율적인 주가상승의 요인으로 작용될 수 있는 것이다.

좋은 배당주 고르는 법

배당투자의 주된 목적은 배당금을 받는 것이므로 가장 먼저 확인해보아야 할 것은 당연히 '시가배당수익률'이다. 그러나 해당 연도의 정확한 배당금은 통상적으로 결산 이후에 이사회 결정을 통해 확정되므로 투자시점에서는 확인하기가 어려울 것이다. 그래서 해당 기업의 과거 배당 지급 기록을 통해 배당의 지속성을 확인해보아야 한다. 또한 주가하락으로 인한 자본손실 가능성을 낮춰야 안전한 배당투자를 할 수 있으므로 배당성향이 너무 과도하게 높은 기업은 제외 되어야 한다. 배당성향이 너무 높은 기업은 기업의 이익 성장을 위한 투자를 게을리한 것으로 간주 될 수 있어 해당 기업의 미래를 지속적으로 기대하기는 어렵다는 점이 고려되어야 하는 것이다.

또한 지나치게 높은 시가배당수익률도 위험할 수 있다. 시가배당수익률은 [주당예상배당금/현재주가] 로 계산되며, 흔히 주당예상배당금은 배당금이 해마다 유사하게 지급되는 점을 이유로 전년 주당배당금을 사용하거나 실질적으로 올해 예상되는 배당금액을 사용하여 계산하는데, 통상적으로 시가배당수익률이 지나치게 높은 경우는 배당금이 상당히 크게 증가된 경우보다는 주가가 빠르게 급락된 경우가 더욱 많기 때문이다. 만약 주가의 급락이 회사의 급격한 가치 하락에 따른 합리적인 하락이었다면, 계산된 시가배당수익률은 향후 실질 배당금이 급격히 감소되어 허망한 수치로 예측될 수 있다. 결국 배당주를 투자함에 있어서 무조건 배당률이 높고 절대 배당금 규모가 높은 기업만을 찾기보다는 과도한 배당은 기업의 성장을 저해한다는 사실을 알고, 배당과 성장은 적절히 균형을 유지할 수 있어야 바람직하다는 인식을 확립하고 있어야 한다. 좋은 배당주는 시가배당율과 배당성향이 적절히 높으면서 회사의 성장과 주주에 대한 환원을 절절히 균형 있게 배분하는 기업이라고 하겠다.

---

1. 꾸준히 지급하며, 배당금이 매년 증가하는 기업에 투자하라.

2. 배당성향이 50% 이하인 기업에 투자하라.

3. 배당을 지급하는 저평가 우량주에 투자하라.

4. 배당주는 분산투자하라.

5. 배당주를 선택하면서 단기수익을 기대하지 마라.

6. 중간배당을 실시한 기업에 투자하라.

7. 배당주는 한여름에 투자하는 것이 효과적이다.

배당투자의 일반적인 전략

배당투자 시
고려사항

첫째, 분산투자와 환율을 고려하자

배당수익률이 높은 일부 종목에 대한 선별 집중투자보다는 다양한 배당주로 소규모 배당주 포트폴리오를 구성할 필요가 있다. 단 주의해야할 점은 배당수익률이 높은 종목들은 시기에 따라 함께 주가가 동일 방향으로 변화할 가능성이 높으므로 포트폴리오 변동성이 높아질 것에 유의해야 한다. 또한 배당주 투자는 국내보다 미국 등 선진 금융시장에서 일반화된 투자법으로 대부분의 배당주들은 외국인 지분율이 높은 편이다. 이에 배당투자 시 환율 등에 따른 외국인 민감도가 함께 고민되어야 한다. 만약 환율의 지속적 하락으로 외국인 순매도가 지속되고 있는 추세라면, 배당주 투자 전략은 효용성이 매우 낮아지게 될 것이다.

둘째, 자본소득도 고민해 봐야한다

배당수익률만 보고 투자한다면 여러 문제에 봉착할 수가 있다. 배당을 많이 주는 기업의 경우, 일반적으로 해당 기업이 영위하는 주요 산업이 성숙기에 진입한 회사로 향후 성장성에 한계가 있음을 경계해야 한다. 이렇기에 배당주를 투자할 때는 항상 주가상승에 따른 자본소득도 기대할 수 있는 기업이어야 한다. 배당만을 좇다가 더 깊은 주가하락을 경험한다면 배보다 배꼽이 더 큰 상황에 직면하는 꼴이 될 것이다. 또한 실적이 뒷받침되지 않으면서 경영이나 기타의 이유로 손해를 보면서도 배당을 하는 경우가 있어 이런 기업들은 구분할 수 있어야 한다. 이런 주식들은 배당이후 자본손실이 줄곧 확대되는 경우가 많게 된다.

셋째, 시장금리와 비교 해석해야 한다

주식에 있어서 PBR이 1 이하라는 것은 주가가 해당 기업의 청산가치 이하라는 뜻으로 강력한 매수 신호로 받아들여진다. 이와 비슷한 개념으로 해당 기업의 배당률이 해당기업의 채권금리보다 높다면 (그만큼 주가가 많이 빠졌다면) 이 또한 해당 주식의 강력한 매수 신호로 받아들여 질 수 있다. 같은 수익률을 보장받을 수 있다면 어찌 채권자의 지위가 주주의 지위보다 높을 수 있단 말인가? 이는 PBR 1이 KOSPI 종합지수에서도 강력한 지지선으로 영향을 주듯이, KOSPI 전체의 평균 배당률이 국채금리보다도 높다면 강력한 지지선으로 인정받을 수 있을 것이다. 그러나 아쉽게도 우리나라 KOSPI 기업들의 한 해 평균 배당률은 2%가 채 되지 못한다.

넷째, 기술적 분석에는 배당이 없다

배당과 관련된 눈여겨봐야 할 또 다른 사항은, 흔히 증권회사 HTS에서 보는 주가차트는 주가의 오르내림에 따른 자본차익상의 주가 변동만 표시될 뿐 현금배당 관련 정보가 제외되어 있어 투자된 총 수익률과는 큰 차이를 보인다는 점이다. 예를 들어 2013년 7월에 주식(주가 1만 원)을 매입하여 배당을 300원을 받고 2014년 7월, 1년이 지난 시점에서 주가가 1만 700원이 되었다면, HTS 상에서는 단지 주가가 1만 원에서 1만700 원으로 오른 것만 표시되게 되며, 해당 주식의 1년간 투자 수익률은 마치 7% 인 것으로 여겨진다. 그러나 투자자의 실제 수익률은 10%이다. 이런 의미에서 배당률이 높을수록 HTS 차트가 과도하게 저평가되어 왜곡된다고 할 수 있다. 실제 배당이 고려된 차트는 기존차트보다 훨씬 가파른 기울기를 가져야 할 것이다. 배당투자를 위해서는 위와 같은 배당이 고려된 주가차트를 머릿속에 그릴 수 있어야 한다.

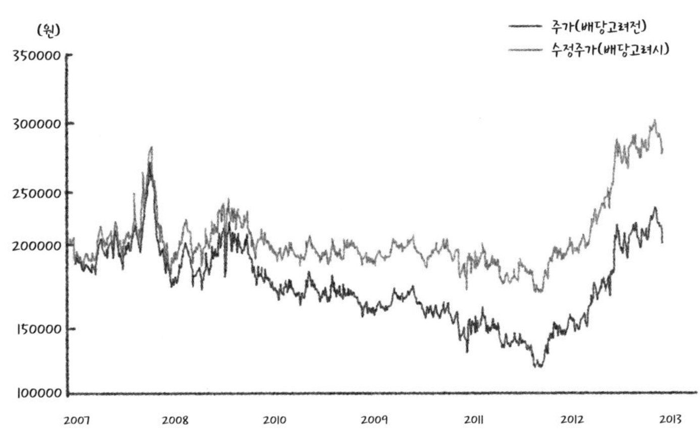

배당이 고려되기 전 후의 종목 차트 비교 (SK텔레콤)

🪙 자사주 매입도 배당으로 생각해도 될까요?

기업의 주주환원 정책 중 배당과 더불어 대표적인 것이 해당 기업의 자사주 매입이다. 자사주란 기업이 자신의 주식을 자신 내부에 보유하는 것으로서 의결권과 배당에 대한 권리가 없어서 사실상 존재하지 않는 주식과도 같다. 이에 기업이 자사주를 매입하는 행위는 기업의 보유현금이 기업에 주식을 매각 하고자하는 투자자들에게 귀속되는 행위다. 자사주 매입기간에 회사에 주식을 매도한 주주들은 각자 매입가격에 따라 다르겠지만 (자사주매입가−투자자매입가) 차액만큼의 배당을 받는 것과 동일한 의미가 있다. 과거 삼성전자는 해마다 자사주를 매입해 왔으며 삼성전자의 배당 정책에 만족하지 못했던 외국인 주주들은 자사주 매입기간에 그들의 주식을 지속적으로 매각해왔던 것이 이와 같은 사례이다. 그래서 당시 삼성전자가 자사주 매입을 하면 주가가 오르지 않는다는 통설이 생기기도 했었다. 그러나 이 현상은 주주들이 삼성전자의 미래를 어둡게 보고 주식을 판 것이 아니고, 외국인들이 스스로 주식을 팔아 적극적으로 배당을 취하는 전략을 선택했던 것이다.

자사주 매입 이후, 자사주는 의결권이 사라지므로 개별 주주들은 가만히 있어도 본인들의 주당 지분율이 실질적으로 증가되는 효과를 갖게 되며, 주가 측면에서도 유동성 물량의 감소로 인한 수급개선으로 주가를 상승시키는 효과와 유통물량 감소에 따른 주가의 과도한 변동성을 미리 차단시키는 효과도 있다. 또한 유통주식 감소에 따른 EPS 증가 효과도 나타난다. 예를 들어 발행주식수의 10%를 자사주로 매입하게 되면 약 11%의 EPS 상승효과가 기대된다. [1/(1−10%)]

그들의 동반자 애널리스트

애널리스트를 이해하면 투자가 외롭지 않다

투자에 도움이 되는 애널리스트의 선별

애널리스트 분석 보고서 활용법

애널리스트를 이해하면 투자가 외롭지 않다

애널리스트란 직업은 매우 젊다. 젊은이들이 애널리스트로서 많이 근무하고 있기도 하지만 저자는 애널리스트란 젊은 날에 해볼 수 있는 매우 아름다운 직업이라고 표현하고 싶다. 여타의 직업들과 달리 자신이 해야 할 업무를 스스로 선택하고, 그 일에 대해 열정을 다해 노력하며 배우고, 또한 한없이 고민하고 토론하면서, 밤새워 글을 쓰고 나서는 투자자들과 또다시 이야기 나누고, 때로는 그들을 설득시키며, 경제 특히 증권시장을 움직이며, 한편 자신이 분석하고 판단한 바에 어떤 변화를 보이는지 스스로 결과를 통해 자부심을 갖고, 일에 대한 보상 또한 상대적으로 풍족한 편이기 때문이다. 필자는 최근까지도 애널리스트 업무를 수행하고 있는 지인들 여럿과 밀접한 관계를 지속하고 있는데, 그들을 보면서 언제나 그들에 대한 애틋함과 부러움을 함께 가진다. 필자 또한 애널리스트 출신으로서 그 시간은 너무 소중했고 행복했으며, 무척 감사한 시간이었다.

필자가 본 장을 통해 바라는 점은 펀드매니저 등 많은 투자자들이 애널리스트를 오해하지 않고 그들과 같은 눈높이에서 그들을 이해할 수 있기를 바라는 것이고, 또 그들이 투자에 대하여 당신에게 도움이 되는 이야기를 하고자할 때, 이를 곡해 없이 받아들여 투자에 실질적인 도움이 되었으면 하는 바람이다. 애널리스트들은 투자자들을 위해서 오늘도 여전히 밤을 새우고 열정을 다해 시장에 많은 정보를 생성하고 또 이야깃거리를 계속해서 만들고 있는 소중한 동반자들이다.

애널리스트에 대한 이해

▌우리나라
▌애널리스트

　　애널리스트는 우리말로는 '연구원'으로 호칭된다. 증권회사마다 조금씩 차이를 보이고 있지만, 대게 애널리스트 내부 직급은 '연구원', '선임연구원', '수석연구원', '연구위원', '수석연구위원'의 순서를 따른다.(낮은 직급 순서로 기술, 순서에 따라 수석연구위원이 가장 높은 직급) 일반 회사에서 사원, 대리, 과장, 차장, 부장으로 나뉘는 직급 클래스와 비슷하다고 생각하면 된다.(RA와 센터장은 생략) 그들이 맡은 주요 업무는 '증권에 대한 조사와 분석'이다. 증권회사는 펀드매니저 등 투자자들에게서 매매 주문을 받아 이에 따른 수수료 수입을 얻으면서 그들의 고객인 투자자들에게는 차별된 증권 정보를 제공하기 위해 애널리스트들을 키우고 유지시켜왔다. 제도권 애널리스트들은 증권사 리서치센터 소속으로 리서치센터는 크게 기업분석부와 시장전략부(매크로분석)로 나뉘는데, 이와 같은 소속에 따라 반도체, 화학, 자동차, 통신 등 일정한 업종(산업)을 분석하는 기업 담당 애널리스트와 경제·전략·퀀트 등을 담당하는 시장전략 애널리스트로 나뉜다.

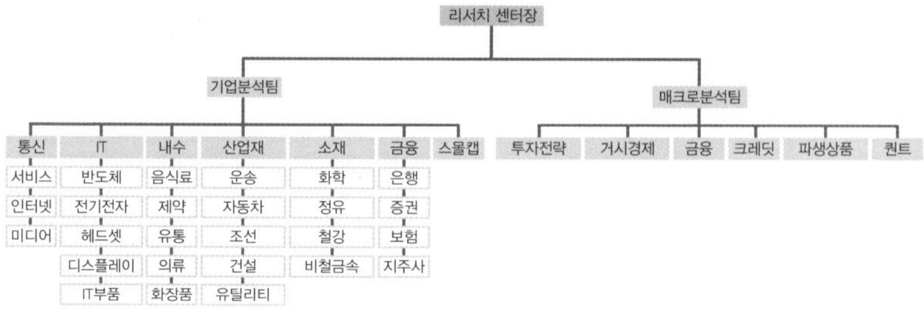

증권사 리서치 센터의 조직도 예시

　　2012년 말 현재 증권사에 등록된 애널리스트 숫자는 약 1,200여 명이다. 그러나 이처럼 많은 애널리스트들이 모두 자신의 글을 쓸 수 있는 것은 아니다. 애널리스트는 자기 이름을 걸고 독자적인 보고서를 작성할 수 있는 시니어 애널리스트와 그렇지 않고 시니어를 보조하는 역할을 하는 주니어 애널리스트로 크게 나뉜다. 보통 애널리스트는 RA(Research Assist) 업무로 시작해서 주니어 애널리스트로 성장하고, 주니어 애널리스트들은 시니어를 도우면서 진정한 애널리스트로서의 교육을 받고 업무를 수행하게 되는데, 애널리스트에게 있어서 자신의 이름을 내건 보고서 작성은 스스로에 대한 영광이자 책임감이다. 보고서는 자신을 시장에 소개하고 스스로를 성공의 무대로 이끌 수도 있다. 그래서 수많은 RA와 주니어 애널리스트들은 자신의 이름을 건 보고서를 작성하기 위해 오늘도 밤낮으로 공부하고 시장을 이해하려고 노력하고 있다.

애널리스트 중 가장 많은 수를 차지하고 있는 기업분석 담당 애널리스트의 예를 들어보자. 그들은 시장에 존재하는 모든 기업을 분석하는 것이 아닌, 본인의 전공 업종을 한두 개 이상 갖고 있다. 국내 주식시장의 경우 대표적인 업종이 대략 25개로 구분 되는데, 각 증권사마다 시니어 애널리스트들은 통상적으로는 연관된 한두 업종, 중소 증권사의 경우 각 증권사들 환경에 따라 많게는 세 업종 이상을 담당하는 애널리스트도 있다. 은행업을 담당하면서 보험업을 겸업한다던지, 반도체업을 하면서 전기·전자업을 겸업하는 등의 경우다. 리서치센터 기업분석부 소속의 애널리스트들은 맡은 바 산업에 속하는 주요 회사와 관련된 모든 사항을 파악하려고 노력한다. 담당 산업 자체와 그 산업에 속하는 주요 기업들에 대한 분석이 기업 담당 애널리스트의 기본적 업무이기 때문이다.

예를 들어 자동차 산업에 관련된 애널리스트들의 경우 현대차가 국내외에서 얼마나 잘 팔리고 있으며, 국내외 경쟁상황에 비춰볼 때, 향후 또 얼마나 잘 팔릴 것인가에 대한 전망도 내놓는다. 한편 현대차는 차를 팔아 얼마의 이익을 내는지를 분석하고 향후 변화될 비용도 예측하여 수익 전망도 내놓는다. 또한 자동차 산업 환경과 연관성이 높은 경기에 따른 소비동향, 혹은 환율에 따른 수요 변화도 예측하여 자동차 기업들의 전망에 반영하고, 하물며 완성차뿐만 아니라 자동차에 속하는 다양한 부품을 만드는 주요 기업도 함께 분석한다. 애널리스트들은 위와 같은 정보들을 전방위적으로 수집하고 분석하여 보고서를 작성하고 작성된 보고서를 소개하며 일련의 활동들을 반복해나가는 전문가 집단이다. 또 뛰어난 애널리스트는 이와 같은 작업을 원활히 진행하기 위해 업종 내의 다양한 정보의 거짓과 진실을 살필 수 있는 안목과 풍부한 경험, 그리고 전문지식을 함께 가지고 있고, 과도한 업무를 이겨내고 지속할 수 있는 뛰어난 체력과 성실함을 필수적으로 보유하고 있다.

애널리스트에 대한 시장의 오해

애널리스트는 증권시장에서 많은 오해를 받고 있다. 그들은 시장에 대한 분석 및 투자자에 대한 정보제공이라는 자신들 본연의 임무에 충실하고 있을 뿐인데, 그들이 보이지 않는 곳에서 많은 투자정보와 뉴스거리를 만들고 있다 보니 시장에서는 그들이 투자자들을 위해서 얼마나 노력하고 있는가를 제대로 인정해주지 못하고 드러나는 결과와 일부 상황만을 보고 오해를 갖기도 한다. 애널리스트들에 대한 시장정보가 많이 부족해서이기도 하고 한편으로는 그들에 대한 기대가 너무 크기 때문에 그런 오해가 지속되고 있는 것이다.

애널리스트의 실적 추정은 과연 정확한가

그렇지 않다. 애널리스트들 역시 기업의 내부자가 아닌 외부인 신분으로 영업이나 기술상의 비밀이 포함된 회사의 모든 사항을 다 알고 분석을 하지는 않는다. 그리고 당연하겠지만, 기업을 둘러싸고 있는 제조·기술·경제 상황 등 수많은 다양한 변수들을 모두 정확히 예측한다는 것도 불가능하고 또 정확히 예측한다고 하여 모든 회사의 일정이 애널리스트의 전망대로 움직일 수도 없는 일이다. 애널리스트의 실적 추정 과정을 살펴보자. 애널리스트들은 해당 기업의 업황과 기업 현황을 바탕으로 추정을 시작한다. 먼저 매출액을 주요 제품이나 제품군, 혹은 서비스나 상품 등 유사한 특성에 따라 파트별로 나누고, 각 부분 파트에 대한 매출과 가격에 대한 추정을 진행하여 전체 매출액로 합산하는 방식을 선호한다. 각 부분 제품이나 파트는 각 제품의 성장성 및 경쟁 등의 주변 환경을 검토한 후 적절한 증감 여부를 결정하게 된다. 회사 IR 담당자의 설명도 참고하고 제품들의 계절성이나 신제품 출시 등에 따른 매출 증감도 고려한다. 이런 식으로 각각의 제품군의 추정을 합산하여 기업의 매출액 추정을 완성하고 나면 원자재 가격 동향이나 기업의 투자 계획, 인력 충원 등을 참조하여 비용도 최대한 논리적으로 추정한다. 이런 식으로 애널리스트의 실적 추정이 진행되는 것이다.

 그러면 실적 추정이 틀리는 가장 큰 이유는 무엇일까?

첫째, 각 부분 매출액이나 비용 추정 시 추세를 너무 신뢰하기 때문이다. 애널리스트들은 회사의 모든 부분을 다 알 수 없기에 당연히 파악이 어려운 사항들은 현재까지의 추세 연장선상에서 자연스러운 추정을 이어가게 된다. 그러므로 기존 주요 제품이 급작스런 사유로 실적 변동을 보이거나 예측하지 못했던 비용이 일시에 반영될 때 애널리스트들의 실적 추정의 정확도는 곤두박질칠 수밖에 없는 것이다. 이런 이유로 애널리스트 추정에서 특히 주의해야 하는 기업은 실적 턴어라운드 기업이다. 턴어라운드 기업의 경우 실적이 마이너스에서 플러스로 급격한 변화를 보이므로 애널리스트도 그 추세를 가늠하기가 현실적으로 어렵다.

둘째, 애널리스트들이 회사 담당자의 정보에 대한 의존도가 높기 때문이다. 사실 빠른 시간에 회사에 대한 수준 높은 정보를 접하기 위해서는 회사 담당자들을 전적으로 신뢰하고 있기보다는 기업체 IR 담당자의 정보를 접하는 것이 좋은 수단이다. 회사 담당직원은 대개 회사 내부 직원으로서 장밋빛 전망을 가진 사람들이 많으며, 경험이 많은 시니어 애널리스트들은 내부 담당자들의 설명을 사실과 희망으로 분간해낼 수는 있지만 일반적인 애널리스트들의 경우 바쁜 일정 속에서 손쉬운 정보 취득의 유혹을 뿌리치기 쉽지 않은 경우가 많았었다. 이런 경우 회사 실적 추정은 대부분 부풀려지기 마련이다.

그러나 애널리스트의 실적 추정이 정확할 수 없다고 하여 과연 그들의 분석과 정보가 불필요하냐고 할 수 있을까? 그렇지는 않다. 애널리스트의 추정은 정확성을 떠나서 현재 시점에서 가장 논리적인 방법으로 해당 기업의 향후 미래 그림을 그려볼 수 있기에 중요하다. 미래라는 것이 100% 정확할 수는 없지만 대부분의 애널리스트들은 현재 시점에서 최대한 합리적인 실적 추정을 하고자 노력한다. 이에 해당 기업이 성장하는 기업인가 그렇지 않은 기업인가를 확인할 수 있고, 또 그성장의 기울기가 얼마나 가파른 기업인가를 가늠해 볼 수가 있다. 한편 그 성장의 기울기가 점차 높아지고 있는지 아니면 그렇지 않은지도 짐작해 볼 수 있다. 특히 다수의 애널리스트가 추정하는 기업의 실적 추정은 예측이 보다 세밀해지고 추정의 논리성이 보다 높아져서 한두 명의 애널리스트 추정보다 신뢰가 높을 것이라 시장에서 짐작될 수 있다. 그러기에 펀드매니저들은 다수 애널리스트들의 시장 컨센서스를 중요시한다.

애널리스트의 주가 예측과 투자 전망은 왜 매번 틀리는가

이 점 또한 틀리는 것이 지극히 당연하다. 다시 분명히 표현하자면, 애널리스트는 현재시점에서 가장 합리적이고 논리적인 미래 예측을 알려주는 사람들이지 정확한 미래를 장담하는 사람들이 아니다. 예를 들어 어떤 애널리스트가 현재가보다 30% 높은 가격의 목표주가와 함께 투자의견을 '매수'로 제시했다면, 그것은 현재 애널리스트 판단이 '해당 기업의 적정 가치는 현재 주가보다 대략 30% 높다'는 뜻이며, 이에 따라 향후 주가가 상승할 가능성이 높다는 뜻을 피력한 것이지 향후 해당주가가 정확히 30% 오를 것을 자신하여 해당 주식을 반드시 사야한다는 의미는 아니다. 그리고 후에 만약 해당 주가가 정말 30% 주가상승을 이뤘다면 해당 주식을 반드시 팔아야 한다고 애널리스트는 말하지 않았다. 그때는 그때 가서 애널리스트들은 다시 분석하고 해당 기업의 목표주가를 다시 제시하게 될 것이다.

한편 애널리스트들은 목표주가를 제시하면서 목표주가가 달성될 만한 시간에 대한 분석은 대부분 하고 있지 않다. 애널리스트 분석 보고서 중에 '해당 주식의 3개월 목표주가는 얼마이고, 6개월 목표주가는 얼마, 1년 후의 목표주가는 얼마입니다.' 라는 시간 분석의 결과를 본 적이 있는가? 아쉽게도 작금의 애널리스트 기업분석 툴에는 목표주가 도달 시간의 개념이란 없다. 비록 증권사의 분석보고서에는 목표주가가 3개월 혹은 6개월 하물며 1년이라는 예상 시점을 제공하고 있기는 하지만 이는 통상적인 미래의 기간을 제시하고 있을 뿐이다. 사실 애널리스트들은 향후 해당 목표주가가 도달 가능한 시간에는 큰 관심이 없고 자신의 분석이 맞았다는 것을 증명하기 위해 그냥 빨리 도달하면 좋겠다는 생각 정도만을 갖고 있을 뿐이다.

이에 애널리스트들을 평가할 때, 미래를 얼마나 정확히 맞출 수 있느냐의 가부로 판단되어서는 안 된다. 좋은 애널리스트란, '현재의 사실을 바탕으로 얼마나 논리적이고 합리적으로 미래를 설명할 수 있느냐'에서 구분되어야 하는 것이다. 그러므로 애널리스트의 이런 면들을 이해하고 그들과 이야기하고, 그들의 자료를 그들의 시각에서 읽을 수 있어야 한다. 앞으로는 애널리스트들의 전망이 틀렸다고 그들을 외면하지 말자. 애널리스트가 왜 그런 전망을 냈는지 그 근거를 분명히 이해하고, 그 근거가 변화하고 있을 때, 그들의 전망도 분명히 변하고 있을 것을 인지하고 그린 결과에 따라 행동을 해아지 애널리스트가 제공하는 정보를 제대로 활용할 수 있게 될 것이다.

🪙 애널리스트가 항공주를 사라고 한다면?

예를 들어 운송담당 애널리스트가 향후 유가가 급락할 것 같아 유가가 원가에 큰 비중을 차지하는 항공주를 높이 평가하고 매수 의견을 냈다고 하자. 그러면 향후 투자자가 해야 할 일은 애널리스트의 판단 근거인 유가동향을 잘 보고 운송주를 매매하는 것이지, 무조건적으로 그들의 투자의견 결과만을 보고 매매해서는 안 된다.

유가가 만일 의외로 급등해서 운송주 주가가 크게 하락했다면, 결과물만 보고 투자한 투자자는 그럴 것이다. "애널리스트들은 맨날 틀려. 그들은 뒷북을 친다고!", 그때 애널리스트들은 이렇게 얘기할 것이다. "리포트를 잘 읽어보라고! 유가가 내린다는 가정하에 운송주가 좋다는 거지. 유가가 그렇게 급등할지 알았겠어? 나도 중동에서 무력사태가 날지는 예상할 수가 없단 말이야." 만약 애널리스트 글의 본뜻을 잘 이해한 투자자라면 유가의 하락 가정하에 운송주가 추천되었지만 실제 유가가 급락하고 있다면 해당 애널리스트 분석은 잘못되었거나 아니면 예측과 달리 유가가 급락하므로 애널리스트 분석은 반대였을 것이라는 점을 직감하고 분명 운송주를 매각했을 것이다. 반면 결과물만 읽었던 투자자는 '매수'라는 투자 의견만 보고 애널리스트를 원망만 하면서 큰 손실을 입었을 것이다. 애널리스트가 일정 기업에 대해 그의 의견이나 전망을 매일같이 피력할 수는 없다. 그러나 그의 보고서를 제대로 읽었던 투자자라면 시간이 지나고 조건이 변화한다고 해도 해당 애널리스트가 생각하고 말하고자 하는 바를 분명히 알 수 있었을 것이다. 그들을 잘 이해하는 것이 중요하다. 앞으로는 결론만을 보지 말고 그들의 논리와 근거를 차분히 살펴보자.

　　　　　　　　사실 그렇다. 최근 애널리스트 분석 의
견을 살펴봐도 대략 투자의견이 제시된 기업의 90% 이상이 투자의견
'매수'이다. 그러나 애널리스트들은 이야기한다. 왜 본인들의 생각을 못
알아주고 그렇게 이야기 하냐고, 사실 애널리스트들이 90% 이상을 매
수 리포트로 작성하지만 그들의 본심은 90% 이상의 투자의견 '매수'를
이야기하고 있지는 않다. 이것은 일부 좋지 않은 리포트가 매수 리포트
로 포장되어 있다는 뜻이다. 그리고 분명 실질적인 매도 리포트는 생각
보다 많다. 그러나 그대로 발표되지 못하고 있을 뿐이다.

　모든 기업분석 담당 애널리스트들에게는 본인들만의 고유 업종이 주
어지고, 해당 업종에는 업송 대표주가 한두 종목 이상씩 반드시 있다.
애널리스트들은 업종 대표주를 커버리지에 포함시킬 수밖에 없는데, 대
부분 업종의 대표주들은 한두 종목이 그 업종의 전부라고 할 정도의
산업 내 막강한 영향력을 자랑하기 때문이다. 애널리스트에게 이런 막
강한 힘을 가진 업종 대표주 기업들과 사이가 좋지 않다는 점은 해당
기업뿐만 아니라 해당 업종에 대한 분석을 위한 정보나 자료를 제공받
기 힘들어질 수 있다는 부담을 갖게 한다. 그리고 실제 과거 시장에서
는 애널리스트의 부정적 코멘트를 핑계로 일부 애널리스트들에게 보이
지 않는 불이익을 주었던 업종 대표주들의 사례를 찾아 볼 수도 있다.
또 자신이 속한 증권사의 원활한 IB(Invest Banking) 업무의 지원을
위해서도 업종 대표기업들에 대한 부정적 평가는 사실 현직 애널리스
트들에게는 쉽지 않은 부담이기도 하다. 대형 증권사들의 경우는 더욱
그렇다. 그래서 애널리스트들은 업종 대표기업들에 대해 부정적 코멘트

를 기록하기 부담스러워 한다.

　혹은 브로커리지 중개수수료 때문에 업종 대표주들의 부정적 평가가 어렵다는 이야기도 있다. 물론, 대부분의 펀드매니저들은 업종 대표주들을 대부분 자신들의 펀드에 담고 있고, 혹은 최근에 해당 기업을 매수했는데, 만약 부정적 리포트가 나온다면 무척이나 당황스러울 것이다. 그리고 간혹 이런 이유로 애널리스트들은 항의 전화를 받기도 한다. 그러나 이 문제는 펀드매니저 개인들 실력의 문제일 뿐이다. 펀드매니저들이 자신들에게 불리한 리포트를 작성했다고 일일이 항의 전화를 해댄다면 과연 그 펀드매니저가 자신의 펀드를 얼마나 지속적으로 운용할 수 있을까 궁금하다. 매매주문을 집행하는 운용사나 자금집행기관들은 A란 기업의 매매 추천이 들어왔다고 해서 반드시 A 종목 주문을 해당 증권사에 주는 것은 아니다. 자금집행기관은 증권사들이 단지 개별 한 종목뿐만 아니라 전체적으로 그들의 수익에 얼마나 큰 도움이 되었는지를 평가해 주문을 배정한다. 다행이다. 투자의견과 목표주가에 대한 애널리스트의 자존심은 투자자들이 배려해주고 계속 지켜줄 수 있었으면 한다.

　사실, 기업에 대한 부정적 의견이 많지 않은 것 또한 당연하다. 애널리스트가 맡은 업종에는 수많은 기업이 있고, 그 중 몇몇 기업만이 애널리스트에게 커버리지로 선택된다. 대략 애널리스트가 자신의 커버리지를 선택할 때는 1.소속 증권사 요청기업, 2.펀드매니저들의 요청기업, 3.해당 업종 시가총액 높은 기업, 4.애널리스트 각 개인의 관심기업들이다. 이처럼 애널리스트들은 의무적으로 맡아야할 기업이 많은 상황에서 좋지 않다고 판단되는 기업까지 커버리지로 포함하여 안 좋은 이야기를 할 만큼 그들에게는 시간이 충분하지 않다. 물론 좋았던 커버종목이 좋지 않아질 수도 있다. 그러나 바쁜 시간을 핑계로 그때는 다시 시장이 요구하는 좋은 종목을 찾아 리포팅 해야 한다. 애널리스트들도 사실 끝까지 챙기지 못했음을 미안해한다. 그렇지만 그들은 시간이 없다. 그들에게 잘못을 꾸짖느니 그들의 생리를 알고 그 생리에 맞게 그들을 판단하는 것이 본인 펀드 수익률에 유리할 것이다.

김춘수의 〈꽃〉

김춘수 시인의 유명 시 〈꽃〉의 일부분이다. 애널리스트들은 증권시장에서 좋은 종목을 찾아 그들만의 꽃을 만들고 있으며 지금도 그 꽃들을 찾기 위해 투자자들이 놀랄만한 높은 강도로 본연의 임무에 충실하고 있다. 그럼에도 불구하고 제대로 이해하지 못하고 애널리스트의 실적 추정, 투자의견, 목표주가가 잘못되었다며 그들을 원망하는 목소리가 여전히 크다. 그러나 시간이 좀 지나고 차분히 다시 생각해 보자. 그러면 대부분 틀렸다고 생각했던 분석들은 실제보다 좀 빠르게 예상되었거나 아니면 좀 늦게 시장에 반영 되었던 경우임을 수없이 보았을 것이다.

애널리스트가 주가상승이나 하락의 시기까지 완벽히 정확히 예측할 수 있으리라는 생각은 덮어 놓는 것이 좋다. 그들의 분석은 현재시점에서 가장 합리적인 미래에 대한 판단이지, 정답이 아니다. 애널리스트의

전망과 분석을 보면서 '과연 그들의 말이 합리적이고 옳은가?' 혹은 '과
연 그들의 글과 말이 시장에 영향을 줘서 그가 분석한대로 시장을 이
끌 수 있을까?' 등을 고민함이 보다 현실적일 것이다. 그리고 애널리스
트의 분석에 있어서의 목표 달성 시기는 언제나 유동적임을 가정하고
그들의 이야기를 차분히 청취하는 것이 바람직하다.

애널리스트의 추정 모델을 보여줄 수 있나요?

애널리스트 들은 커버리지 각 종목마다 실적 추정을 위한 엑셀 시트를 갖고 있다. 그들은 그것을 가리켜 '모델(Model)'이라고 부른다. 한동안 애널리스트들에게 이 '모델'은 신념이자 자부심으로 여겨져 왔다. 애널리스트들의 생존 목적은 자신이 알고 있는 모든 것을 투자자에게 알리기 위함임에도 불구하고 그들 또한 밝히고 싶진 않은, 숨겨 놓은 히든카드가 있었는데, 이것이 그들만의 엑셀 시트 '모델'이었다. 필자 또한 처음 애널리스트가 되고서는, 실적 추정을 위한 모델을 만드는 데에 상당한 시간을 쏟아 부었다. 안타까운 점은 모델을 만드는 작업에 강의나 책과 같이 체계적으로 참고할 만한 것이 없었다는 사실이다. 애널리스트 후배가 선배의 모델을 개인적으로 어렵게 구해보고, 주니어가 시니어의 모델을 업데이트하면서 대강의 구조와 숫자나열을 살펴보면서 자신의 모델을 만들어가는 것이 전부였었다.

그러나 이 처녀성이 투자자 세상에 나오는 데는 그리 오랜 시간이 걸리지 않았다. 애널리스트의 존재 목적에 있어 시장과 기업에 대한 조사와 분석보다는 기관투자자들에게 대한 영업의 중요성이 보다 높아지면서 애널리스트들은 추정의 정확성을 확인해보고 싶다는 펀드매니저의 요청을 거부하기 어려웠다. "죄송합니다. 그것은 저의 마지막 자존심입니다."하고 거부했던 애널리스트들은 이제 현직에서 찾기 힘들다. 그리고 현대의 애널리스트들은 영업을 위해 "이것이 나의 실적 추정의 근거입니다. 잘 봐주세요."라고 말을 바꿨다. 애널리스트들이 분석전문가에서 이제는 영업전문가로 많은 부분 변질된 점에 대해 안타까운 마음이 든다.

펀드매니저 투자의 비밀

투자에 도움이 되는 애널리스트의 선별

• • •

필자는 새로운 투자기업을 찾을 때 스스로 잘 알지 못하는 기업은 투자하기를 꺼려한다. 그러나 간혹 스스로 잘 알지 못하더라도 실력으로나 인품으로나 너무도 신뢰하는 애널리스트 지인이 추천이 있다면 그 하나만으로 믿고 사는 경우도 과거에 간혹 있었다. 그날도 필자의 포트폴리오상 IT 부품주를 하나쯤 추가하고 싶은 상황이었다. 친한 애널리스트에게 IT 부품주 하나를 추천받았고 잘 모르는 기업이었지만 너무도 믿는 애널리스트의 추천이기에 일단 주저 없이 매수했다. 주가는 잠시 좀 오르는 듯 했으나 며칠 후부터 하락하기 시작했다. 주가가 생각보다 많이 빠졌고 이 한 종목으로 인해 펀드 수익률이 상당한 영향을 받게 이르렀다.

해당 종목을 추천한 지인 애널리스트와 여러 번 이야기를 나눴으나 그는 그저 기업이 좋은 회사라는 점과 주가도 분명히 싸기에 좀 있으면 오를 것 같다는 막연한 이야기를 할 뿐이었다. 이후 주가는 더욱 빠져서 저자는 과감한 손절매를 하게 되었고 매도 이후에도 해당 주식은 상당기간 주가가 더 하락했던 기억이 있다. 고민을 했다. '무엇이 잘못된 것이었는가?' 첫째, 기업에 대해 잘 알지 못하고 매수한 점, 둘째, 개인적으로 친한 애널리스트라고 해서 주가도 잘 맞힐 것이라고 생각한 점, 셋째, 애널리스트들은 실질적인 투자보다는 펀더멘털 관점에서 주식을 해석하고 있음을 미리 알았어야 했다.

투자자에게 도움이 되는 애널리스트

펀드매니저 입장에서 좋은 애널리스트란 누가 뭐라 해도 펀드 수익률에 도움이 되는 애널리스트이다. 그리고 운용에 도움이 되기 위해서는 애널리스트 고유의 기본 능력에 충실해야 하며, 또한 펀드매니저가 기대하지 않았던 투자에 도움이 될 만한 것들도 챙겨줄수 있다면 좋을 것이다. 애널리스트의 본분으로서는 첫째, 충실한 보고서의 작성, 둘째, 빠르고 정확한 정보의 전달이 있다. 그리고 펀드매니저가 미처 몰랐던 좋은 종목을 발굴해주거나, 보유종목에 대해 판단하기 어려운 부분에 명쾌한 해답을 주거나 아니면 투자에 있어서 신선한 아이디어를 주는 애널리스트를 만날 수 있다면, 그는 처음 보는 애널리스트라 할지라도 마치 오랜 친구처럼 정겨움을 받을 수가 있다.

보고서가 충실한 애널리스트

분석 보고서의 작성은 애널리스트에게 있어서 많은 시간을 투입하는 가장 중요한 업무 중 하나이다. 보고서는 애널리스트의 얼굴이면서 그들만의 자존심이자 자유로운 표현 수단이기도 하며, 향후에는 본인들의 소중한 기억이 될 스스로의 앨범이기도 하다. 그리고 완성도가 높은 분석 보고서에는 애널리스트가 시장과 기업을 조사·분석 그리고 판단하면서 고민했던 흔적들이 고스란히 남게 된다. 그래서 애널리스트의 보고서에는 자신의 분석 능력과 함께 주가 판단에 대한 실력, 그리고 자신의 열정마저도 고스란히 담기게 되는 것이다. 생각하는 것과 아는 것은 다르며, 아는 것과 이야기 하는 것, 그리고 이야기 하는 것과 글로 적는 것은 분명히 다르기에 애널리스트들은 보고서를 작성하면서 자신들의 생각과 논리를 보다 체계화하고 구체화시킬 수 있다.

애널리스트의 분석 보고서는 학문적인 순수 시장 분석 자료가 아니다. 그러기에 그들의 보고서는 고객인 투자자를 위해 언제나 기업을 주가와 연관 지어 설명되어야 한다. (많은 애널리스트들이 이 부분이 대부분 약하다.) 일관된 주장으로 투자자들을 설득시킬 수 있어야 하는 것이다. 한편 애널리스트 보고서에는 유효기간이 없다. 그러므로 미래에도 읽힐 만한 자료가 되어야 한다. 또한 투자분석의 근거가 명확해야 하며 향후 투자자 스스로 보고서를 업데이트 해갈 수 있게끔 능동적이고 주주 친화적인 보고서가 작성되어야 한다.

1. 기업과 주가를 연관 지어 설명하고 있는가

2. 투자자를 설득시킬 만한 논리를 갖고 있는가

3. 투자 분석의 근거가 명확한가

4. 미래에도 계속 읽힐 만큼 능동적이고 친화적인가

훌륭한 분석 보고서의 조건

　　유익한 투자 정보의 전달은 애널리스트의 존재 사유이며 애널리스트에게 반드시 요구되는 기본 능력이도 하다. 또한 애널리스트의 정보는 신속하고 정확해야 한다. 그러기 위해서 애널리스트들은 자신이 맡은 바 섹터 혹은 투자영역에 대해 전문성을 높이고 있으며, 자신의 투자정보를 항상 업데이트 하여 언제나 투자자들의 질문 및 요구에 대응하기 위한 준비를 하고 있다. 정보가 빠르다는 것은 애널리스트가 부지런하다는 뜻이며, 정확하다는 것은 충분한 경험과 고민을 통한 경륜이 정보의 정확성을 높였음을 말한다. 신속함은 애널리스트의 노력 여하에 따라 단기적으로 개선이 가능하나 정확성은 상당히 많은 경험과 노하우를 필요로 한다. 결국 부지런하면서도 충분히 시장을 경험했거나 깊은 고민을 지속하는 애널리스트들이 투자자의 실질 운용 수익률에 도움이 될 것이다.

239

애널리스트의 정보 전달 수단

과거 애널리스트들은 전화와 메일 그리고 보고서 출력물 및 메신저 정도를 통해 투자자들에게 정보를 전달하였으나 근래 들어서는 핸드폰 MMS 및 카카오톡 등 무선인터넷을 활용한 정보전달까지 가세하여 정보의 전달 속도가 점점 더 빨라지고 있는 상황이다. 사실 펀드매니저 입장에서는 정보가 너무 많기에 같은 정보를 여러 매체를 통해 중복되게 받아 보게 되고 과도한 증권정보의 홍수 속에서 개인적인 중요한 연락을 놓치게 되는 일들도 빈번하게 발생되고도 있다.

하지만 정보의 전달 수단이 다양해지고 전달 속도가 더 빨라진다는 점은 정보의 전달이 이전에는 받기 힘들었던 투자자들에게까지 확산됨을 의미하기도 한다. 특히 과거에 정보전달의 신속성이 가장 빠른 매체로는 메신저라는 유선매체만이 유일했던 데 반해, 무선인터넷을 통해 투자 정보의 패스 및 전달이 용이해지면서 정보의 확산 범위가 매우 광범위해지고 그 속도는 더욱 빨라지게 된 것이다. 이에 최근에는 일반투자자 역시 조금만 신경 쓴다면 기관투자자들이 접하는 신속한 정보를 거의 비슷한 시간에 받아볼 수 있게 되었으며, 이는 시장 정보의 공개 측면에서 매우 바람직한 현상이기도 하다.

근래의 애널리스트 중에는 공표된 기업분석 보고서와 개별적 프레젠테이션 발표를 서로 상이하게 가져가는 경우가 종종 있다. 또 심한 경우에는 펀드매니저 등 투자자에게도 고객의 중요성이나 자신들과의 친밀 정도에 따라 전하는 내용이 다른 경우도 있었다. 그 이유는 많은 애널리스트들이 보고서 외에 자신이 이야기할 무언가를 보고서에 적지 않고 남겨놔야 자신이 제대로 된 애널리스트가 된다고 착각을 하고 있기 때문으로 생각된다. 그러나 그것은 정말 잘못된 생각이다. 과연 글과 말이 다르고, 고객들마다 다른 정보를 제공 하는 게 바람직한 애널리스트의 상일까? 그렇지 않다. 필자는 누구에게도 솔직한 애널리스트가 좋다. 이 말은 애널리스트가 진정 생각하고 느끼고 판단하는 바 100%를 보고서에 작성해야 한다는 뜻이다.

물론 이와 연관된 안타까운 경우도 종종 봐왔다. 펀드매니저 스스로가 자신들 포트폴리오 보유종목에 대해 애널리스트에게 매도보고서를 쓰지 않기를 종용하는 경우다. 사실 애널리스트들은 종목에 대한 다소 부정적 의견을 제시했다가는 펀드매니저나 기업 관계자에게 항의 전화를 받기 일쑤다. 심지어는 그런 항의를 피하는 것에 앞서 애널리스트가 먼저 고객들이 필요로 하는 보고서를 알아서 적당히 포장해서 작성해주는 경우도 발생하는 것으로 안다. 분석가에게 판단을 강요하지 말았으면 한다. 애널리스트가 증권시장의 가장 합리적인 분석자로서 솔직한 투자의견이 자유롭게 이야기 될 수 있는 투자 문화가 조성되었으면 한다. 그리고 애널리스트 스스로도 보고서는 꼭 매수 리포트여야 한다는 강박관념을 버려주었으면 한다.

필자는 대체적으로 공격적인 성향의 애널리스트보다는 보수적 성향의 애널리스트를 선호한다. 이유는 주식운용도 투자의 한 분류로서 투자란 성급해서 얻을 수 있는 게 없다는 점을 분명히 인식하고 있기 때문이다. 주식투자는 만약 좋은 주식을 신중하게 판단하느라 사지 못했다 하더라도 아쉬워하지 말아야 한다. 주식시장은 언제나 열리고 또 상승할 종목은 언제나 시장에서 준비되고 있기 때문이다. 매도하는 경우도 마찬가지다. 소문에 휘둘려 성급한 매도로 수익의 과실을 놓치기 보다는 신중하게 자신이 과거 매수했던 사유를 다시 살피며, 하물며 늦어서 손실이 확대되더라도 나의 분명한 실패의 기억으로 남기는 것이 낫다고 생각된다.

애널리스트란 직업은 앞에서 밝힌 여러 이유로 인해 긍정적인 리포트가 주류를 이루고, 또 그에 따른 합당한 그들만의 매수 추천 사유가 있기는 하지만, 분명 시장에서는 성급하고 공격적인 투자를 지향하는 성격의 애널리스트들을 심심치 않게 만나게 된다. 그들은 빨리 사기를 추천하며 또한 해당 주식을 반드시 갖고 있어야 한다는 글을 수없이 발표하고 있다. 그리고 그들의 의견 중 많은 부분들이 결국은 성급했었다는 결론으로 귀결될 때가 많았었다. 때로는 아주 간혹 생각보다 너무 느긋한 속도로 분석을 이어가는 애널리스트들을 접할 때도 있는데, 그럴 때면 필자는 때론 그들이 무척 존경스럽다는 생각마저도 든다. 애널리스트의 본성을 이겨낸 그들이기 때문이다. 그리고 많은 경우 느긋한 속도의 분석은 신중함으로 투자 수익에 도움을 주었던 많은 기억들이 있다.

유연한 사고를 가진 애널리스트

애널리스트들은 일복을 타고난 사람들이다. 산업을 분석하기 위해 많은 공부를 하고 산업 내 인물들과의 접촉하며, 기업을 분석하기 위해 탐방을 다니고, 보고서를 작성하고 그 이후 프레젠테이션까지, 또 자신이 맡은 산업과 기업들에 대해 언제나 최신의 정보를 업데이트해야 하며, 그들의 고객인 펀드매니저들과의 관계도 소홀히 해서는 안 된다. 애널리스트들은 정말 일이 많은 직업이다. 그리고 그들의 업무가 과중될수록 판에 박힌 정형화된 사고를 할 수밖에 없는 상황에 내몰리게 된다. 애널리스트들은 너무 바쁘기에 자신들이 아는 지식과 경험에 비추어 시장을 빠르게 분석할 뿐 신중하면서도 깊은 고민을 할 시간적 여유를 갖지 못하고 있는 것이다.

그러나 현명한 애널리스트들은 그런 바쁜 와중에도 의심의 끈을 놓지 않는다. 만약 자신의 판단과 시장의 흐름이 다르게 움직인다면 언제나 의심하고 고민하며 분석함으로써 그 이유와 향후 전망을 내놓는다. 한편, 시장의 흐름이 변화되었다면 자신의 지식과 경험을 뒤로한 채 새로운 논리로 시장에 적응하기를 즐긴다. 이것을 가리켜 투자와 분석에 있어서의 '유연성'이라고 부른다. 증권시장 환경이 너무도 빠르게 변화하고 바쁘게 움직이고 있으므로 펀드매니저 또한 경직된 사고를 가져가기 쉬운데, 이때 주위에 유연한 사고의 애널리스트 동반자가 있다면 투자에 있어 매우 큰 힘이 된다. 그에게서 펀드매니저가 미처 몰랐던 종목에 대해 추천을 받을 수도 있으며, 판단하기 어려웠던 부분에 대한 명쾌한 해답을 얻을 수도 있을 것이다.

애널리스트의 투자 논리 자체가 독특한 아이디어라면 최상이겠으나, 그밖에도 보고서의 색다른 비유나 표현으로 투자 사유를 각인 시킬 수 있고, 다른 사람들이 시도하지 않았던 도표나 그림의 디자인을 통해서도 훌륭한 보고서가 만들어지고 투자자들은 쉽게 투자 사유를 이해할 수 있게 된다. 그리고 그것은 바로 애널리스트의 얼굴이 된다. 필자는 시간이 허락된다면, 애널리스트들이 다른 애널리스트의 보고서를 참고하는 것도 때로는 필요하다고 생각한다. 남들이 갖고 있는 최소한의 기본적인 논리를 본인들도 알고 있어야 그와는 다른 관점의 새로운 아이디어가 가능해지고 자신의 논리가 더욱 객관성을 높일 수 있다고 생각한다.

필자는 애널리스트들과 이야기를 할 때, 어떤 내용을 질문하면서 '업계 애널리스트들의 컨센서스는 어떻고, 이 부분에 대해 당신은 어떻게 생각하는가?' 라는 질문을 종종 할 때가 있다. 바쁜 시간에 같은 질문을 여러 애널리스트들에게 할 수 없는 시간적 제약이 있기도 하지만, 이 질문을 통해 한 애널리스트의 너무 주관성이 확대된 대답은 피하고 싶기 때문이다. 그리고 더욱 중요한 것은 애널리스트가 항상 시장 동향 및 흐름을 함께 고민하면서 자신의 판단을 결정하는 사람인가를 알아야 그의 답변이 보다 신뢰성이 높다고 생각되기 때문이다.

어부와
뱃사공

애널리스트와 펀드매니저와의 관계를 어부가 뱃사공과 함께 고기 잡으러 나가는 장면으로 생각해 본 적이 있다. 물론 펀드매니저는 물고기를 잡는 어부다. 펀드매니저는 물고기를 잡듯이 시장에서 수익을 낚아야 한다. 그러면 애널리스트는 물고기 잡는 것을 도와주고, 가끔 같이 낚시도 해주고 그물도 같이 걷어주는 그런 보조자들일까? 아니다. 애널리스트는 단지 뱃사공일 것이다. 물고기 잡을 배를 운전해주고 또 어느 곳에 물고기가 많은지 참고할 사항을 알려주기만 해도 해당 뱃사공의 임무는 다한 것이 된다.

애널리스트도 투자자들이 혼자서는 도저히 할 수 없는 시장과 기업들에 대한 수많은 투자판단의 자료를 제공할 뿐이지 수익을 낚아 주는 사람들은 아니다. 그건 투자자들의 몫이다. 물론 때로는 경험 많은 뱃사공은 물고기를 대신 잡아주기도 하고, 물고기 잡는 법을 알려주기도 한다. 하지만 어부는 빨리 본인이 실력을 키워 그들에 대한 실질적인 의존을 최소화하고 자신의 본업에 충실해야 할 것이다. 단지 뱃사공은 어부가 물고기 잡는 것에 집중할 수 있도록 배를 편하게 운전하고, 그들의 전문지식을 활용하여 어디에 물고기가 많은지를 알려주면 족하다.
그러나 만일 배가 가라앉으면 어부와 뱃사공은 같이 위험에 처할 것이
다. 그들은 한 배를 탄다. 그래서 뱃사공은 어부의 영원한 동반자다. 투
자라는 외로운 망망대해에서 우리는 애널리스트들과 친구가 되어야 할
것이다.

신문사 베스트 애널리스트는 진짜 베스트 인가요?

유명 경제신문사들은 1년에 두 번 '베스트 애널리스트'를 선정해 발표한다. 이때 베스트 애널리스트로 선정되었다는 것은 해당 애널리스트에게는 매우 큰 자부심이 되는데, 애널리스트라는 직업이 누구에게도 객관적으로 평가받을 수 있는 기회가 없기에 베스트 애널리스트 평가가 실질적으로 시장에서 애널리스트를 평가하는 유일한 방법이 되고 있기 때문이다. 어느 해부터인가 증권사 리서치센터 자체에서도 자체 애널리스트들을 평가함에 있어서 신문사의 베스트 애널리스트 등수를 활용하기 시작했다. 베스트로 선정된 애널리스트들은 언론에서의 높아진 인지도 때문에 마케팅에 활용하기가 더욱 용이해지기에 높은 점수를 부여한 것이다.

그러나 과거의 애널리스트 선배들은 본연의 임무에 충실하면 훌륭한 애널리스트가 될 수 있다는 생각으로 베스트 애널리스트 평가에는 관심이 크지 않았다. 하지만 어느 날부터인가 베스트로 선정되지 않은 애널리스트들은 소외감을 받기 시작했다. 시간이 지날수록 베스트에 대한 후광이 높아질 뿐만 아니라, 그들이 속한 증권사 리서치에서 또한 베스트 애널리스트 등수를 중시하면서, 베스트 애널리스트로 선정되어야 높은 연봉을 받고 이직하기가 쉽다는 이야기가 들리기 시작했으며, 베스트 애널리스트에 선정되는 것 자체가 애널리스트들의 매우 중요한 목표 중 하나로 변질된 것이다.

그러면 베스트 애널리스트들은 과연 진정한 베스트일까? 아마 본 질문에 대한 대답은 베스트 애널리스트를 평가하는 펀드매니저들이 정답을 알고 있을 것이다. 하지만 그 결론은 안타까울 뿐이다. 펀드매니저들은 많은 경우 베스트 애널리스트를 선별함에 있어서 실력이나 노력에 대한 평가가 아닌 개인적으로 친분이 있거나 시장에서 알 만한 사람을 투표하는 등, 정성적 요소가 베스트 선정의 높은 비중으로 평가되고 있기 때문이다. 사실 평가자인 펀드매니저가 모든 증권사의 업종별 애널리스트 전부를 알고 평가한다는 것 자체가 불가능하다. 필자 역시 증권사 제도권 경력이 10년을 넘어서지만 수많은 애널리스트들 중 평가할 만큼 필자가 알고 있다고 할 수 있는 사람은 한 업종 당 고작해야 많으면 3~4명 일 뿐이다. 그러다보니 평가의 결과는 진정한 베스트의 선별과는 점차 멀어지고 있는 것이 사실이다.

그러자 일부 증권사들 중심으로 베스트 애널리스트 무용론이 일기도 했다. 그러나 베스트에 대한 인지도 확대, 연봉, 이직 등에 대한 후광이 여전히 변화되지 않기에 애널리스트들은 알면서도 어쩔 수 없이 의미없는 시험을 치르고 고득점을 받을 수 밖에는 없었다. 근래 들어서는 마치 취업을 하기 위해서 높은 TOEIC 점수를 받아야 하듯이 애널리스트들도 어찌되었던 일단 베스트에 들고 보자는 안일한 생각이 많아진 것도 사실이다. 마치 실력을 키워 점수를 높이기보다는 점수를 높이는 공식을 외우는 것이 고득점에 유리하다는 것을 아는 취업준비생과도 같이 고득점을 받아 베스트로 선정되기 위한 공식 아닌 공식이 시장에 소문처럼 번지기도 했다.

'베스트 애널리스트가 왜 신문사에서 선발 되어야 하는가?' '과연 공정하게 평가되고 선별되고는 있는가?' 그리고 '베스트 애널리스트 자체의 의미는 무엇인가?' 등 현재의 베스트 애널리스트 제도에는 의문도 많고 탈도 많은 상황이다. 아직까지도 애널리스트를 평가할 수 있는 객관적인 제도가 없기에 신문사의 베스트애널리스트 평가가 계속되고는 있지만 언젠가는 개선되고 변화될 제도라고 생각된다. 제대로 된 애널리스트 평가제도가 시장에 정착되어 긍정적인 경쟁을 유발시키는 기회가 주어졌으면 한다. 이를 위해서는 애널리스트 스스로의 인식 변화와 함께 모든 투자자들의 성심 있는 애널리스트 평가가 반드시 요구되는 바이다.

펀드매니저 투자의 비밀

애널리스트 분석
보고서 활용법

● ● ●

애널리스트 '이중희'의 이름이 적힌 저자의 첫 분석 보고서가 시장에 나왔던 그날이 기억된다. 스스로 신나서 인터넷에 내 이름을 검색하기도 했다. 두어 시간이 지났을 뿐이고, 나의 첫 리포트였는데, 누군가에 의해 벌써 블로그에 포스팅 되어있었다. 놀랐다. 더욱 신이 났다. 그리고 그 블로거가 누군지 궁금했다. 우습게도 내가 탐방 때 만났던 그 회사 담당자 그녀였다. 그녀도 본인이 회사 주식 IR담당을 처음 맡으면서 처음으로 자신의 회사가 나에게 리포팅 되자 무척이나 신기 했었나보다. '아마도 리포트가 시장에 나온 것을 보고 그녀도 나처럼 마냥 신났으리라.' 혼자 씩 웃고 또 웃었다.

애널리스트 초기 시절, 필자는 분석 보고서를 작성할 때마다 소박한 꿈을 중얼거리고 있었다. 그것은 "남들이 작성하지 않은 기업을 가장 먼저 작성하고, 남들과 다른 견해로 정확한 분석을 하며, 남들과 다른 투자의견으로 시장을 이겨보고 싶다."였다. 나중에서야 그 꿈이 결코 소박하지 않았다는 것을 알게 되었다.

투자보고서 제대로 이해하자

투자자는 수많은 투자 대상기업을 모두 혼자서 조사, 분석할 수 없는 바, (팀제로 몇 명이 업종을 분담해서 담당한다 해도 모두를 커버하는 것은 현실적으로 불가능하다.) 증권회사에서 제공하는 애널리스트 분석 자료를 제대로 활용하는 것은 투자자가 증권 투자의 효율성을 높일 수 있는 첫걸음이 된다. 그러니 분석 자료의 보다 효과적인 활용을 위해서는 분석 보고서의 기본 구조 및 보고서의 핵심 포인트를 읽는 법과 함께 자료 작성자인 애널리스트의 기본적인 특성과 이에 따른 증권사 분석 자료의 한계 등에 대해서 명확하게 인식하고 나서 투자자 본인의 투자 전략에 맞는 보고서들을 선별하여 투자에 적극적으로 활용해야 할 것이다.

밀물처럼 쏟아져 들어오는 애널리스트 리포트

애널리스트는 각자 담당하고 있는 산업과 주요 기업에 대한 보고서를 작성한다. 통상적으로 산업에 대한 리포트는 연간전망, 상반기 혹은 하반기의 반기전망 등을 기준으로 작성되고, 산업과 관련된 주요 제품과 서비스의 가격동향이나 판매 현황, 관련된 핵심 경제지표 및 원자재의 동향을 월간 단위로 작성하는 경우도 왕왕 있다. 기업에 대한 분석 보고서는 분기 실적시즌에 하나씩 연 4회 작성을 기본으로 하고 산업과 마찬가지로 기업의 가치평가에 영향을 주는 환경 요인이 중대하게 변화하였거나 핵심 이슈가 발생되었을 때 비정기적으로 작성되곤 한다. 통상적으로 산업분석 및 기업분석 그리고 이슈에 관한 짧은 코멘트까지 합하여, 한명의 애널리스트가 1년에 약 100건에 가까운 자료를 발간하고 있는 상황이다.

2013년 6월말, 금융투자협회 발표에 따르면, 현재 국내주식을 분석하는 각 증권사 애널리스트 숫자는 1,419명이다. 국내외 약 50여 증권회사에 각 사당 평균 28명의 애널리스트가 활동하고 있는 것이다. 그리고 그들은 합동작품까지 포함하여 1년에 10만 건 이상의 분석 보고서를 쏟아낸다. 많아도 참으로 많다. 만약 어떤 투자자가 증권 시장에 발간되는 보고서를 매일 모두 읽는다면 아마도 그것만으로도 24시간이 부족할 것이다. 이 많은 자료들을 매일 어떻게 습득할까? 이 글을 읽는 독자도 과연 애널리스트 분석 보고서를 하루에 몇 개나 읽고 있는지 궁금하다. 하루 종일 읽어서 시간이 부족할 만큼 시장에서는 보고서가 발간되지만 정작 읽는 것은 한두 개도 안 되는 것은 아닐까? 지금부터는 수많은 애널리스트의 자료 중에서 어떤 보고서를 선택해서 읽고, 또 어떻게 효율적으로 읽어야 할 것인가에 대해 이야기하고자 한다.

애널리스트 분석 보고서의 구조

애널리스트의 기업 분석 보고서는 크게 첫 장 요약본과 이후 본문, 그리고 부록으로 구성되어 있다. 요약본에는 기업명(증권거래소 고유종목번호 포함), 제목, 작성자, 작성일자, 투자의견, 목표주가, 요약 재무제표 등 기본적인 사항과 함께 본 리포트의 내용 요약이 두세 단락으로 정리되어 있다. 이후 목차를 시작으로 리포트의 본격적인 본문이 시작된다. 마지막으로는 보고서에서 사용된 도표나 그림이 정리되기도 하며, 해당 기업에 대한 현재까지 제시된 투자의견이 날짜별로 간략히 정리되어 있다. 또한 약 3년치의 추정이 포함된 5년 정도의 요약 재무제표와 함께 해당 리서치센터 연락처 등이 부록으로 실린다.

애널리스트의 기업분석 보고서에서는 향후 해당 회사의 주가가 오를 것이라든지, 일정하게 유지될 것이라든지, 아니면 내릴 수 있는 가능성 등에 대한 전망이 실려 있다. 그리고 자신이 왜 그렇게 생각하고 있는지에 대한 명확한 근거도 밝힌다. 또한 해당 기업 주가에 대한 목표가격도 포함된다. 애널리스트 기업분석 보고서에서의 목표주가에 대한 의미는 해당 기업에 대한 기본적 분석을 애널리스트가 생각하는 적정 주가로 해석한 가격을 말한다. 같은 뜻으로 애널리스트가 분석한 그 회사의 예상 본질 주가라고 말할 수도 있다. 한편 현재 주가와 목표주가와의 가격 차이를 기반으로 애널리스트들은 투자 의견을 제시하는데, 국내 증권사들이 제시하는 투자의견은 표현에 따라 조금씩 다르긴 하지만, 통상적으로 '강력매수', '매수', '중립', '매도'의 4단계 구분을 많이 따르고 있다.

　그리고 애널리스트들은 대체로 자신들이 분석하는 주가 전망을 좋게 보는 편이다. 그 이유를 간략히 설명하면 애널리스트가 분석하는 종목이 업종 대표주 또는 업종 내 우량주로서 애널리스트들은 대개 좋은 주식을 분석하기 때문이며, 이와 관련돼서는 다양한 이유가 있고 눈여겨봐야 할 점들이 많기에 본 책에서는 개별 꼭지로 해서 앞장에서 상세히 다루었다. 또한 애널리스트의 보고서에는 해당 회사의 매출 성장률, 시장의 규모, 회사의 시장점유율 등 다양한 통계자료가 포함된다. 이것은 시장에서 신뢰할 만한 출처로서 제시되기도 한다.

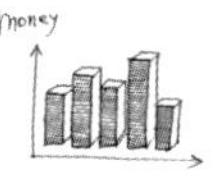

애널리스트 기업분석 보고서 읽는 법

▌제목을 통해 읽을 만한 보고서를 구분하라

첫 장 요약본은 통상적으로 표지에 인쇄되어 있으며 종목명과 제목이 먼저 눈에 띤다. 먼저 제목부터 유심히 봐야한다. 제목에는 애널리스트의 매수 추천 의지 및 추천 강도가 숨어 있기 때문이다. 애널리스트들은 본인의 의지가 100% 반영되어 진정으로 작성한 자료일수록 어떤 제목을 선택할지 수많은 고민을 통해 보고서의 제목을 선정하고 있다. 이런 제목들은 대체로 비유적 혹은 은유적이거나 상징적인 제목이 선정된다. 예를 들면, "항상 주머니에 넣고 다녀야 할 기업" "겨울에 찾은 봄비 같은 회사" "미운 오리 백조가 되어 날다" "태양 빛이 스며들기 시작하다" 등의 표현이다. 한편 이와는 반대이나 상당히 구체적인 면이 명시된 제목들도 작성자 애널리스트의 강력한 매수 의지를 보여주고 있다. "2009년의 XX기업을 기억하는가?" "기업분할, 거래정지 전에 사자" 등과 같이 특정 타 종목을 지칭하거나 매수시기를 특정 하는 등의 구체적인 제목들이다. 또, 애널리스트 스스로가 추천 기업에 대해 자신감이 매우 높을 때는 제목에 숫자가 명기되곤 한다. 예를 들면, "두 배씩 성장하는 기관차" "유가 100달러 시대의 최대 수혜주” “PER 3배 수준의 저평가 탈피 유력” 등으로 애널리스트가 제목에서부터 숫자를 활용했음은 해당기업에 대한 작성자 애널리스트의 상당한 자신감을 표현하고 있다. 한편 애널리스트가 투자자에게 꼭 읽어 봐주었으면 하는 진실성이 담긴 리포트들의 제목은 제목 자체가 궁금증을 유발하게 작성된다. “제국이 무너질 때는 경고음이 있다.” “잃는 건 하나, 얻는 건 둘” 이와 같은 보고서의 제목들은 제목만으로는 해당 자료가 무엇을 말하고 있는지 알 수 없으나 역설적으로 궁금증을 유발하여 자신의 리포트를 읽게 하려는 애널리스트 저자의 속내를 담고 있는 제목들이다. 위와 같은 보고서들의 공통점은 모두 저자인 애널리스트들이 정성을 다해 보고서를 작성하고 제목도 정성을 다해 선정한 경우로서, 이런 보고서들은 대개 일독할 만한 가치가 충분히 있다고 하겠다.

반면 투자의견은 매수임에도 불구하고 의무적으로 작성되었거나 애널리스트의 매수 의지가 크지 않은 리포트들은 제목부터가 지극히 일반적이고 평범한 경우가 많다. 예를 들면 “지속 성장 기대”, “꾸준한 실적 개선” 등의 상투적 표현이 사용되고 있다. 대개 이런 경우는 리포트 작성조차도 적당한 수준에서 집필되고, 보고서 자체에 대한 애정이 크지 않다 보니 제목도 한번에 떠오르는 대로 선정된 결과일 가능성이 크다. 또한 매수의견을 피력하고는 있으나 애널리스트 본인도 투자판단이 어려운 보고서는 제목 자체도 모호한 경우가 많다. 예를 들면 “다시 볼 만한 시점” (주가가 빠져서 밸류 매력이 있으니 사도 될 것 같지만 정확한 판단은 모르겠다는 뜻) “아직은 저평가 구간” (최근 주가가 올랐음에도 불구하고 먼 미래를 생각해보면 여전히 싸다고는 생각되나 주가가 빠질 수도 있으므로 길게 보고 투자함이 좋겠다는 뜻) 등이다. 하물며 매수의견은 제시하나 주가는 모르겠다고 하는 제목이 선정되기도 한다. 예를 들면 "가격 메리트 발생"(주가가 빠지니 밸류 매력이 증가했다. 그 뿐이다.) "미워도 다시 한 번"(계속 매수 추천했는데 주가 빠져서 미안하다. 그런데 지금도 한번 사볼 시점 같기는 하다. 정확한 판단은 어렵다.) "실적 부진에도 불구하고 비중확대"(살 만한 근거는 없는데 왠지 느낌상 사야할 것 같다.) 등과 같은 제목이다.

또 의무적으로 작성된 리포트의 경우 제목은 통상적으로 그 회사의 현황만을 기술하기도 한다. 사실 이런 리포트들은 단순 탐방보고서로 작성되었어야 할 자료들인데, 어떤 이유에서인지 투자의견 '매수'로 둔갑되었을 가능성이 크다. 예를 들면 "통신장비 전문기업", "대표적 지방 우량 은행지주", "저평가된 홈쇼핑주" 등의 제목들이다. 간혹 다소 의아한 제목들도 유심히 보면 눈에 띌 수 있다. 예를 들어 현재시점이 2014년 2월경인데 "2015년을 주목하라" "올해는 내년을 위한 준비기간" "내년이 기대되는 기업"과 현재 시기에 어울리지 않게 통상적으로 지금 판단하기 어려운 너무 먼 미래를 나열한 제목 역시 억지로 끼워 맞춘 매수 보고서일 가능성이 높다. 이 또한 조심해야 한다. 위와 같은 경우들의 공통점은 저자인 애널리스트의 분석 및 자료작성 수준이 낮거나 진심으로 보고서 작성하고 싶은 의지가 없이 작성된 보고서일 가능성이 높아서 해당 자료들은 제목만 보고 패스해야 할 리포트들로 분류될 수 있다.

추정 재무제표를 보고 투자할 만한 기업을 선별하라

제목 이후에는 먼저 요약 첫 페이지 맨 하단에 있는 애널리스트의 추정 재무제표를 살펴본다. 이를 통해 동 기업이 성장 기업인지, 아니면 가치 기업인지를 구분할 수 있으며, 또한, '현재 밸류에이션 수준은 높은가, 그렇지 않은가?'의 판단을 대략적으로 가늠할 수도 있다. 또한 리포트를 읽기 전 실적 추정을 먼저 확인하는 이유는 애널리스트들이 실적 추정을 통해 자신들의 본심을 이야기하기 때문이다. 애널리스트들은 리포트 글도 작성하고 예상 실적도 본인이 직접 추정한다. 하지만 글은 여러 가지 이유에 의해 추천 강도가 달라지거나 표현에 따라 리포트에 대한 오해가 발생되는 경우도 생길 수 있지만, 대부분 그런 경우에도 실적 추정의 숫자 자체는 변화되지 않는 경우가 많다. 이에 투자자들은 실적 추정 자체는 신뢰하되 밸류에이션 배수의 적용은 투자자들의 주관에 따라 해당 기업의 투자의견을 결정하는 것이 바람직하다.

투자할만한 기업은 이익의 성장성이 적당히 높고, 수익성이 성장되고 있어야 하며, 또한 성장이 지속되게 추정된 기업이어야 한다. 특히 주가는 미래를 반영하므로 최소 작년보다 올해, 올해보다 내년 정도는 안정된 성장을 보여야 한다. (현실이 아닌 추정조차도 애널리스트가 성장에 대한 의문이 감지되어 안정된 성장 추정을 할 수 없는 기업이라면 리포트의 내용과 근거가 아무리 좋아도 주가상승여력은 높지 않은 경우가 많다.) 순이익이 증가하고 있다 하더라도, 영업이익도 함께 성장하고 있는지 살펴본다. 만약 이익의 성장속도가 늦춰지고 있다면 좋지 않다. 무리하지 않게 적당한 성장의 속도가 점차 빨라지고 있는 것이 좋다.

또 연간 요약재무제표만 보고도 분기단위로 구분해 볼 수 있는 안목도 키워야 한다. 예를 들어 현재 기 발표된 실적이 한 분기라면, 연간추정치가 확정 1분기 실적의 4배 이상이 되어야 다음 분기들도 애널리스트들은 성장을 예상하고 있다고 판단해 볼 수 있다. 한편 연간 밸류에이션 변화도 유심히 살펴야한다. PER이든, 혹은 PBR이나 EV/EBITDA든지 밸류에이션은 평균내서 생각할 필요는 없다. 표시된 밸류에이션 지표 중 하나라도 절대적 저평가 수준이라면 만족스럽다. 예를 들어 PER이 상당히 높더라도 PBR이 1보다 현격히 낮은 수준이거나, PER이나 PBR이 다소 높다하더라도, EV/EBITDA나 그 밖의 표현된 밸류에이션 지표가 절대적 저평가 수준이라면 괜찮다. 또한 모든 밸류에이션이 평범한 수준이라도 만약 시가 배당률이 채권 수익률보다 높은 상황이라면 긍정적으로 판단할 수 있다.

259

매수 추천 사유의 합리성을 판단하라

첫 장 요약 장에서 제목과 추정 재무제표를 통해 일독할 만한 투자 예정기업이라고 생각되었다면 이제 본문을 읽어야 한다. 본문에는 기본적으로 해당 기업이 어떤 사업을 하는 기업인가 하는 기업 소개 외에도, 보고서를 통해 분석기업의 핵심 수익변화 요인은 무엇이고, 애널리스트가 해당 기업을 왜 추천하는지 추천사유는 납득할 만한가를 반드시 판단해봐야 한다. 예를 들어 음식료 기업이라면 어떤 제품을 생산하는가? 그 외에 주요 제품의 전후방 산업 업황을 알 수 있어야 한다. 해당 기업은 아마도 원료인 곡물가에 따라 수익 변동성이 높게 나타날 것이다. 해당 주요 곡물가는 어떤 상황이며, 또 향후 곡물 가격 예상은 어떤지 유심히 살펴봐야 한다.

한편 애널리스트의 해당 기업 추천사유를 이해하고 검증해야 한다. 원가인 곡물가가 하락하고 있어서인지, 아니면 해당 기업 제품가가 상승하고 있어서인지 혹은 시장점유가 확대되었거나 최근 해외에 빠른 수출 확대가 진행 중인지 추천 사유를 분명히 알아야 향후 기업 변화에 발 빠른 대처가 가능하다. 매수 사유에 대한 정확한 이해는 향후 시장 변화 시 기존 보고서를 융통성 있게 변화시켜 해석하게 할 수 있다는 중요성이 있다. 많은 투자자들이 "애널리스트 추천으로 샀는데, 주가는 좀 오르는 듯하다가 이후 줄곧 빠지더라고, 작성한 애널리스트는 계속 다른 보고서만 작성했지 아무 말도 없었고, 선량한 나는 애널리스트만 믿다가 큰 손해를 봤어" 이런 말을 많이 들어봤을 것이다. 그러나 이것은 작성자 애널리스트의 뜻과는 다르다. 만약 애널리스트의 기존 매수추천 리포트의 매수추천 사유를 충분히 읽어봤다면, 작성 이후 시장이 변하면서 매수 추천사유가 약화되거나 변화되었다는 것을 감지하였을 것이고, 그러면 해당 리포트는 더 이상 유효하지 않다는 점을 인식할 수 있었을 것이다. 이런 경우 매수사유를 충분히 이해한 투자자라면 시장 변화에 따른 융통성 있는 대처가 가능했었을 상황이었다.

목표주가는 중요하지 않다

애널리스트들 중에 투자 보고서 작성 시 목표주가를 중요하게 생각하는 애널리스트들이 실제로는 많지 않다. 그들은 합리적 분석에 의한 목표주가(적정가)를 산출할 뿐이지 현재의 주가가 목표주가를 달성하는 과정에는 크게 관심이 없는 듯하다. 이것이 투자자와 애널리스트의 입장 차이다. 투자자들은 현재의 주가가 앞으로 어떻게 움직일 것인지 그 방향과 달성시간 모두에 민감한 반응을 보이는 반면 애널리스트들은 향후 주가가 목표주가에 도달할 수 있다면 그 뿐이다. 주가가 빠졌다 올라가든 올랐다가 빠지든 아니면 한참을 횡보하다가 어느 일정시점에 급상승하든지, 이런 과정들은 모두 상관없이 애널리스트들은 단지 해당 기업의 예상되는 적정가만 보고서에 표시하고 있을 뿐이다. 물론 시장에서 파워풀한 소수의 애널리스트들은 주가에 대하여 많은 관심을 보인다. 그러나 대부분의 애널리스트들이 사석에서는 이렇게 말한다. "싸잖아" "밸류가 계산이 안 되는 걸" "이정도면 오를 만큼 오른 것 아닌가?" 단지 이 뿐이다. 이 말들은 애널리스트들의 주가에 대한 인식을 잘 표현하고 있는데, 사실 애널리스트들은 주가의 움직임에 대한 전문가는 아닌 것이다. 그들은 조사와 분석 그리고 가치판단 분야의 전문가일 뿐이다.

애널리스트들은 리포트 작성 마지막에 최종적으로 해당기업의 목표주가를 확정하지만 사실 대부분의 애널리스트들은 리포트 작성 시작 이전에 이미 마음속의 예상 목표주가를 갖고 있다. 목표주가는 대부분 밸류의 적정 배수를 통해 계산되는데, 결과적으로는 현재주가의 30~50% 상승후의 가격을 크게 벗어나질 않는다. 이유는 이 정도의 가격 목표대가 현실적으로 주가가 오를 수 있는 적정한 가격대이며 또한 이 정도의 목표가 제시가 리포트에서도 보기가 좋기 때문이다. '주가 1만 원의 주식이라면, 1만3천 원에서 1만5천 원 사이의 목표가' 이런 식이다. PER이든 PBR이든, Sum of parts 방식이든 DCF를 활용하든지 그들의 밸류 도구와는 무관하다. 일단 결과적으로 리포트의 완성도를 위해서는 보기 좋은 목표주가가 나와야하기 때문이다. 만약 그래도 그 가격대가 나오지 않는다면 애널리스트들은 추정 혹은 할인율을 적당히 변화시키기도 한다. 만약 그래도 보기 좋은 목표주가가 나오지 않는다면? 목표주가 산정에는 할증과 할인이라는 관행도 있다. 그래서 결국 보기 좋게 수정되어진 목표주가를 굳이 투자자 입장에서 관심 있게 주목해야 할 필요는 없는 것이다.

물론 애널리스트 보고서에서 때로는 목표주가가 매우 중요할 때도 있다. 이는 애널리스트의 목표주가 산정이 지극히 보수적인 방법이었다고 확신이 설 때다. 종종 분석 이후에 목표주가 선정 작업에서 애널리스트들은 청산가치 등 절대적 보수적 방법을 통해 목표주가를 제시할 때가 있는데, 이런 경우 애널리스트들에게 직접 물어보면 대개 이런 대답을 할 것이다. "이 기업은 적당히 밸류에이션 해도 현재의 목표주가는 나와요. 이 가격이 달성되어도 또 다른 방법으로 목표가를 계속 수정할 수 있을 것 같거든요. 앞으로 적용시킬 툴이 많이 있잖아요." 이런 평가를 받는 주식은 대개 중장기적으로 주가상승 가능성이 매우 높은 주식들이다. 애널리스트가 목표주가 작성에 많이 고민하지 않고 가벼운 판단으로 목표가를 제시한 종목일수록 향후 해당 주가는 상승 가능성이 클 것이다. 이런 기업들은 대부분 애널리스트들의 밸류에이션 근거가 쉽고 명확하다는 공통점을 갖는다.

투자의견도 볼 필요 없다

증권시장에는 "애널리스트 투자의견과 반대로 하라"라는 말이 공공연하게 들린다. 애널리스트들을 불신하고 있다는 말로 안타까운 일이다. 아마도 애널리스트들이 무조건적으로 매수만 제시하는 데 대한 불신의 표시인 듯하다. 그러면 '애널리스트들의 분석

보고서는 왜 90% 이상이 매수 추천 리포트로 작성되고 있을까?' 그 이유는 그들의 커버리지 종목 선정을 보면 알 수가 있다. 애널리스트는 소속증권사나 펀드매니저의 자료작성 요청 기업이 있을 경우, 어찌됐던 고객의 관심종목을 그들의 부탁으로 자료를 작성하면서 '중립'이나 '매도' 의견으로 분석을 시작할 순 없다. '중립'으로 분석을 시작할 바에는 그들의 권유를 거절하고 분석을 시작하지 않는 편이 애널리스트 본인에겐 수월할 것이다. 또한 업종 내 비중 높은 시가총액 기업의 경우 애널리스트들에게 업종이란 매우 중요한 자기만의 작업 무대로서 자신들 업종 대표주의 투자의견을 낮추고, 목표가격을 적정수준 이하로 낮추는 것은 스스로에게 생각보다 큰 모험이 된다. 한편 자신 스스로의 관심사항으로 커버리지를 시작하는 기업의 경우, 수많은 기업들 중에 투자진밍이 낮은 기업이나 업횡에 괸심 갖는다는 깃 자체가 이불'성설이다. 본인이 좋아서 시작한 기업에 낮은 평가로 분석을 시작하는 경우는 없을 것이다. 이런 여러 이유들로 애널리스트들의 리포트 투자의견은 대부분 '매수'로부터 시작된다. 어떤 이유이든 분석 보고서의 90% 이상이 '매수'인데 투자의견을 고려하면 무슨 의미가 있겠는가.

그들의 언어를 이해하고 그들의 집필 의도를 파악하라

애널리스트 보고 자료를 읽으면서 애널리스트의 투자의견 결과에 대한 지나친 믿음은 버려야 한다. 그렇다고 애널리스트의 모든 분석과 전망을 외면하라는 얘기는 아니다. 애널리스트가 시장을 분석하고 전망할 때, '그들은 왜 저런 분석을 했을까? 그 근거는 무엇일까?'를 함께 고민하면서 스스로 분석하는 능력을 키워가야 할 것이다. 그리고 설사 향후 애널리스트의 해당 종목 업데이트가 없다고 할지라도 그들의 정확한 의견을 충분히 예측해볼 수 있는 상황을 만들어야 한다. 또한 '이 보고서에는 애널리스트의 주관이나 개인적인 희망이 반영된 것은 아닐까?'를 충분히 고민하여 분석과 희망을 구분해내고 그들의 개별적인 희망을 걸러낼 수 있는 능력을 키워 작성된 보고서 이상의 결과물로서 분석 보고서를 보며 습득하는 것이 중요하다. 특히 '저 애널리스트가 진짜 하고 싶은 이야기가 따로 있는 것은 아닐까?'를 충분히 고민해보고 한눈에 보이는 그들의 투자의견과 목표주가를 배제한 채, 실질적인 매수와 매도 보고서를 구분해낼 수 있는 안목도 필요로 한다. 어떤 애널리스트 보고서에는 비단 제목이 긍정적이라고 해도 내용 중 한두 문장에서 애널리스트가 실제로 이야기 하고 싶은 부정적인 표현이 종종 드러나곤 한다. 이런 문장에 주의하여 그들의 집필의도를 파악할 수 있어야 할 것이다.

애널리스트 리포트는 어떤 점을 이해하고 읽어야 하나요?

첫째, 애널리스트의 분석 자료는 기본적으로 현재까지 알려진 정보를 분석하여 미래를 예측한 결과물이기 때문에 100% 정확할 수는 없다.

그 이유는 애널리스트 분석이 현재시점에서 과거를 기반으로 한 가장 합리적인 선택을 목적으로 하고 있지 정확한 미래를 맞히기 위한 추정과 전망은 아니라는 점이다. 애널리스트들 스스로도 자신들은 점쟁이나 예측가가 아니기에 정확한 미래 예측만을 목적으로 하려 하지 않는다. 그들은 현재 시점에서 가장 합리적인 미래 예상 방향이 무엇인가를 고민하고 제시해주고 있을 뿐이다. 그래서 결국 미래가 현실이 되면, 애널리스트의 분석이 과거의 시점에서 가장 합리적인 분석 방법이었을지라 하더라도, 과거의 분석은 과거 시점에서 미래였던 지금의 현실과는 분명한 괴리를 가지게 된다.

그런데도 시장에서는 애널리스트의 분석이 미래에 대한 결과치의 예상이고, 그 예상이 틀렸다면 애널리스트의 분석에 문제가 있다는 식의 깊은 오해를 하고 있다. 분석과 현실간의 회피할 수 없는 차이다. 그리고 그 차이가 때로는 상당히 큰 격차를 보이기도 한다. 이때 투자자들은 투자의견, 목표주가 등 애널리스트의 의견이 곧 미래가 되어야 한다는 맹목적인 믿음이 깨졌다고 불평불만을 한다. 애널리스트 분석에 대한 오해에서 나온 결과다. 그러나 그렇다고 해도 애널리스트의 분석은 여전히 중요한 의미를 갖고 있다. 애널리스트의 분석은 그 당시에 가장 합리적인 예측으로 인정받을 수 있기에 당시의 합리적인 투자자들이라면 그들은 애널리스트의 분석에 근거한 투자를 할 것이다. 그리고 주가는 과거의 현실이 아닌 미래에 대한 합리적인 분석에 따라 움직이는 것으로 합리적인 미래 전망은 곧 미래가 현실화될 가능성을 높이고 있다. 현실과 미래간의 회피 불가능한 차이는 어쩔 수 없지만 이런 과정이 연속되면서 애널리스트의 미래 추정은 현실에 가까워지고 있다.

둘째, 단순한 분석도구로 복잡한 미래를 설명하기 어렵다.

현직 애널리스트들이 사용하는 분석 도구는 매우 간단한 편이다. 추정하는 방법이나 밸류에이션 하는 기법까지 사실 전문가라고 하기엔 무안한 수준의 분석법을 애널리스트들은 오랜 기간 사용해오고 있다. 하지만 그 이유는 애널리스트의 전문성이 부족해서는 아니다. 아직까지 증권 투자에 대한 역사가 짧고, 검증된 새로운 방법을 증권시장에서 수많은 기업들의 주가가 용인하지 않고 있다 보니 새로운 분석법을 개인 애널리스트가 도입하기에는 무리가 크기 때문이다. 특히 주식시장의 군중심리 특성상 시장에서의 정답은 진실이 아니라 진실로 믿는 것이기에 애널리스트의 분석은 언제나 군중이 신뢰할 만한 단순하지만 명확한 전망을 제시해야하는 상황이다. 군중이 믿을만한 그럴듯한 유사 진실이 참된 진실보다 주식시장에서는 큰 힘을 발휘하는 게 현재 투자시장의 현실이다.

애널리스트들은 실적 추정을 할 때, 주요 사업부별 혹은 주요 제품별, 혹은 서비스별 기업의 특성에 맞게 매출액을 구분하여 각각을 추정한 뒤 부분을 합하여 전체를 구성하는데, 각 부분별 실적 추정에 있어서 사용되는 방법은 1)업황 추이를 참고하고, 2)회사 담당자 설명을 참고하여, 3)전문자료 인용 및 추세분석 등의 방식을 통해 추정 숫자를 완성시키게 된다. 애널리스트 추정에 있어서 추세란 단어는 약방의 감초와 같이 빠질 수 없는 숨어있는 재료인데, 추세란 것이 성장을 지속하는 기업에는 합리적인 해결책이 될 수 있지만, 변화가 극심한 기업에는 잘 맞지 않는다. 그래서 대부분 추세가 변화하는 실적 턴어라운드 기업들의 실적 추정은 예측과 크게 벗어날 가능성이 높아진다.

셋째, 제대로 된 미래 전망을 고민하기에 애널리스트는 너무 바쁘다.

섹터 애널리스트들은 대개 업종 내 기업 10여 종목을 분석한다. 이들 종목을 가리켜 시장에서는 흔히 '커버리지'라 부른다. 담당하는 종목이 10여 개 뿐이라 작다고 생각하는가? 실제 커버리지에 포함된 종목은 분기 실적 발표 시 최소 연간 4번 리포트를 작성하며, 해당 기업의 주가변동에 영향을 줄 만한 주요한 사항 발생 시 또 리포트를 작성한다. 종목당 연간 평균 10여 편 수준이다. 하나의 분석 보고서를 작성하기 위해서는 탐방을 계획하고, 탐방을 준비하고 탐방을 다녀와서 회사 내용을 정리하고, 재무제표를 분석하고, 추정 재무제표를 만들거나 수정하고 나서야 실제 리포트 작성을 시작하게 된다. 보고서 발간 후에는 각기 다양한 기관의 펀드매니저들에게 리포트 내용을 수일 이상에 걸쳐 보고해야 한다. 그래서 그들은 매우 바쁘다. 사실 바쁘다보면 깊은 고민을 할 수 있는 여유를 갖지 못한다. 그런 이유로 대부분의 애널리스트들은 깊은 고민에서 나온 새로운 아이디어나 독창적인 견해보다는 기계적인 관습과 추세에 맞춘 그럴듯한 해답만을 계속해서 제시할 수밖에 없는 현실로 내몰리게 되는 것이다.

그럼에도 불구하고 최근 애널리스트 분석 보고서 분량은 점차 방대해지고 있다. 물론 그 이유 중 하나는 애널리스트 사회가 점차 경쟁이 치열해져서 보다 상세한 분석 자료들이 쏟아지고 있기 때문이기도 하다. 이런 때에 시장에서의 애널리스트들의 평가 방법을 한번 생각해 볼 필요가 있다. 증권사에 따라 다르지만, 아직도 많은 리서치 하우스들에서 애널리스트를 리포트의 숫자와 분량에 따라 평가하고 있다. 1년에 기업분석 리포트 20개, 스팟 리포트 20개 이런 식이다. 또한 1년에 두 번하는 '베스트 애널리스트 선정'을 앞두고 시장에서 주목받기 위해 100장 이상의 거대한 분량을 지닌 분석 자료들이 쏟아지기도 한다. 보고서의 질이 점차 낮아질 수밖에 없는 이유가 여기에 있다. 여기에 최근까지 증권시장이 침체기를 겪으면서 애널리스트들의 업무 자체에 대한 자부심도 예전과는 같지 않아서 그들이 삶의 동력을 잃으면 어찌하나 실로 우려스러운 마음마저 든다.

Part **5**

펀드매니저를
이기다

기관투자자를 이해하고 그들을 극복하라

·

정답은 없다 나만의 투자 전략을 만들자

·

기술적 분석으로 조화롭게 투자하자

·

숨겨진 작은 숫자로 큰 숫자를 이겨라

·

시간을 이기는 힘 : 주식투자 속도전략

기관투자자를 이해하고 그들을 극복하라

●●●

펀드매니저에 대한 오해 중 하나는 '펀드매니저는 전문가이므로 언제나 시장대비 우수한 수익률을 달성하고 절대수익률도 꽤 높을 것이다.'라는 착각이다. 하지만 "항상 그런 것은 어렵다."가 정답이다. 그러면 사람들은 분명 또 물을 것이다. "그럴 수 없다면 펀드매니저가 왜 필요하지?" 이때 필자는 이렇게 대답을 한다. "펀드매니저는 언제나 높은 수익률을 달성하는 사람이 아니고, 기관투자자로서 기관투자자답게 주식을 운용하는 사람들이다." 고위험 자산인 주식을 안정적으로 운용하지 않는 투자자는 기관의 투자 전문가가 되어서는 안 될 것이다. 자신의 능력을 인정받고 싶어서 소중한 고객의 자금이나 기업의 자산을 위험스럽게 투자하는 투자자들은 한두 번 잘 할 수는 있을지 몰라도 기관투자자라고 불릴 자격은 없다. 기관 펀드매니저의 제일 큰 덕목은 '겸손'이 분명하다.

어느 날 주니어 펀드매니저 A가 필자에게 고민을 상담해 왔다. 그는 같은 기관의 동년배 주니어 펀드매니저 B와의 경쟁을 부담스러워 하고 있었다. "선배님, B는 학벌도 좋고, 인맥도 넓고, 주식에 대해서 아는 것이 저보다 훨씬 많은 듯해요. 저도 열심히 해서 잘해보고 싶은데 B를 보면 언제나 제가 소외되는 느낌이네요. 어떻게 하면 좋을까요?" 필자는 잠깐 생각 후 대답했다. "어떻게 해야 할지 본인이 잘 알고 있잖아. 내가 해주고 싶은 얘기는 … 원칙을 정확히 지키라는 거야. 펀드매니저 사이에서 상대를 이길 수 있는 유일한 길이야." 펀드매니저로서의 원칙을 말함이다. 기관투자자답게 운용하는 것 오직 그것 하나 뿐 이다.

펀드매니저에 대한 오해

시장에는 기관 펀드매니저에 대한 오해가 많다. 애널리스트가 점쟁이와 같은 높은 예측력을 갖추어야 한다는 것처럼 사람들은 펀드매니저들에게는 언제나 높은 수익률 달성을 요구하고 있다. 그리고 그렇지 못한 펀드매니저를 사람들은 불신하기 시작한다. 정작 본인들은 주식이 무엇인지 잘 알지도 못하고 투자가 이떤 짓인지 고민도 해보지 않았으면서도 자신들은 전문가가 아니니까 괜찮고 전문가는 완벽하게 수익률을 달성해야 한다는 자기중심적인 사고를 가진 그들이다. 그런 사람들이 시장에 많다는 것은 실로 유감스러운 일이다.

그런 시장의 편견에도 불구하고 기관 펀드매니저들은 꽤 괜찮은 수익들을 내고 있다. 그들은 개인들처럼 시장이 어렵다고 하여 바닥에서 주식을 내던지지 않으며, 시장이 좋다고 하여 고객이나 회사자금의 모두를 풀 베팅도 할 수 없다. 이렇듯 펀드매너저들은 기관에 속해 있기에 개인투자자들에 비해 상대적으로 많은 제약을 받으면서도 안정적인 수익을 내고 있다. 그러나 많은 경우 이런 제도적 제약들이 때로는 실수를 줄여주며 펀드 수익을 높여주기도 한다. 사실 수익을 펀드매니저가 스스로 만들어 가는 경우는 많지 않다. 대부분 펀드매니저가 펀드관리자로서의 균형잡힌 투자 포트폴리오를 유지하고 있다 보면, 결국 수익은 시장 스스로가 만들어 주는 경우가 대부분이다. 그렇다면 펀드매니저는 수익을 만드는 사람이라기보다는 기관과 본인의 투자 철학을 분명히 정립하고 고객과 기관의 자금의 성격을 분명히 이해한 다음 공포와 탐욕을 배제할 수 있는 평온한 마음으로 언제나 시장과 함께하면서 위험을 관리하고 주식을 즐기는 사람이라고 말할 수 있을 것이다.

기관투자자가 주식투자에 성공하는 이유

▌기관투자자들은 체계적인 투자를 한다

펀드매니저들은 주식투자를 하기 위해서 연간, 분기, 월간 등 주기적인 보고서를 작성한다. 보고서 자체가 중요하지는 않다. 그리고 이런 보고서 결과물들은 대부분 기관들마다 유사한 것들도 많다. 그러나 펀드매니저들은 투자보고서를 직접 작성하면서 시장의 의견을 다시 한 번 듣고 차분히 살피고 그리고 상세히 검토할 시간을 갖게 된다. 타인(고객 혹은 상사)에게 자신의 펀드 실적을 보고하면서 투자 시각의 객관성을 유지할 수 있는 것이 보고서 작성의 실질적인 중요 이유가 된다. 또한 기관투자자들은 기관마다 고유의 투자 규정 및 투자 규칙들을 보유하고 있어서 주식투자의 일관성을 유지해 갈 수 있다. 그것이 자의이든 아니면 타의이든 투자의 원칙을 지속할 수 있다는 점은 수익률을 지속해 가는 데 매우 큰 원동력이 되고 있다.

혼자가 아닌 둘 이상의
공동 작업을 한다

주식투자는 수익이 상당기간 발생되고 있다가도 한두 번의 실수로 모든 것을 잃어버리는 경우가 매우 많다. 그리고 대부분 이런 실수들은 투자자의 '고집'에서 발생되기에 '고집'은 투자에 있어서 매우 큰 장애물이다. 이런 '고집'에서 벗어나기 위해선 투자자들에게 '융통성'이 있어야 한다. 그러나 개인투자자들은 주식투자에 대한 많은 판단들을 대부분 홀로 결정하기에 본인도 모르는 사이 '고집'에 휩쓸리기가 매우 쉬운 상황이다. 반면 전문가라고 할지라도 펀드매니저들 또한 각 개인의 고집스런 투자 특성을 버리기는 쉽지 않은데, 기관투자자들은 대부분 이런 점을 홀로 운용하는 것이 아니라, 해당 기관 내 여러 펀드매니저 상호간 의견을 모으고 논의함으로써 합리적인 투자의 방향을 가져가고 있다. 물론 기관에 따라서는 펀드매니저가 한 명인 기관인 경우도 있다. 그러나 이런 경우에도, 대개 부서의 장이나 주식 외 투자 부서와 의견을 공유함으로써 혼자 투자함으로써 발생되는 오류를 벗어나기가 유리한 투자환경을 갖는다.

제3자의 객관적 관점에서
투자한다

주식투자에 있어서 '불필요한 욕심'도 절대 금물이다. 그런데 욕심이란 것은 타인의 자금보다는 자신의 돈으로 투자할 때 손익에 보다 민감해 지므로 욕심도 증가될 수밖에 없다. 반면 기관의 펀드매니저들은 고객 혹은 회사의 돈을 운용하면서, 보다 중립적인 제3자의 입장에서 원칙을 지켜가면서 투자하므로 안정된 수익을 가져가기가 수월하다. 물론 기관투자자들도 수익률에 대한 과한 욕심을 부려 종종 손해를 보고 후회를 하는 경우가 있기는 하지만, 이런 경우 또한 스스로의 자금으로 거래하는 개인들 보다는 자주 발생하고 있지 않는 것 같다. 흔히 펀드매니저에게 '너의 돈처럼 운용해라'라는 말을 종종 듣는다. 물론 투자가가 맡긴 자금을 소중히 생각하고 자신의 돈처럼 운용해야 한다는 좋은 뜻이지만 실제 펀드매니저들이 투자금을 자신의 돈이라 생각한다면 아마 그들도 불필요한 욕심을 자제하기는 쉽지 않을 것이다. 주식투자는 멘탈 게임이다. 투자금을 제3자의 관점에서 운용한다는 것은 투자를 시작하기 전부터 유리한 고지를 점유하고 있음을 말해 준다.

투자금이 크고 지속적으로 유동성이 공급된다

기관투자자들은 작게는 수백억 원에서 크게는 수조 원 단위로 개인투자자들보다 월등히 큰 금액으로 주식투자를 하기에 대개 목표수익률이 비이성적으로 높지 않은 편이다. 반면 개인투자자들은 투자자에 따라 다르지만 대개 몇 백만 원부터 몇 억 원까지 기관투자 대비 소액을 투자하면서 목표수익률은 높게 가져가고 있다. 목표수익률이 높을수록 투자의 리스크가 높아지는 것은 당연하다. 개인투자자들은 투자 시작 전부터 투자금의 차이로 훨씬 더 높은 위험을 부담하고 주식투자를 하고 있는 것이다. 또 기관투자자들은 기관마다 속도의 차이가 있을 뿐, 대개 투자금이 증가되는 유동성 구조를 보유하고 있는 기관들이 많다. 투자금이 증가한다는 점은 운용에 있어서 작은 실수가 발생되어도 다음에 더 큰 수익으로 모든 것을 만회할 수 있는 아주 유리한 투자의 고지를 점할 수 있게 해준다. 이런 투자금의 특성에 따라 기관투자자들은 개인들보다 유리한 주식투자 게임

을 하고 있다. 이에 개인투자자들도 소액으로 주식투자를 시작하기 보
다는 안정된 자금으로 목표수익률을 낮출 수 있는 어느 정도의 여유
있는 자금으로 주식투자를 시작해야 할 것이다.

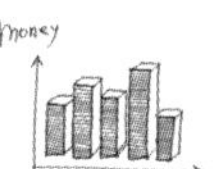

기관처럼 하는
주식투자

▌기관의 투자 방식을
▌배우자

이렇듯 기관투자자들은 개인투자자들과 비교하여 주식투자에 있어서 유리한 점이 많다. 때로는 기관들에게 수익을 가져다주는 독점적인 정보가 있거나 혹은 작전이라고 불리는 무리한 투자행위를 일삼아 펀드매니저들이 고수익을 내고 있다는 오해를 받기도 하지만 이런 점은 투자 현실에서 쉽지 않은 일이다. 현대의 거래소 감시 시스템과 금감원의 세밀한 제제 속에서 그런 행위로 수익을 지속해간다는 것은 불가능에 가깝다고 하겠다. 단, 기관투자자로서의 투자 이점은 분명히 있기에 이런 점을 활용하여 기관투자자답게 운용한다면 펀드매니저들이 안정된 수익추구를 할 수 있는 것 또한 현실이다. 개인투자자들도 이런 점을 분명히 알고 기관투자자다운 건전한 주식투자 접근법을 배우고 활용할 수 있다면 투자에 있어서 분명 큰 도움이 된다.

개인투자자는 전문가인 기관투자자들과 경쟁하지 않기 위해서 기관들이 매매하지 않는 중소형주를 통해 수익을 내야한다는 이야기가 있다. 그리고 이와 비슷한 애기로 개인 투자는 개인들만의 방법이 있어서 개인투자의 장점인 민첩성을 살린 빠른 단기매매가 성공 확률을 높일 수 있다는 이야기도 들린다. 그러나 이 모두 잘못된 현실이다. 기관투자자들은 체계적인 분석력을 바탕으로 거래할 만한 종목들을 유니버스를 구성하여 운용하는데, 최근에는 기관 운용자금의 증가와 안정적 포트폴리오의 확대, 그리고 다양한 스타일 펀드들의 개발 등으로 인해 기관투자자들 또한 유니버스에 중소형 종목들을 구성하고 있으며, 실제 상당수의 중소형주들에 대해 투자 접근이 이미 확대되고 있는 상황이다. 사실 이제는 '기관투자자들이 보유하고 있지 않은 중소형주는 과연 투자할 만한 종목일까?'하는 의문이 생길 정도로 펀드매니저들의 중소형주에 대한 투자가 확대됐다. 물론 개인투자자만의 투자 방법이 때론 성공할 수도 있으나 장기적으로 거대 자금으로 투자를 함께하는 기관투자자들이 이미 우량한 중소형종목들을 선점하고 있는 상황으로 이를 피해 점차 더 작고 더 알찬 기업들을 찾는다는 건 마치 '물고기의 씨가 마른 호수에서 대어 낚기를 원하는 것'과도 같은 상황이 아닐까 생각이 든다.

자금의 규모와 운용인력의 물리적 한계로 인하여 포트폴리오 종목의 숫자가 대폭 압축되어 운용될 수는 있어도 개인 투자라 하여 투자의 본질이 기관 투자와 다른 것은 아니다. 기관투자자에게 배울 것은 배워서 안정된 투자수익의 지속을 목적으로 해야 한다. 그리고 기관투자자들이 전문가라고 해서 그들을 피할 것이 아니라 그들을 이해하고 그들의 장단점을 파악하여 그들과의 경쟁에서 이겨야 할 것이다. 우리나라 증권시장에서 기관투자자를 피해서 수익을 얻을 곳을 지속적으로 찾는다는 것은 현실적으로 어려운 상황이다. 물고기를 잡으려면 비록 어부들이 많지만 그래도 물고기가 많은 바다에 본인들도 배를 띄워야 할 것이다.

기관투자자들에게 제대로 배워야 할 점은?

첫째, 먼저 투자의 큰 흐름을 읽고 시장 상황에 맞는 투자를 한다.

대부분 운용 기관들은 주식 외에도 채권, 대체투자, 해외투자 등 다양한 투자 포트폴리오를 구성하고 있다. 이는 거대한 자산을 다양한 투자처로 분산투자하는 의미도 있으나 실제 기관에 속한 전문 투자자들은 이들 부서간의 상호 유기적인 관계를 통해 시장을 전체적으로 보려는 노력을 항상 지속하고 있다. 이에 기관투자자들은 주식투자자라 할지라도 주식 외에도 경제 및 금융시장의 포괄적 시장동향을 주기적으로 업데이트 하고 있으며, 투자 이전에 명확한 자산배분을 통해 목표수익 및 손실한도를 분명히 한다. 나무가 아닌 숲을 보는 투자방법으로 시장에 거슬리지 않으면서 경제성장과 동반한 투자수익을 추구하고 있다.

둘째, 철저하게 분석하며 펀더멘털을 투자의 기본으로 삼는다.

본인 돈이 아니기에 사실 투자하기 더 어렵다. 기관투자는 본인의 자금이 아니기에 투자를 했다면 명확한 근거를 반드시 필요로 한다. 이에 투자 속도는 다소 느릴 수 있으나 펀드매니저들은 소문이나 정보에 따른 매매를 지양하고, 가치투자를 바탕으로 철저한 기본적 분석을 통해 종목을 선정하고 있는 것이다. 그리고 대부분은 탐방 등을 통해 직접 검증을 거친 기업에만 투자를 실행한다. 잘 알지 못하면 투자하지 않는 것, 그것이 기관투자자들의 매우 유익한 속성이다.

셋째, 우량주 중심으로 투자하며 바람에 흔들리지 않는다.

기관투자자들은 투자금이 크기에 어쩔 수 없이 시가총액 상위종목을 위주로 거래할 수밖에 없으나 중소형 기업에 투자할 때는 반드시 실적이 뒷받침되는 우량주만을 선별하여 투자하게 된다. 펀더멘털이 갖춰지지 않은 상태에서 단기 호재로 매수했다가는 팔고 나올 기회를 얻지 못할 가능성이 크기 때문이다. 그런 이유로 시가총액 상위종목, 우량주 위주로 투자하며, 투자 판단이 결정된 이후에는 신뢰를 지속하며 풍부한 자금력을 바탕으로 투자기업에 지속 매수 및 중장기 보유를 하고 있다.

넷째, 안정적인 포트폴리오를 통해 운용한다.

기관투자자들은 집중투자보다는 포트폴리오를 통해 수익의 안정성을 중요시한다. 고수익 보다는 시장 수준의 수익률과 그 이상의 초과 수익만을 목표로 하기 때문이다. 만일 집중할 필요가 있다고 해도 한두 종목이 아니 최소한 10여 종목 이상의 압축된 포트폴리오를 구성하며, 매수와 매도에 대한 기준보다 비중 확대와 비중 축소를 통해 안정된 운용 전략을 구사하고 있다.

다섯째, 손절매 등 리스크 관리를 철저히 한다.

기관투자자들은 각 기관마다 분명한 고유 투자 철학을 갖고 있으며, 특히 위험관리의 중요성을 분명히 인지하고 있기에 철저한 리스크 통제를 통해 중장기 안정된 수익을 추구한다. 그들은 투자에 있어서 수익보다는 위험을 관리하려고 하는데, 위험이 관리되면 수익은 반드시 실현된다는 주식시장의 생리를 기관투자자들은 모두들 잘 알고 있다.

정답은 없다
나만의 투자 전략을 만들자

• • •

공원에 쓰레기통을 뒤지는 할머니가 한 분 계셨다. 그분은 매일 일정한 시간에 공원에 와서는 쓰레기통을 뒤져서 과자나 식료품 봉지들을 모으셨다. 비가 오나 눈이 오나 매일 같이 공원의 같은 쓰레기통을 뒤지셨고 무언가를 찾고 계시는 것 같았다. 그러나 봉지들을 모아 확인해 보시고는 가지런히 봉지들을 그 쓰레기통에 다시 정리해 넣어두셨다. 아마 찾으시는 어떤 봉지를 아직도 찾지 못하고 계시나보다 생각했다.

쓰레기통을 뒤져서 주식으로 큰돈을 벌었다는 어떤 할머니의 거짓말 같은 이야기이다. 쓰레기통안의 식료품 봉지들을 매일 확인했으며, 요즘 어떤 회사의 제품이 잘 팔리고 있는지를 매일 확인하여 해당주식을 매수하여 큰돈을 벌었다고 한다. 이 이야기는 현대의 주식투자자들에게 중요한 점을 시사한다. 다들 어렵게 공부하고 다양한 정보를 취득하고 수많은 기업들을 분석해 보지만 수익은 내기 어렵고 시장을 지속해서 이긴다는 것은 어쩌면 불가능해 보이기도 한다. 과연 어떤 차이일까? 투자자들이 주식투자란 것을 너무 어렵게 생각하고 있는 것은 아닐까? 성공 투자를 위해서는 이에 대한 고민이 필요한 듯하다.

반드시 이기는
스스로 투자법

믿고 지속 가능한
투자방법이 필요하다

주식은 기본적으로 사고파는 것이 전부이기에 주식투자는 매우 쉽다고 생각하는 사람들이 있다. 더욱이 주식투자를 시작했을 때 당시의 장이 활황이어서 몇 번의 수익을 맛봤다면 더욱 그렇게 느끼기 쉬울 것이다. 반면 주식을 매우 어렵게 생각하는 사람도 많다. 투자를 위해서는 국내뿐만 아니라 온갖 글로벌 경제를 모두 신경 써야하고 투자된 기업의 하나부터 열까지를 알아도 주가는 투자자가 생각하던 방향으로 쉽게 움직이질 않기 때문이다. 그러나 결론적으로 주식투자는 쉽지도 않고 그렇다고 어렵지도 않다. 주식투자란 쉽게 하는 것도 또한 어렵게 하는 것도 다 방법일 수 있다는 뜻이다.

주식투자는 주식을 운용하여 수익을 내는 것이 목적인데, 수익 달성의 방법에는 다양한 방식이 존재하기에 어떤 방식이든 지속적 수익 창출이 가능한, 자신만의 방법을 익숙하게 하면 그것이 올바른 주식투자의 방법이 되는 것이다. 물론 본 책에서 다루고 있는 기관투자자들의 투자 방법도 기관 자금을 운용하기 위해선 아주 합리적인 주식운용의

283

철학과 방법이다. 그러나 꼭 전문가들의 방법을 전부 익숙하게 하여 꼭 자신의 몸에 맞출 필요는 없을 것이다.

기술적 분석 방법도 좋고, 기본적 분석 방법도 좋다. 기술적 분석과 기본적 분석을 마스터 하지 않더라도, 그 일부만 활용해도 상관없다. 앞선 쓰레기통 투자 할머니의 예를 들어봐도 그렇다. 쓰레기통을 통해 직접 확인한 회사의 가치는 할머니에게 충분한 매수 사유가 되었던 것이다. 그리고 할머니는 자신의 원칙을 꾸준히 지키면서 투자를 계속했기에 큰 수익을 낼 수 있었던 것이다. 현대 투자자들의 예를 들자면, 어떤 투자자들은 주가이동 평행선들이 정 배열된 주식만을 투자하거나 또 어떤 투자자들은 영업이익이 증가하는 회사에만 투자한다는 경우도 이와 같다. 단지 이론을 기반으로 하지 않더라도 느낌과 경험에 따른 투자도 일관성과 투자 철학만 정립되어 있다면 괜찮다. 대표이사나 주요임원이 자기회사 주식을 사는 기업에 대한 투자도 좋다. 결국 무엇보다 중요한 점은 본인 스스로가 굳건히 믿고 지속할 수 있는 투자의 방법을 가지고 있느냐 하는 점이다.

오늘날의 주식시장은 인터넷의 풍부한 투자정보의 바다 한 가운데에서 열리고 있다. 컴퓨터만 켜면 투자에 대한 많은 정보거리와 함께 개인투자자들도 조금만 신경 쓰면 상세한 투자 분석을 할 수 있는 세상이다. 그러나 상당수의 투자자들이 수많은 지식과 정보를 활용하여 논리적으로 투자를 한다고는 하지만 여전히 군중심리에 휩쓸려 손실이 반복되는 매매만을 고집하고 있고, 실제 투자 수익률은 보잘 것 없기만 한 경우가 많다. 그러면 투자자들의 투자 수익률이 개선되지 않고 있는 근본적인 이유는 무엇일까? 그것은 투자 전략의 가장 기본적인 전제 요건들을 간과하고 있기 때문이다.

장점을 살리고 단점을 최소화하자

투자 전략의 가장 기본 원리는 자신의 장점을 최대한 살리면서 단점을 최소화해야 한다는 점이다. 그러나 상당수의 투자자들이 투자의 거장들이나 성공한 투자자들의 투자 전략이 가장 바람직하다고 생각하여 그들의 투자 방식을 그대로 흉내 내고 있기에 지속된 투자 성공을 가져가지 못하고 있는 경우가 많다. 이는 마치 자신의 몸에 맞지도 않는 옷을 입고도 이 옷은 명품이라고 자랑을 하는 것과도 같아서 명품 옷은 분명 검증된 좋은 옷임에는 분명하나 사계절이 다름에 따라 어떤 날은 매우 덥고 화창하기도 하며, 어떤 날은 비가오고 눈이 오기도 하는데 매일 같은 옷만으로 평생을 살 수는 없는 이치와도 유사하다.

책 등을 통해 널리 알려진 투자법들은 투자의 대가들이 이미 검증한 투자법이라고는 하나 이런 투자 방식은 이미 과거의 시장에서 합리적이었던 투자법이거나 이미 투자법으로 큰 성공을 거둔 그들 자신들에게나 적합한 투자법으로 이에 따른 일반 개인들의 실제 수익률은 별 볼일 없거나 아니면 잠깐 반짝하고 나중에 더 큰 손해를 입어 시장에서 반성할 기회조차도 얻을 수 없는 상황에 내몰리게 되는 경우도 많다. 그리고 큰 손실을 입으면 그렇게 얘기한다. "이런 점에서 투자 대가의 투자법을 정확히 따르지 않아서 그런 거야" "내가 그분의 생각을 정확히 읽지 못한 결과일 뿐이야" 그러나 정작 해당 투자법이 본인 자신과 투자 현실과 맞지 않는다는 말을 하는 사람은 아직도 많지 않은 것 같다.

▌나 홀로만의
▌방법이어서는 안 된다

단, 나만의 투자 전략으로 투자하라고 했다고 해서 '나 홀로만의 고집된 전략이 주관적으로 투자되어서는 안 된다'는 점을 명심해야 한다. 투자는 상대방을 인식하고 상대방 입장에서 객관적인 판단으로 행해져야하기 때문이다. 주식투자는 본인이 산 주식을 상대방이 그보다 높은 가격에 사줘야 주가가 상승하고 나에게 투자 수익이 귀속될 수 있기에 "주식은 내가 좋아 보이는 기업이 아닌 미래에 다른 이들이 좋아할 만한 주식을 사야하는 것"이 정답이다. 그리고 내 주식을 미래에 사줄 다른 투자자들이라고 한다면, 그것은 개인투자가가 아닌 기관투자가나 외국인투자가일 가능성이 높다. 그래서 기관투자자들의 생각과 행동 그리고 투자 전략을 밝히고 있는 본 책의 효용성이 높을 것이며, 투자자들은 자신들만의 주관성에 사로잡히기보단 합리적인 기준으로 객관적인 자신들만의 투자 전략을 가져가야 할 필요가 있다.

향후 종목에 대한 접근법 또한 "이 주식은 왜 오르지?" 혹은 "왜 오르지 않지?"가 아닌 "이 주식은 왜 기관들이 사지?" 혹은 "왜 기관들은 이 주식을 팔지?"를 고민해서 그들의 투자심리 및 투자행동을 연구하고 기관투자자들의 투자 전략을 꿰뚫어 보며 그보다 먼저 선제적으로 대응해야 할 것이다. 분명히 기억해야 할 것은 기본적 분석과 기술적 분석을 열심히 공부해서 이 주식의 내재가치는 얼마이고, 차트상 매물벽 및 예상주가를 정확히 분석해내는 것보다 '기관투자가와 외국인 등 거대자금을 운용하는 이들은 과연 이 주식을 어떻게 바라보고 있을까?'에 대한 고민이 선행되어야 한다는 것이다. 내재가치보다 한참 저평가 받고 있는 종목이라 할지라도 거대자금이 파는 종목은 주가가 하락할 것이며, 차트 상 지지선이 강한 종목이라 할지라도 거대 자금이 파는 종목은 분명히 주가가 추후에도 더 하락하게 될 것이다.

기관의 투자법을 모르면 성공하기 어렵다

증권시장에 누구에게도 맞는 만능의 투자 전략은 없다. 과거에 성공했던 투자 전략들이라 할지라도 현재 시장에 맞게 고치고 자신의 투자 상황과 능력에 맞게 변화시켰을 때만이 자신만의 투자법이 되어서 주관 있는 주식투자를 할 수 있게 되는 것이다. 스스로의 주관 있는 투자자만이 지속 수익을 보장받을 수 있을 것이다. 기관투자자들도 마찬가지다. 그들도 과거의 성공 투자법을 열심히 공부하고 연구하고 있으나, 현실 상황에 맞추어 투자법을 계속해서 제도화시키고 있다는 점이 다르다. 특히 기관투자자들은 실수와 과오들 속에서도 투자를 지속할 수 있는 거대한 자금과 합리적인 투자 체계가 있기에 지금까지 자신들만의 투자 전략 방법을 체계적으로 정립하고 개선시켜 온 것이다. 이것이 현대의 기관투자자들이 활용하고 있는 가치투자 중심의 포트폴리오 투자 전략이다.

그러나 안타까운 점은 대부분의 기관투자가들이 글로벌 경제 분석에서부터 산업에 대한 연구, 각 투자 기업의 상세한 상황까지 모두 파악한 후에 소위 어려운 투자법에 따라 투자를 하고 있다는 점이다. 그러나 그것이 투자에 있어서 가장 효율적이기 때문인 것은 아니다. 단지 기관투자자들은 자신이 아닌 남의 돈을 운용하는 사람으로서 최대한 합리적 근거를 통해 운용해야하기 때문에 어쩔 수 없이 이론적으로 복잡한 투자법을 투자 근거 확보를 위해 선택할 수밖에 없었다고 말할 수도 있다. 주식투자에서 반드시 어려운 투자방법만이 성공을 보장한다면 서두의 쓰레기통 투자법 또한 성공하지 못했어야 할 것이다.

물론, 기관투자자들의 다소 복잡한 투자법을 모두 알 필요는 없지만, 그들의 주식투자 방법은 현재 알려진 가장 합리적인 방법이므로 반드시 참고할 필요는 있다. 주식이란, 내가 1만 원에 산 주식을 누군가 1만 1천 원, 혹은 1만2천 원 등 그보다 높은 가격에 사 주어야 내가 수익을 내고 팔 수가 있는 것인데, 기관투자자의 투자법은 최소한 내 주식을 1만1천 원 혹은 1만2천 원에 사줄 수 있는 논리를 만들어 줄 것이기에 그것을 내가 활용하지 않는다 할지라도 무척이나 중요하다. 하지만 무엇보다도 더 중요한 것은 자신만의 투자법이다. 자신만의 투자법이라고 해서 꼭 남들과 달라야 한다는 것은 아니다. 자신의 장점을 활용하기 쉽고 단점을 보완해 줄 수 있는 투자의 방법을 찾아 보다 손쉽게 투자 판단을 내리고 한번 결정한 판단에는 자신감을 갖고 투자를 지속할 수 있는 스스로의 투자 방법이면 족할 것이다.

나만의 투자법 만드는 방법

나만의 투자 전략을 만들 때 다음 사항을 주의해야 한다.

남들의 투자 전략을 그대로 따라하지 말자

수많은 투자자들이 아직도 투자 전략이라고 하면 물고기를 낚는 방법이 아닌 물고기 그 자체라고 이해하고 있는 사람들이 많다. 이에 주식시장에서의 투자 전략이란 돈을 벌 수 있는 방법이라고 단순하게 생각하여 누구는 어떻게 돈을 벌었다더라, 혹은 어떻게 하면은 돈이 된다더라 하는 남들의 무용담에 휩쓸리는 경우가 많이 있다. 만약 그들이 진실로 주식으로 큰돈을 벌었다 할지라도 그들은 그들만의 방식으로 투자에 성공했을 뿐이다. 투자 전략 중에 누구에게나 적합한 만능의 투자 전략은 없다. 그리고 시장 환경이 매우 빠르게 변함에 따라 투자 전략도 계속 변화되어야 하는 것이다. 아쉬운 점은 기관투자자들의 투자 전략이 매우 동조화 되면서, 서로간의 눈치작전으로 변모하고 있으며, 그런 결과로 시장에서 다들 비슷하면서도 평범한 실적만 거두는 것을 보면서, 하물며 기관투자자들조차 다른 큰 경쟁기관이나 외국인들의 매매패턴을 맹목적으로 추종하는 전략을 보이곤 하는데, 이는 매우 위험한 투자의 방법이다.

인간의 내면 심리가
충분히 반영되어야 한다

투자를 성공으로 이끄는 가장 기본적 원리는 인간의 감정과 같은 심리적인 부분에 대한 컨트롤에서 시작된다. 투자를 행함에 있어 누구나 탐욕과 흥분을 갖고 공포와 좌절을 경험하는 것은 지극히 당연한 일인데, 그러나 이것을 컨트롤 할 수 있어야 비로소 안정된 투자 수익을 지속할 수 있는 것이다. 또한 아무리 좋은 투자 전략을 구성하였다 하여도 막상 실전에서 투자자가 감정에 휩싸인다면 결정적인 순간에 제 실력을 발휘하기 어렵게 된다. 이에 나만의 투자 전략은 탐욕과 흥분이나 공포와 좌절 같은 인간적이고 심리적인 부분에 대한 감정 통제가 충분히 고려된 투자 전략이어야 한다. 그리고 사실 감정 통제가 수월하려면 투자 전략은 명료하고 단순할수록 좋다.

투자시장의 특수성이
반영되어야 한다

투자 전략을 만들기 전에 먼저 투자에 대한 이해가 필요하다. 이는 '투자 전략을 만들고자 하다가 도박과도 같은 투기 전략으로 변질되면 안 된다'는 뜻이다. 투자와 투기는 분명히 구분되지만, 사실 유사한 점 또한 상당히 많다. 그렇기에 단지 돈을 벌기위한 목적으로 투자 전략을 짜게 되면 이는 투기전략으로 변질되기가 쉽다. 투기는 위험성이 높고 그 위험의 크기를 측정하기 어려우므로 꾸준한 수익을 내는 것 같다가도 한 번에 모든 것을 잃을 수 있는 것이다. 이에 투자를 이해하고 시장의 특수성이 반영되어야 한다. 주식투자를 통해 단기 수익을 취하고자 하는 투자 전략 보다는 중장기 투자를 통해 안정적으로 수익을 꾸준히 실현해 나갈 수 있는 투자 전략이 바람직할 것이다.

위험과 기대수익률의
균형 감각 조화가 필요하다

투자시장에 공짜는 없다. 언제나 기대수익률이 낮으면 위험도 낮고, 기대수익률이 높으면 위험도 그만큼 따라오기 마련이다. 물론 이것을 모르는 사람은 없을 것이다. 그러나 투자자들은 욕심인즉, 위험과 수익률의 관계를 잘 안다고 하면서도, 그래도 위험이 낮으면서도 기대수익률이 높은 투자처를 찾으려고만 한다. 위험과 기대수익률의 관계를 몸소 느끼고 이에 대한 충분한 대처가 가능한 투자자들을 필자는 생각보다 많이 만나보지 못했다. 주식투자에 있어서도 많은 사람들이 대박에 집착하는 투자 전략을 본인이 알면서도 혹은 본인도 모르게 사용하고 있어 수많은 위험에 노출되어 있다. 본인이 기대하는 수익률 하에 적정한 위험을 부담할 수 있는 투자 전략이 필요하나.

장단점이 반영된
투자 전략이어야 한다

결국 자신의 주식투자 전략은 자신에게 맞게 구성되어야 한다. 투자자들은 개인적 성격, 적성, 투자환경과 투자규모 등 모두가 각자 다르기에 획일적으로 어떤 투자 전략이 좋다고는 할 수 없는 것이다. 투자자는 본인 스스로의 경험과 지식, 그리고 성격과 투자스타일을 파악하여 스스로의 장단점을 분명히 알고, 이에 맞는 투자 전략을 구성해가야 한다. 그것만이 주식시장에서 안정적인 투자수익의 지속을 보장해준다.

기관투자자처럼 주식 공부 하려면 어떻게 하죠?

먼저 펀드매니저처럼 주식을 운용하려면 투자에 대한 철학과 가치관부터 제대로 정립하고 주식을 시작해야 한다. 주식은 돈 놓고 돈 먹기의 투기행위가 아니다. 물론 투기적 게임의 성격을 많이 내포하고 있지만 투자자가 최소한 기관투자자들처럼 안정된 지속 수익을 목적으로 하고 있다면 투기적 측면을 배제하고 주식을 투자로 인식할 수 있어야 가능해 진다. 다음 주식시장의 이해에 필요한 기본적인 것들을 배워야 한다. 시장 규칙은 물론이고 시장이 움직이는 이유와 과정 그리고 결과에 대하여 스스로 깊이 고민하고 느낄 수 있어야 한다. 또한 결국은 기업에 대한 투자이므로 기업이 탄생해서 성장하고 성숙한 후 쇠퇴하는 모습까지도 스스로 느낄 수 있어야 한다. 그 다음에서야 기본적 분석과 기술적 분석을 공히 균등하게 익혀야 한다. 어느 한 부분에 치중되는 것은 바람직하지 않으며, 최소한의 기본적 지표라도 이 또한 스스로 이해하고 적용할 수 있는 자신만의 논리를 개발해야 한다. 단, 기본적 분석과 기술적 분석 부분은 앞서 많은 투자자들이 너무도 투자분석과 투자전략에만 집중하여 수익이라는 큰 그림을 그르치는 것을 많이 봐왔기에 필자는 차라리 해당 부분은 기본적으로 적절히 필요한 부분만 공부할 것을 권하기도 한다.

그다음 기관투자자들이 개인투자자들과 분명히 다른 주요한 것들을 배워야 할 것이다. 본 책에서 말하고 있는 것은 탐방, 포트폴리오, 퀀트분석 등에 대한 부분들이다. 개인투자자들은 이 부분이 많이 익숙하지 않을 것인데 부족한 부분은 애널리스트들의 보고서를 읽으면서 보완할 수 있기를 바란다. 좋은 리포트를 찾아 정독해야 한다. 공식적으로는 다양한 애널리스트 분석 보고서를 통해 기관투자자들만의 시장 분위기나 그들의 관심사를 읽어낼 수 있으며 그들의 분석 방법 또한 간간이 애널리스트의 보고서를 통해 공개되기도 한다.

펀드매니저 투자의 비밀

기술적 분석으로
조화롭게 투자하자

• • •

　어느 날 회사에서 후배에게 질문을 받았다. "선배님, 기술적 분석이 도대체 뭐죠?" 너무도 기본적인 질문에 순간적으로 잠시 당황했으나 필자는 곧 우리나라 대표기업의 주가차트를 하나 보여줬다. 그리고 간단히 반문했다. "이 주식 차트 보니 어때? 앞으로 오를 것 같아, 아니면 내릴 것 같아?" "음~ 지금 상승 추세인데 좀 더 가지 않겠어요?" "그렇지. 이렇게 주가의 차트를 보고 그 주식의 향후 움직임이 어떻게 될 것인지를 예상해 보는 것, 그게 바로 기술적 분석이야. 너는 이미 기술적 분석을 알고 있는 거라고."

　현재까지 다수의 책들과 분석가들은 기술적 분석을 너무도 복잡하게 설명하고 있었다. 이에 영향 받아 상당수의 국내 투자자들 또한 기술적 분석을 무언가 많은 것을 익혀야 하는 매우 어려운 투자법으로 생각해 왔던 것 같다. 이는 개인투자자와 기관투자자 모두 마찬가지이며, 특히 기관의 펀드매니저들은 그동안 기본적 분석을 바탕으로 주가를 분석해야한다는 사고가 마음 깊숙이 자리 잡고 있어서 어떤 부분에 있어서는 기술적 분석을 상당히 경시하기도 했었다. 어찌되었든 기술적 분석은 조금만 관심을 갖고 약간만 공부하여 차트의 좋고 나쁨을 보고 느낄 수 있으면 그뿐인데, 증권 시장에서는 기술적 분석에 대해 많은 오해를 여전히 갖고 있는 듯하다.

기술적
분석의 기초

기술적
분석의 정의

주식투자를 위한 주가 분석 및 예측 방법에는 흔히들 기본적 분석과 기술적 분석이 있다고 한다. 사전에서는 '기본적 분석은 증권의 내재가치를 산출하는 데 초점을 집중시키는 것이고, 기술적 분석은 주가와 거래량의 과거흐름을 분석하여 주가를 예측하는 데 초점을 집중시킨다.'라고 설명하고 있다. 한편 기술적 분석은 해당 기업이나 지수의 가격과 거래량 등을 그림으로 옮겨 놓은 '차트'와는 떨어트려 생각할 수 없다. 흔히 차트를 분석하여 향후 주가를 예상하는 일 자체를 기술적 분석이라고 부른다. 반면 기본적 분석은 회사의 적정가치가 얼마인지를 고민하고, 현재 해당 주식의 주가가 적정가치 대비 싼지 혹은 비싼지를 판단하는 것'이다.

한편 기술적 분석의 각종 분석 지표들은 사람들의 심리행동 과정을 도표나 수치로 나타내어 정형화한 것으로 차트는 지수와 종목 주가에 대한 사람들의 심리상태를 그대로 담고 있다. 주가란 매수와 매도가 만나 결정되는 기업 지분의 가격이며 투자자의 심리상황이 반영된 수요와 공급간 조절에 따라 오르기도 하고 내리기도 하면서 차트를 변화시킨다. 차트는 '과거에서부터 현재까지 해당 기업을 사람들이 어떻게 생각하고 있는가'를 표현하고 있다.

기본적 분석과 기술적 분석의 구분

주식투자자들 또한 그들의 주된 투자 방법에 따라서 기본적 분석 중심의 투자자 부류와 차트 위주의 기술적 분석 투자자들로 나뉜다. 그러나 과연 전적으로 기본적 분석만으로 투자하거나 혹은 100% 기술적 분석에만 의존하는 투자자가 세상에 과연 있을까? 기본적 분석으로 종목을 어렵게 선정하고 나서도 차트를 잠깐이라도 보고 투자 여부 및 투자의 속도를 변화시키려는 생각을 했다면 그는 자신도 모르게 기술적 분석을 활용하고 있는 것이다. 한편 어떤 투자자는 기술적 분석만 집중한다고 하면서도 회사에 대한 관심에 해당 기업의 실적 또는 관련 뉴스를 찾아보고 회사의 수익이 어떻다 또는 성장이 어떻다 고민을 한 적이 있을 것이다. 그러면 그 또한 자신도 모르는 사이 기본적 분석을 투자에 활용한 것이 된다. 투자자들은 자신의 주된 투자 성향을 갖고는 있으나 대부분 두 가지 투자 방법을 자신도 모르는 채 혼용하여 투자를 하는 경우가 대부분이다.

그럼에도 불구하고 아직도 많은 투자자들이 기본적 분석과 기술적 분석을 따로 떨어트려 생각하기를 좋아하고 그 중 꼭 하나에만 관심을 보이는 경우도 상당수인 것 같다. 주식을 처음 시작하는 투자자들은 기술적 분석을 먼저 접하는 경우가 많으며, 주식 공부라 하면 기술적 분석 공부가 전부인 양 생각하고 있는 투자자들도 여전히 많다. 반면 펀드매니저와 같은 기관투자자들은 대부분 재무제표와 가치평가 지표를 활용한 투자를 하며 기본적 분석을 잘하는 것이 기관투자자의 주식운용 실력인 양 생각하고 있는 경우가 많다.

튼튼한 외발로 뛰면 절음발이다

기본적 분석과 기술적 분석의 두 가지 대표적 투자 방법 중 과연 어떤 방법이 더욱 유용한가에 대해서는 의견이 분분하다. 어떤 투자자들은 '주식은 기업의 기본적 가치를 주가가 찾아가는 과정으로 결국은 기본적 분석이 우선이다'라고 하고, 또 어떤 투자자들은 '주식도 결국은 수요와 공급에 따르는 주가 변동 게임'이라 하여 기술적 분석의 범주를 벗어날 수 없다고 한다. 둘 다 맞는 말이다. 그리고 이 두 가지 분석법은 양자택일의 문제가 아니라, 두 가지가 모두 동일하게 중요하며, 반드시 같이 보완되며 활용되어야 하고, 특히, 상호간 보완에 있어 둘 중 어느 것도 다른 방법을 우위에 두지 않고 있다. 이것이 필자가 하고 싶은 말이다. 투자는 두 가지 방법이 고르게 고려되었을 때 보다 현명한 투자판단이 가능할 것이다. 만약 어떤 투자자가 자신은 한쪽 측면에 자신이 있다고 해서 기본적 분석 혹은 기술적 분석 둘 중 하나만 고집하고 투자한다면, 그것은 마치 "나는 오른쪽 발이 더 강하니까 오른발로만 마라톤을 하겠어요."라고 말하는 것과 같다.

기본적 분석 중심의 기관투자자

펀드매니저들은 왜 기본적 분석 중심의 투자 사고를 갖게 되었을까? 어떤 이들은 그 이유가 아무래도 기본적 분석이 기술적 분석보다는 학문적인 경향이 있어 배우기 어렵고 멋있어 보이기 때문이라고도 한다. 그러나 실질적인 이유는 펀드매니저는 자신의 자금이 아닌 고객 혹은 회사의 자금으로 투자를 하는 사람들로서 펀드매니저들이 투자와 매매를 할 때는 객관적인 근거가 필요한 것이 가장 중요한 이유이다. 기술적 분석의 매수신호보다는 기본적 분석의 가치평가가 투자에 있어서 문서적 합리성을 상대적으로 보장해주기 때문이다.

기관 펀드매니저가 자신의 펀드 운용을 설명하면서 "이 종목은 차트가 매우 예뻐서 샀습니다."라고 발표하기에는 아직까지 우리나라의 투자문화 성숙도가 부족한 것 같다. 또한 부수적 이유로 펀드매니저들의 상당수가 실전에서 투자 경험을 쌓아 펀드매니저로 성장한 경우보다는 학문적으로 주식을 배우고, 애널리스트 과정을 경험한 후 펀드매니저가 된 사람들이거나 애널리스트들과 매우 밀접한 관계를 갖고 있고, 또 논리적으로 시장을 분석해 투자하려는 성향이 강하기 때문이기도 하다.

과거 국내 기관투자자들에게는 투자에 있어서 차트분석 등 기술적 분석을 활용하는 것이 부끄러운 것으로 치부되는 시기도 있었다. 당시에는 기술적 분석이 단타를 주로 하는 개인투자자들이나 참고하는 것으로 기관의 자금을 운용하려면 가치에 근간한 기본적 분석만을 활용해야한다고 굳게 믿고 있었다. 그러나 세상이 변화되었다. 증권사에도 기술적 분석을 담당하는 애널리스트가 상당히 폭넓게 활용되고 있으며 중장기 가치투자를 위해서도 단기 고점에서 매수하는 것보다는 기술적 분석을 활용하여 적절한 매매 타이밍에 접근하는 것이 수익률을 위해서도 분명 합리적이라는 인식이 널리 확산되고 있다.

기술적 분석,
어렵지 않아요

물론 기본적 분석도 마찬가지이지만 기술적 분석도 매우 어려워하는 투자자들이 많은 것 같다. 이유는 과거 기술적 분석의 대가라고 하는 사람들이 나와서 주가와 거래량을 자신의 방식대로 해석하고, 그것을 논리화해 여러 가지 투자 방법을 만들고, 혹은 자신들이 만든 갖가지 기술적 보조지표들을 들이데며, 매우 다양한 해석과 예측을 했으며, 하물며 주식관련 시험에서도 정형화된 여러 사례를 제시하고 이것을 체계화하여 학문화시켰기 때문이다.

그러나 기술적 분석을 두려워하지 말자. 기술적 분석은 아주 쉽다. 과거 일정기간의 주가와 거래량 차트를 보고, '이 주식이 향후에 오를 것 같은가? 내릴 것 같은가?' 이 질문에 대답이 가능한 수준이라면, (단지 그냥 느낌이라도 좋다. 주가차트를 보고 오를지 말지에 대한 느낌이 온다는 것 자체가 당신이 과거 여러 차트를 보고 알게 모르게 머릿속에 기술적 분석에 대한 정립이 되었기 때문이다.) 당신은 기술적 분석을 이미 상당부분 알고 있는 것이다.

사실 기술적 분석이란, 주가 또는 거래량 등을 차트화 혹은 계량화하여 이로부터 규칙이나 패턴을 통해 미래의 주가를 예측하는 것으로서, 지금까지 봐왔던 수많은 보조지표를 다 알아야 완성되는, 지금까지 책에서 봤던 지극히 어려운 고수들만의 투자 분석 방법이 아니다. 예를 들어 어떤 기업의 주가가 하루에 1,000원씩 매일 오르고 있다면, 내일의 주가 또한 오늘의 주가보다 1,000원 높을 것을 예상하는 것도 아주 간단한 기술적 분석의 예이다. 앞서 예에서 보듯 차트를 보고 그 차트가 좋아 보이는지 (오를 것처럼 보이는지) 혹은 나빠 보이는지 (주가가 내릴 것 같은지)를 구분해 낼 수 있다면 당신은 이미 기술적 분석을 알고 있다고 할 수 있다. 굳이 어려운 보조지표를 구하여 주가의 매매신호를 찾는 것만이 기술적 분석의 정도는 아니다. 물론 아주 단순한 예상을 한다 하더라도 그렇게 생각하는 근거는 있어야 한다. 앞의 예처럼 '지금까지 1,000원씩 올랐기 때문에 내일도 1,000원 오를 거야.'하는 단순한 근거 말이다. 그 근거는 논리적이고 향후에도 계속 활용 가능해야 한다. 일정 주가의 흐름에는 추세와 패턴이 있는 경우가 많다. 이를 통해 주식을 매매하고자 하는 사람은 기술적 분석 투자자라 불릴 수 있다.

기술적 분석에서 반드시 확인해야 할 사항들

1. 추세

주가는 다른 변화가 없다면 한번 시작된 주가 이동 방향을 지속하는 일관성을 갖고 있다. 예를 들어 어느 기업의 주가가 3일 전 10,000 원, 2일전 10,100 원, 하루 전 10,200 원이었다면 해당 주가는 내일도 약 100원 가량 오를 가능성이 클 것이다. 이는 주가가 수급에 따라 움직이기에 가격 추세가 일정한 것이며, 주가가 오르고 있다면 투자자들은 해당 주식에 무언가 좋은 일이 있다고 생각하여 사려는 사람은 가능한 한 빨리 사고, 파는 사람은 가능한 한 천천히 팔려고 하기에 주가상승이 지속 가능해지는 것이다. 추세는 기술적 분석에서 핵심이다.

2. 적정 주가밴드

주식은 다른 변화가 없다면, 일정한 가격 범위 내에서 움직이는 성향을 갖고 있다. 예를 들어 어떤 주식이 1만 원에서 1만5천 원을 횡보하는 주가 추세를 여러 번 보였고, 현재 주가가 다시 지난번 고점 1만5천 원 부근이라면, 향후 이 주식은 다시 주가 1만원까지 하락할 가능성이 높다. 이유는 대부분의 투자자들이 과거의 적정 밴드 외 움직임을 용인하지 않기 때문이다. 기업이 가치 평가상 큰 변화가 없다면 해당 주가는 수급에 따른 주가 움직임만 가능한 상황인데 수급은 매수세가 강했다가 이후 매수세가 줄고 다시 매도세가 강해지는 등의 수급 순환이 주기적으로 발생하게 된다.

3. 변화

1번 추세와 2번 일정 주가밴드상의 주가 지속은 언젠가는 틀어질 수밖에는 없다.

만약 어떤 주식이 과거 형태를 벗어났다면 그 상태는 계속 지속될 가능성이 높다는 뜻이다. 예를 들어 앞서 상승하던 주식이 하락 전환을 하면 하락세는 다시 일정기간 지속될 것이며, 앞서 1만 원, 1만5천 원 횡보주식이 1만5천 원을 넘어 확연한 상승을 이뤘다면 이 주식은 다시는 1만원대의 주가에 회귀할 가능성이 낮고 이제는 1만5천 원을 넘어선 가격대에서 향후 주가 변동을 보일 가능성이 높아진다.

4. 거래량

거래량 분석은 앞서 1,2,3번 주가변동을 강조하고 보다 확실하게 보여준다. 하지만 거래량 분석이 주가분석과 다른 점은 지수 혹은 종목별로 주가흐름에 따른 통상적인 거래량을 평상시에 인지하고 있어야 하며, 어느 날 통상적인 거래량보다 크게 많거나 크게 적은 거래량이 발생되었을 때 거래량 분석이 의미 있어지는 시점이 된다는 것이다. 예를 들어 주가가 계속해서 오른다면, 통상적인 거래량 또한 상승하기 마련이나, 상승과 하락을 반복하면서 점증된다. 이것이 주가상승에 따른 통상적 거래량이다. 만약 어느 날 주가상승에 따른 거래량이 통상적 거래량을 크게 초과했거나 크게 미달했다면, 본 주식은 향후 주가가 하락할 가능성이 높아진다. 또한 1만 원과 1만5천 원 사이에서 횡보하던 주가가 1만5천 원까지 상승했으나 이 시점에서 통상적인 거래량을 크게 초과했거나 크게 미달했다면, 본 주식 또한 하락하지 않고 주가밴드 추세를 돌파할 가능성이 높아진다. 주가의 거래량은 주가의 변화를 강조하거나 확인시켜 준다.

기본적 분석과 기술적 분석이 조화된 매매법

가치를 보고 가격으로 매매하자

그러면, 앞서 "기술적 분석과 기본적 분석은 왜 상호 보완관계에 있으며, 함께 활용되어야 하고, 또 어떤 방법도 상대 방법에 우위를 갖지 않는다."고 했는가? 그 이유는 주식매매는 가치를 거래하는 것이 아닌 가격을 거래하는 것이기 때문이다. 만약 주식이 가격이 아닌 가치를 거래하는 게임이라면, 가치의 요소인 주식의 효용과 선호도의 차이에 따라 주가가 변할 것이기에 기본적 분석으로 적정 가치를 찾고, 적정 변동성만 계산해내면 쉽게 운용할 수 있을 것이다. 그러나 주가는 가격으로 거래되므로, 주식에 있어서 수급은 가치만큼이나 중요하게 변수로 작용하게 된다. 그리고 최소한 단기 시점에서는 한 기업의 가치 변화에 따른 주가 움직임보다는 분위기나 수급에 의한 변수가 더 빠르게 주가에 영향을 미치게 되는 것을 종종 보게 된다. 그러나 분위기나 수급에 의한 단기 주가 변동도 결국은 해당 주식의 효용가치에 수렴하게 되므로 결국 한 기업의 주식은 가치와 가격의 이중 결정구조 속에서 움직이게 되는 것이다.

상대의 투자법으로
보완한다

　　　　　　　　기본적 분석은 향후 실적에 대한 정확한 예측을 가정 하에 판단한다. 그러나 한 기업의 실적을 정확히 예측한다는 것은 실제 해당 기업의 모든 것을 알고 해당 산업의 모든 것도 알며, 예상치 못했던 다양한 변수들까지 모두 계산해 낼 수 있어야 가능한 일이다. 한편 기술적 분석의 주가 예상은 과거의 차트상 경험을 바탕으로 직관적인 답 도출이 가능하다. 과연 어느 분석법의 오류의 가능성이 보다 낮겠는가? 결국 기본적 분석은 시장상황 변화에 따라 매일 그 값이 변화되므로 계속 업데이트 하고 수정해주어야 한다는 큰 단점을 갖고 있다.

　기술적 분석 또한 왠지 기본적 분석 앞에서는 초라한 모습이다. 기본적 분석은 세련된 기법으로 무장하고 기관·외국인 등 전문투자자들이 선호하고, 그들은 기본적 분석을 활용하기 위해 기업을 찾아가 고위 경영진을 만나보고 투자하는 등 멋진 모습으로 투자자에게 보인다. 그러나 기술적 분석 투자자들은 방이나 사무실 구석에 앉아 모니터만 쳐다보고 있는 것처럼 보여 다소 한심스럽게 비춰지기도 한다.

　이것은 두 가지의 투자법이 모두 완전한 방법이 아니기에 생기는 현상이다. 그러나 아이러니하게도 본 두 가지 투자법은 상대의 단점을 자신의 장점으로 소화하고 있어 두 방법이 합쳐지게 되면 상당히 견고한 투자법으로 등장할 수 있다. 기본적 분석이 없는 기술적 분석은 방향을 모르고 항해하는 선박과도 같아서 매우 위험하다. 그리고 기술적 분석을 고려하지 않는 기본적 분석은 시간 가치와 수급이라는 투자에 있어서 매우 중요한 두 가지 요인을 갖고 있지 않아서 단지 기본적 분석만을 통해 수익률을 높인다는 것은 생각만큼 쉽지 않다.

투자 분석의 균형 접근법

기본적 분석과 기술적 분석을 조화하여 효율적인 주식매매를 하기 위한 방법에는 세 가지 접근법이 있다.

첫째, 중장기는 기본적 분석으로 단기는 기술적 분석을 중심으로 투자하는 방법이다. 주가가 결국은 해당 기업의 가치에 수렴할 것이나 일시적으로는 수급에 따라 가격변동을 보이므로 투자 시기별 적절한 투자분석법의 선택이 필요하다.

둘째, 종목선정은 기본적 분석으로 매수와 매도 타이밍은 기술적 분석으로 결정하는 방법이다. 먼저 투자 종목은 현재 주가가 해당기업의 가치보다 저렴한 기업을 선택하고 그 중 빠르게 주가가 가치수준에 수렴할 것으로 판단되는 종목을 기술적 분석을 통해 가려내는 방법이다.

셋째, 자신의 장점을 강화하고 단점을 보완하는 방법이다. 기관투자자 같은 기본적 분석 중심의 투자자들은 기술적 분석에 관심을 가져야 하며, 평소 차트 위주의 기술적 분석 투자자들은 투자에 있어서 기업의 가치를 보다 고민함으로써 양 분석 방법 간 균형을 통해 자신의 투자 단점이 보완되며 수익률이 개선될 수 있다.

🪙 기본적 분석과 기술적 분석을 어떻게 같이 활용하죠?

1. 기본적 분석 후 기술적 분석으로 투자종목 선택

우선 기본적 분석을 활용한다. 이 과정에는 주로 Top-Down 방식을 활용하는데 경제 분석을 통해 투자 진입여부를 결정하고 업종분석을 통해 투자유망 산업을 결정한 후에 해당 업종에 속한 기업들 중 기술적 분석을 통해 주가상승 가능성이 높은 기업을 선별하는 방식이다. 특히 기본적 분석 중 퀀트분석으로 투자가 가능한 기업 후보군을 선별하는 것도 실전에서는 매우 유용한 편이다. 예를 들어 저평가 중심의 포트폴리오를 구성하고자 한다면 PER 7배 이하의 기업과 PBR 0.7배 이하의 기업을 상장주식 전 종목 대상으로 나래비를 세운 뒤 PER과 PBR 저평가 정도를 점수화 하고 합계 점수가 높은 기업들부터 일정부분 상위 기업들에 대하여 주가가 오를만한 기업들을 기술적 분석을 통해 최종 결정하는 방법이다. 통상적으로 본 방법은 매수할 새로운 기업을 찾는 데 유용하다.

2. 기술적 분석 후 기본적 분석으로 매도 종목 선별

먼저 기술적 분석을 통해 차트가 양호한 기업들을 후보군으로 정하고 이후 해당 후보군 종목들에 대하여 업황이나 기업 현황에 비춰 기업 가치가 현재 주가보다 높은 기업에 대하여 투자를 실행하는 방법이다. 보통 해당 투자법은 Bottom-Up 방식을 통해 이뤄진다. 특히 동 방법은 KOSPI 전체 기업에 대하여 신규 편입 종목을 찾는 데 활용할 수도 있으나 대부분은 기존 보유 종목 중 차트가 무너진 기업에 대하여 해당 기업의 가치 변화를 면밀히 관찰한 후 매도할 것인가에 대한 판단을 가져가는 데 보다 유용한 경우가 많다.

펀드매니저 투자의 비밀

숨겨진 작은 숫자로
큰 숫자를 이겨라

• • •

어느 날 시장에서 잘 알려진 퀀트 애널리스트가 필자에게 들려준 이야기는 다소 충격적이었다. 그는 매주 대형 자산운용사들에 한 가지 자료를 주기적으로 작성해 제출하고 있다고 했다. 그 자료는 한 주간 다른 경쟁 운용기관들이 해당 퀀트 애널리스트에게 요청했던 퀀트 질문과 그 결과물에 대한 내용이었으며, 한두 번씩 요청을 해오더니 언제부터인가 매주 주기적으로 해당 자료를 제공하고 있다고 했다. 기관투자자들에게 퀀트분석이 얼마나 중요한 부분이 되었는지를 말해주는 사례다.

기관의 펀드매니저들은 그들의 투자 아이디어를 퀀트라는 도구를 통해 체계화 시키고 그 이후 운용에 접목시키는 과정을 겪기 때문에 다양한 투자기관들의 리퀘스트 요청자료에는 현재 다양한 투자기관들이 어떤 생각을 갖고 있는지에 대한 힌트를 제공해 준다. 또한 이런 피드백 요구는 펀드매니저들이 얼마나 시장에서 뒤쳐지는 것을 두려워하고 상대를 의식하고 있는지 보여주는 안타까운 현실이기도 하다.

퀀트의
정의와 현황

퀀트투자란, 소문·뉴스·감정·직관 등에 따른 투자가 아닌 수치 정량적인 정보가 활용된 과학적 분석 투자 전략이다. '세상의 역사적 사실이 반복되어 발생되듯이 투자의 기회 또한 과거현상이 반복되고 계속된다는 가정 하에 투자시장에서의 과거 경험을 보다 정확하게 숫자를 통해 분석하고, 이에 따른 규칙을 찾아내어 투자 성공확률을 높이는 과학적인 투자의 방식'을 말한다. 퀀트는 이런 장점에 따라 투자의 과정 및 투자 전략으로 활용되기도 하며, 특히 운용 기관들이 포트폴리오를 구성할 때는 업종 및 종목 선별에 있어서 퀀트적 사고를 반드시 활용하고 있다.

한편 퀀트가 펀드매니저 등 투자자의 주관적 판단을 배제하고 통계적으로 입증된 규칙을 활용하여 안정된 수익을 지속할 수 있다는 장점을 보유함에 따라 오로지 기계적 판단에 따라 투자되는 퀀트펀드가 등장하기도 했다. 비록 미국 등 선진시장에서는 퀀트펀드가 시스템 트레이딩 등으로 오용되어 서브프라임 충격 상황에서 지수 변동성을 확대시키는 주범 중 하나로 평가절하 받기도 하였으나 퀀트를 이용한 투자 아이디어의 검증이나 퀀트를 활용한 포트폴리오의 구성, 안정적 수익

지속을 위한 퀀트전략의 활용 등은 매우 효용성이 높은 것으로서 현대 주식운용 시장에서 꾸준히 활용되고 있다.

기관의 펀드매니저들은 제도적인 투자 학습을 통해 퀀트 분석에 상당 부분 능숙한 이들이 많다. 그들 출신 자체가 증권회사의 애널리스트 업무를 수행하면서 산업 및 기업 분석을 배워왔거나 상당수의 운용사들도 체계적인 분석 시스템을 구비하면서 자체 리서치 및 주니어 시절부터의 퀀트 분석에 익숙해 왔기 때문이다. 반면, 케이블 증권 방송이나 증권 인터넷 사이트의 '사이버애널리스트'들 중에도 상당한 주식투자 분석 능력을 보여주는 사람들이 있으나 그들은 대부분 퀀트를 이용한 투자 분석을 선호하지는 않는다. 퀀트 분석의 유무는 아직까지 제도권과 비제도권 투자 분석에 있어서 큰 차이점 중 하나로 나타나고 있다.

Factor의 개발 =〉 Factor의 검증 =〉 Factor의 활용

퀀트 분석 방법도

311

Factor의 개발

　퀀트투자를 위한 1단계는 먼저 개별 종목의 주가에 영향을 미칠만한 Factor(투자지표)에 대한 고민이다. 흔히 말하는 투자 아이디어의 단계이다. 먼저 해당 Factor는 논리적으로 근거가 있어야 한다. 예를 들어 '예상 EPS가 상향되는 기업을 산다.'와 같이 예상 EPS가 상향되는 기업은 기업실적이 좋아지므로 기업 가치가 올라가고 주가도 상승할 것이라는 합리적인 논리가 있어야 Factor로서 인정받을 수 있다. 이것이 바로 퀀트를 실행할 만한 투자 아이디어가 완성되는 순간이다.

　실제로 위의 예와 같은 Factor들은 상당히 다양하며, 또한 투자

아이디어가 계속 개발되고 있어서 그 수가 셀 수 없이 많다. 그리고 Factor 또한 시장흐름에 따라 잘 맞고 그렇지 않은 Factor가 있고, 지수가 상승기이냐 아니면 하락기이냐의 시장 국면 및 시대 흐름에 따라 유행을 보이기도 한다. 기본적으로 국내 주식시장에서 많이 사용되는 Factor 지표는 크게 1.밸류에이션, 2.실적, 3.주가, 4.수급, 5.기타 이슈 등 5가지 정도로 구분되고 있다.

주요변수	Factor
밸류에이션	PER
	PBR
	PSR
	PCR
	EBITDA
	FCF
실적	매출액 증가율
	EPS 증가율
	DPS 증가율
	영업이익율
	순이익율
	ROE 증가율
주가	최저가 대비 상승율
	최고가 대비 하락율
	평균주가 대비 상승율
	1개월 주가 대비 상승율
	3개월 주가 대비 상승율
	이평선 대비 괴리율
수급	기관 순매수 비중 변화
	외국인 순매수 비중 변화
	대주주 지분 변동율
	공매도 거래율 비중 변화
기타	배당수익률 상위 순서
	시가총액 순서
	부채비율
	자기자본비율
	유보율

퀀트 Factor의 종류 및 구분

Factor의 검증

　　해당 Factor가 논리적으로 근거가 명확하다 할지라도 실제 투자에 활용하기 위해서는 과거 통계 사례를 통해 명확히 확인되어야 한다. 예를 들어 앞서 '예상 EPS가 상향되는 기업을 산다.'라는 Factor가 정립된 상황에서 실제 EPS가 상향되는 구간에서는 진짜로 주가가 상승했음을 과거 주식시장의 사례를 들어 확인할 수 있어야 한다. 물론 가정된 Factor가 과거에서 100%를 다 맞추진 못했다 할지라도 최소한의 유의미한 결과를 보여 주어야만이 투자 아이디어에 대한 검증이 완료되었다고 할 수 있다. 검증이 완료되어야 비로소 투자에 활용 가능한 Factor로서 인정받을 수 있다.

퀀트를 활용한 투자

　　과거 사례를 통해 검증된 Factor라 할지라도 이를 신뢰하여 모든 Factor를 실제 투자에 적용할 수는 없다. 과거의 시장이 미래로 계속 이어진다는 보장은 없으며 시장 분위기의 변화로 인해 시장에 영향을 주는 주요 Factor 요인들도 계속 변화되고 있기 때문이다. 또한 Factor들은 그 효용성이 주가 국면에 따라 증가되었다가 감소되었다가를 반복하기도 한다. 시장 상황에 따라 다양한 Factor 요인들이 시장의 주요 변화 요인으로 다양하게 작용되고 있는 것이다. 이에 Factor를 실제 투자에 활용하는 것은 펀드매니저 등 투자자의 역할이 된다.

퀀트 분석의
시장 활용

그러면 기관투자자들은 퀀트분석을 언제 주도적으로 활용하고 있을까? 먼저, 포트폴리오를 처음 구성하거나 크게 변화시켜야 할 때이다. 둘째, 계량된 숫자를 보고 투자 아이디어를 찾거나 생각난 투자아이디어를 검증하려고 할 때다. 셋째, 자신의 펀드 수익률이 시장에 뒤쳐져 있을 때 그 이유를 찾거나 혹은 시장에 너무 앞서고 있을 때 또한 퀀트를 통해서 본인들의 수익률을 해지하고자 할 때 왕왕 사용된다.

퀀트를 통한
투자 아이디어의 검증

대개 각 증권사의 퀀트애널리스트들은 자신들의 퀀트 전략에 따른 모델 포트폴리오를 매월 발표한다. 현재 시점의 KOSPI 지수 PER과 PBR 등 지수 가격 지표와 최근 어떤 업종이 강하게 상승하고 있는지의 현황 및 사유, 그리고 자신들이 활용하는 Factor의 시뮬레이션 결과와 활용성에 대하여 설명하면서 퀀트를 기반으로 한 시장전망과 전략 및 업종 추천과 Top-picks 을 발표한다. 여기서 눈여겨봐야 할 점은 각 증권사의 퀀트 애널리스트들은 자신들의 퀀트 전략이 매우 활용성이 높으며, 퀀트만을 이용해서도 높은 수익을 낼 수 있을 것으로 소개하고 있다는 점이다. 그러나 아직까지는 시장의 대부분 포트폴리오 매니저들이 그들의 의견을 전적으로 수용하지는 않고, 일종의 참고 자료로만 활용하는 면이 더 크다.

이유는 퀀트에 입각한 투자 전략이 과거의 통계가 미래에서 계속 유용할 것이라는 가정 하에 이뤄지기 때문에 시장의 추세가 변화하거나 변동성의 급격한 확대 구간에서는 손실을 지속시킬 수 있기 때문이다. 이런 사유 때문에 퀀트 분석가들이 자신들의 Fact 유용성을 백데이터 검증을 통해서 보여주고 있으나 과거의 수익률이 현재나 미래를 보장하지는 못할 것이다. 그럼에도 불구하고 오늘날 증권시장에서 퀀트애널리스트의 유용성은 매우 높아지고 있다. 각 운용사의 포트폴리오 구성의 기본적 배경을 제공해 줄 뿐만 아니라, 새로운 아이디어에 입각한 초과수익의 창출 아이디어를 펀드매니저들의 리퀘스트를 통해 그들만이 백테스팅 해줄 수 있기 때문이다.

퀀트를 활용한 포트폴리오의 구성

기관투자자들이 흔히 사용하는 퀀트 포트폴리오 방식을 살펴보면, 먼저 퀀트를 통해 (예를 들어 시가총액이 큰 상위기업 선별) 유니버스를 구성한다. 그리고 유니버스를 업종별로 나누고, 시장 내에서 업종 비중을 퀀트에 따라 가중을 두거나 시장과 유사하게 일치시키기도 하고, 업종 내 대표종목을 다양한 퀀트 Factor 기준에 따라 순위를 매기거나 점수화하여 종목을 선별하게 된다. 퀀트 포트폴리오가 완성되면, 금액규모에 따라 나누어 투자를 하고, 투자된 자금은 통상적으로 한 달에 한 번씩 해당 과정을 반복해서 리밸런싱 한다. 이때, 과거 수치보다는 애널리스트들의 전망치가 활용된다. 그러나 애널리스트 개개인의 예측치는 신뢰성이 약해 복수의 애널리스트가 예상한 컨센서스 수치가 활용된다. 통상적으로 복수의 퀀트 Factor가 사용되며, Factor는 중복에 따른 효용성 감소를 막기 위해 앞서 밝혔듯이 Factor 종류별 균형을 맞춘다. 예를 들어 밸류 Factor를 2개, 어닝 Factor를 2개, 수요·공급 Factor와 가격 Factor를 각각 하나씩 활용하여 총 6개의 Factor로 포트 종목을 선별하는 식이다. 또한 퀀트모델의 수익성을 높이기 위해 사용하지 않은 Factor라 할지라도 지속적으로 관찰하여 주가상승과 상관관계가 높아지는 Factor가 확인된다면 기존의 Factor와 교체하여 지속적으로 퀀트 모델 포트폴리오의 수익성을 높이기 위해 노력하고 있다.

시장 균형으로의 회귀

자신의 펀드 수익률이 시장에 뒤쳐져 있을 때 그 이유를 찾거나 혹은 시장에 너무 앞서고 있을 때 또한 퀀트를 통해서 본인들의 수익률을 헤지 하고자 할 때도 퀀트 분석은 왕왕 활용된다. 퀀트 모델 포트폴리오는 최대한 시장 벤치마크를 존중하면서 시장을 이기려고 하는 포트폴리오로 구성되기 때문에 펀드매니저의 개별 포트폴리오가 시장과 너무 상이한 결과를 보이고 있을 때 일정부분 변동 폭을 줄이는 데 유용하게 활용되고 있는 것이다. 또한 퀀트 포트폴리오는 투자자의 감정을 배제한 기계적 종목 선정과 비중결정의 결과로 형성되므로 투자자들의 군중심리에 휩싸이지 않고 최소한의 시장수익률을 추종할 수 있다는 장점을 갖고 있다.

퀀트 애널리스트 분석 보고서는 어떻게 활용 하나요?

퀀트 애널리스트들이 작성하는 보고서는 크게 두 가지로 나뉜다. 먼저 시장을 이길 수 있는 Factor를 찾아 자체 모델포트폴리오를 작성한 '순수 퀀트 모델 보고서'와 시장상황에 맞는 투자 아이디어를 발굴해 이를 계량분석을 통해 검증한 '퀀트 아이디어 보고서'이다. '순수 퀀트 모델 보고서'의 경우 애널리스트들이 계량분석을 통해 유망한 업종과 종목을 선별해주므로 객관적인 수치상으로 시장상황에 맞는 유망 업종과 종목의 힌트를 주기적으로 제공해 주고 있으며, 반면 퀀트 아이디어 보고서의 경우 시장 현황 및 주요 이슈 사안에 대한 수치적인 분석으로 현재 시장 상황을 보다 냉철하게 파악하고 관련 유망주를 선별하는 데 도움을 준다.

퀀트분석은 시장의 흐름을 보다 정확하고 명확하게 파악할 수 있다는 장점을 갖고 있으나 숫자로 증명되어야 하며 또한 애널리스트가 집계하고 분석하는 시간도 필요로 하므로 시장의 흐름에 후행할 가능성이 높고 시장의 변화에 즉각적으로 대응할 수 없다는 단점을 갖는다. 또한 퀀트의 경우 숫자로 모든 것이 표현되어야 하므로 시장 이슈와 같이 주가에 반영되는 감각적인 부분들은 설명할 수 없다는 한계를 지닌다.

그럼에도 불구하고 퀀트분석은 애널리스트의 논리가 명확하게 숫자로 증명되므로 단순 예측이나 근거가 드러나지 않은 추정보다 신뢰성이 높다는 특징이 있다. 이에 계량적 투자법(퀀트 전략)에서는 하나의 전략보다 앞서 소개한 여러 Factor 전략을 조합해 사용하는 것이 보다 효율적이다. 여러 다른 투자 전략들을 조합해 사용하게 되면 변동리스크를 낮추면서 안정적 수익을 달성하는 데 도움이 될 것이다.

시간을 이기는 힘
주식투자 속도전략

• • •

    수많은 운용 기관 펀드매니저들의 대부분은 종목 분석에 일가견을 갖고 있다. 가치분석 방법이 상당 수준 정립되었고, 탐방 등 전방위적으로 분석하기에 기업을 발굴하는 일에 언제나 자신만만하다. "이 회사 정말 좋은 회사야, 분명히 주가도 오를 거라고."란 말을 서슴없이 할 수 있는 종목을 그들은 대부분 알고 있다. 그러나 "아~ 그래? 그러면 그 기업 주가가 언제 오를 것 같아?"하고 질문하면 그 어떤 펀드매니저도 명쾌한 대답은 하지 못한다. 그 대답은 '시간'이기 때문이다.

    펀드매니저들은 세상 모든 업종과 기업을 다 분석하고 포트폴리오 비중을 통해 수익을 쌓아가는 상당한 베테랑들이지만 그들 역시 '시간' 앞에서는 여전히 부족하기가 한이 없다. '시간'이란 어쩌면 원천적으로 분석이 불가능한 것인지도 모르겠다. 하지만 그나마 완전하진 않을지라도 주식투자에서 '시간'이라는 신성함을 엿볼 수 있는 방법이 있으니, 그것은 바로 주식투자에서의 '속도전략'이다.

시간에 대한 충분한 이해가
없다면 수익은 기대하기 어렵다

개인투자자들 역시 상당수의 투자자들이 주식투자에 성공하기 위해서 열심히 공부하고 있는 것으로 안다. 대개는 직관성이 높은 기술적 분석에 대해 공부를 많이 하고, 또 최근에는 많은 분들이 기본적 분석을 통한 가치투자에 눈을 뜨고 있다고들 한다. 그러나 공부를 많이 한다고 과연 주식투자에 성공할 수 있을까? 성장성이 매우 높고 밸류에이션도 적정한 투자하기 좋은 주식을 찾았다고 하자. 차트분석 결과도 나쁘지 않다. 한마디로 앞뒤 다 재 봐도 사볼 만한 주식이다. 그런데 그 주식을 매수하면 과연 진짜 수익이 날까? 결론적으로 현재까지 그렇지 않았음을 이 글을 읽는 독자가 더 잘 알고 있을 것이다.

주식 공부를 더 열심히 한다고 치자. 기본적 분석과 기술적 분석 모두에 어느 정도 자신이 생겼음에도 불구하고, 그래도 주식은 맘대로 움직이질 않는다. 왜일까? 무엇이 부족해서 일까? 현실 시장에서는 가치대비 저평가 종목이라고 하더라도 상당기간 저평가 상태 그대로 머무르는 경우가 많다. 마치 평생을 그럴 것처럼 보인다. 또한 어떤 주식은 가치대비 상당히 고평가 되었음에도 불구하고 주가는 계속 오르기만 한다. 그 상승은 마치 끝이 없을 것처럼 보인다. 이런 상황이라면 열심히 한다고 해도 투자자들이 수익을 내기는 어려운 상황이다.

속도전략 : 시간에 적응하고 시간을 다스리는 것

이에 대한 해답은 대부분 '시간'이 Key를 갖고 있다. 주가가 오를 만한 충분한 가치가 있는 기업이라도 오르지 않는 이유는 아직 오를만한 시간이 되지 않았기 때문이다. 또한 그 어떤 투자분석에도 불구하고 해당 주식이 움직이지 않는 이유는 직접적으로 해당 주식의 수요와 공급이 변화하지 않았기 때문이다. 그리고 한 기업의 수요와 공급이 변화되려면, 마치 쌀이 익고 뜸을 들어야 밥으로 먹을 수 있듯이 투자에 있어서도 시간을 필요로 한다. 밥의 구성요소가 쌀과 물이라고 해서 단지 쌀과 물을 섞어 놓는다고 해서 밥이 되지는 않을 것이다. 그릇에 담고 열을 가해야 한다. 쌀과 물과 그릇과 열이 있다고 하더라도 밥은 되지 않는다. 비로소 밥이 될 충분한 시간을 필요로 하는 것이다.

밥이 만들어지는 시간에 투자자는 과연 무엇을 할 수 있을까? 오로지 기다리는 것 그뿐이다. 성급한 투자자들은 투자의 성과가 만들어지는 그 순간까지 무언가를 하고 싶어 안달이겠지만 조급함과 궁금함에 솥을 열어본다면 밥은 제대로 익지 않을 것이다. 이렇게 밥을 짓는 데 시간이 필요한 것처럼, 주식투자에서도 시간이라는 기다림은 무척이나 중요하다. 여기서 이번 장에서 이야기하고자 하는 주식투자의 '속도전

략'이 나온다. 속도전략이란, 투자에 있어서 필요한 여러 재료들을 시간
과 함께 고민하는 투자 전략이다.

시장의 속도를 이해하고
자신의 투자 속도를 일치시키자

편하게 이야기 한다면, '오를
만한 주식을 아무 때나 사지 말고 오르기 직전에 사야 한다는 것'이다.
그러나 사실 말이 쉽지 오르기 직전에 산다는 것만큼 어려운 투자방법
도 없다. 정말이지 어렵다. 그리고 명확한 답도 없을 것이다. 그러나 속
도전략을 좀 더 구체적으로 설명하면 '시장의 속도를 이해하고 자신의
투자 운용 속도를 이에 맞추는 전략'이라고 할 수 있다. 오를 주식을 직
전에 매번 찾아내기는 불가능하지만 시장을 항상 이해하면서 시장과
함께 움직이고, 시장을 앞서거나 뒤따라감에 생기는 불필요한 비용들
을 제거하면서 언제나 균형 잡힌 유연한 주식투자를 하는 것은 노력에
따라 가능한 일이다.

경험과 통찰을 통해
시장의 속도를 이해하라

속도전략은 시장의 시간 속도를 제대로
이해하는 것부터 시작된다. 주식투자에서 '속도'란, 주식시장 전체와 투
자하고 있는 개별 종목의 주가가 움직이는 속도를 말하며, 이것은 단기
적으로는 업종별 순환매가 발생되는 속도이고, 중장기로는 저평가 받던
가치주들이 제 평가를 받는 속도이기도 하다. 그러나 안타깝게도 시장
과 종목의 속도를 이해한다는 것은 배워서 익힐 수 있는 '학습'의 영역
은 아니다. 속도에 대한 관심을 갖고 부단히 시장의 규칙성을 찾아내야

하는 '체험'의 영역이다. 그리고 오랜 기간 시장을 봐오면서 경험에 의해 이해가 가능한 '통찰'의 영역이기도 하다.

한편 주가의 속도와 함께 기업에 대한 성장 속도도 중요하다. 이는 애널리스트들을 활용해 어렴풋이 파악해 볼 수가 있는데, 상당수의 애널리스트들이 기업 실적 추정을 하면서 너무도 긍정적인 나머지 그들의 모든 가정이 짧은 시일에 달성될 것이라는 예측들을 자주 한다는 가정을 알고 있어야 한다. 대부분 애널리스트의 실적 추정은 숫자가 틀리기보다는 그 숫자의 달성이 지연되는 경우가 더욱 빈번하다. 추정의 속도를 너무 급하게 생각한 것이었다. 펀드매니저들은 이런 경험을 기억하여 애널리스트의 분석을 다시 고민해봐야 할 필요가 있다. 그들의 근거와 논리가 맞다고 그들의 추정이 정확할 것이라고 단정하기보다는 정확하지만 과연 그 달성의 시간은 언제일까를 투자자 입장에서 한번 재고해봐야 한다.

투자자의 운용 속도를 조절하라

속도전략을 위해서는 투자자의 투자속도를 시장의 속도에 맞춰야 한다. 그러나 투자자의 투자속도를 시장에 맞춘다는 점 또한 쉬운 방법은 아니다. 투자 속도라는 것이 속도계로 측정하여 숫자 값으로 결과가 나와 주는 것이 아니고, 하물며 대부분의 주식 투자자들은 자신의 투자 속도가 빠른지 그렇지 않은지조차 파악하기 어려운 경우가 많기 때문이다. 어쩌면 너무 추상적인 말이 아닌가, 반문할지도 모르겠다. 그러나 방법은 있다.

이에 관해 참고할 만한 중요 사항은 '수많은 투자자들이 주식투자에 있어서 너무 조급한 경향을 보인다'는 점이다. 투자자들은 투자라 함은 무엇인가 빠른 액션을 필요로 하는 것으로 오해하고 있다. 이는 기관의 펀드매니저에게 있어서도 마찬가지다. 믿을만한 곳을 통해 좋은 기업을 소개받거나 탐방 등을 통해 매력적인 기업을 발굴하고 나면 펀드매니저들도 해당 기업은 내일 바로 주가가 상승할 것과도 같은 착각을 하게 된다. 물론 해당 기업의 주가가 내재가치 대비 상당히 저평가된 것이 사실일지라도 해당 주식은 대개 어떤 이유가 있거나 특별히 부각되는 부분이 없어 기업가치가 주가에 반영되어있지 못한 상황일 것이다. 그 기업은 어제와 오늘이 같은데, 펀드매니저 입장에서는 어제는 모르는 기업이었고 오늘 그 기업의 진가를 알았다고 해도 그건 해당 펀드매니저 개인의 일이다. 내가 알고 있다고 모두가 알지는 못하고 회사의 내재가치가 시장에 반영되려면 대개 충분한 시간을 필요로 한다. 투자자들은 조급함을 버려야 한다. 빠른 속도로 주식을 매수하는 것은 수익에 결코 도움이 되지 못한다. 조급함은 투자의 장기성과를 가로막는 장애물일 뿐이다.

게다가 대부분의 투자자들은 시간이 지날수록 운용의 속도가 빨라지게 되어 있다. 욕심과 두려움이 작용하기에 수익이 나면 빨리 더 큰 수익을 내고 싶고, 손실을 보면 빨리 손실을 만회해 보고 싶은 것이 인간의 솔직한 심리이기 때문이다. 이에 투자 속도의 균형을 찾기 어렵다면, 빠른 것보다는 느린 것이 훨씬 수익률 개선에 유리하다. 너무 급해서는 안 되고, 너무 느긋해서도 안 되지만, 본인의 경험이나 실력에 비추어 주식투자에 있어서 적절한 속도를 찾기 어려운 상황이라면 주식투자에

있어서는 빠른 것보다는 다소 느긋한 결단을 보이는 것이 경험상 유리
할 것이다.

쉬는 것도
속도 전략이다

또, 만약 시장이 좋지 않다면 쉬는 것(운용의
속도를 늦추는 것) 또한 속도전략의 중요한 판단 중 하나이다. 펀드매니
저들 사이의 우스갯소리로 "수익률 제일 안 좋은 사람은 사무실에서 열
심히 운용한 사람. 수익률 그저 그런 사람은 운용은 안하고 탐방만 열
심히 다닌 사람. 그리고 수익률이 가장 좋은 사람은 한동안 잊고 그냥
휴가 쓰고 해외에 나갔다 온 사람"이란 말이 있다. 시장이 너무 불확실
하고 어려우니 운용을 할수록 손해만 커진다는 이야기이다. 이럴 때는
쉬는 것도 주식운용에 큰 도움이 된다. 주식은 보이지 않는 연결성의
고리가 매우 많아서 만약 최근에 판단 실수에 따른 투자실패를 몇 번
경험했다면 그 고리를 끊기 위해서도 잠시 쉬면서 본인의 포트폴리오를
재정비하는 것이 속도전략에 입각한 합리적인 투자 선택이 된다.

펀드매니저 보다
유리한 유일한 투자전략

앞서 소개한 다양한 전략들이 전문
적인 기관투자자보다 열위에 있을지는 몰라도 모든 전략을 종합하고 있
는 '속도전략'이야 말로 기관투자자보다 개인투자자들에게 보다 유리한
최선의 무기가 될 수 있을 것이라는 생각이 든다. 속도전략은 시장 속
도를 이해하고 자신의 투자속도를 시장의 속도에 맞춰야 하는데, 시장
의 속도는 일정한 것이 아니라 계속 변화되는 성질을 갖고 있으며, 운

용자의 투자 속도 또한 기관투자자들은 기관에서 정한 규정과 규칙에 따라 융통성이 부족할 수밖에 없기 때문이다.

이에 개인투자자들은 어떠한 펀드매니저의 투자 전략들보다 '속도전략'을 보다 명심하고 탄력적으로 그리고 융통성 있게 본인의 자금을 투자할 기회를 얻을 수 있다. 기다림을 알면서 시간에 대해 보다 많은 고민을 하고 여유롭게 투자를 할 수 있다면 기관들의 수많은 투자 전략을 이길 수 있는 훌륭한 투자체질을 만들 수도 있을 것이다. 개인투자자들이여! 기관투자자들보다 자금이 부족하다고, 혹은 정보가 부족하다고 부끄러워하거나 위축되지 말자. 그들보다 풍부한 시간을 갖는다면 투자위험을 감소시키고 펀드매니저와의 경쟁에서 승리할 수 있다. '파워를 제입 하는 것은 스피드'라고 한다. 개인투자자들은 이를 위해 누구보다도 시장의 속도를 이해하고 또 자신의 투자속도를 이에 맞추는 노력을 게을리하지 말아야 할 것이다.

주식투자에서 비즈니스의 속도는 왜 중요한가?

투자 시장의 속도에 맞게 운용하는 것만큼이나 투자자에게 중요한 것은 시장 환경의 변화 속도에 맞게 기업의 변화 속도가 일치하는 투자 기업을 발굴하는 일이다. 기업들이 처한 환경은 예전과 다르게 변화가 빨라지며, 속도경쟁의 시대가 시작되고 있다. 시장과 환경 그리고 그들의 고객이 빠르게 변화하고 있어서 기업은 변화되어야할 적절한 시기를 놓친다면 쇠퇴의 길에 들어 설 수밖에 없다. 글로벌 핸드폰 1위 기업이었던 노키아(Nokia)도, 워크맨의 아성으로 세계를 호령하던 소니(Sony)도 자신들의 방식을 고집하며 시장과 고객이 원하는 변화의 눈높이를 맞추지 못했기에 시장에서 점차 잊혀져 갔다. 앞으로는 기업을 판단할 때, 해당 기업 변화의 속도가 시장에서 요구하는 변화의 속도와 일치되거나 아니면 적절히 대응되고 있는지 확인해보자. 만약 너무 성급히 기업이 변화되고 있다면 기업은 신제품 등에 과도한 비용을 투자되어 손실이 확대될 것이고 만약 변화의 속도가 너무 늦다면 해당기업은 시장과 어울리지 못하고 점차 소외되어 잊혀 가게 될 것이다.

현대의 기업 성장은 시장 환경의 변화에 적응하고 적절한 속도로 함께 변화할 수 있는 기업만이 지속할 수 있다. 하지만 시장 환경의 변화 속도는 점차 빨라지는 반면 기업들은 일정 수준 이상의 성장을 이루면 이제는 몸집이 거대해져 변화의 속도를 맞추기가 어려운 것이 일반적이다. 이에 너무도 높은 성장을 지속한 거대 기업들 또한 주의해야 한다. '거대한 몸집을 시장 속도에 맞게 변화시켜 줄 만한 파워풀한 혁신을 과연 어디서 찾을 수 있을까?' 고민해볼 필요도 있다. 거대한 기업은 이미 주체하지 못할 정도로 커진 몸집으로 인해 환경변화에 적응하지 못해 멸종한 공룡과도 같은 운명을 겪어야 하는 것일지 모른다.

🪙 속도전략을 실전에서 활용하는 방법이 있나요?

펀드 매니저의 속도전략을 활용하기 위한 유용한 방법이 있다. 한 기업의 주가가 중장기적으로 상승하고 고점을 형성하고 다시 하락하는 상황 속에서 애널리스트 분석 보고서를 일독하여 해당 주가의 현재 위치를 가늠할 수가 있으며, 이를 통해 해당 주가의 속도와 펀드 운용의 속도를 일치시키는 데 도움을 받을 수 있는 방법이다.

기업은 마치 사람과도 같아서, 사람이 나서 성장하고 장년 및 노년을 거쳐 무덤으로 묻히는 것처럼, 창업이후 성장하며 성숙기와 후퇴기를 거쳐 폐업하는 일련의 과정을 거친다. 이때 사람들은 어린아이들을 성장발육으로 평가하고, 학생들은 학업의 성취도로 평가하며, 젊은이들은 그들이 꿈꾸는 비전으로 평가하는 것처럼, 기업 역시 성장주기에 따라 평가를 하는 방법이 다르다는 데에서 착안되었다.

신생기업이나 안정화되지 않은 초기의 기업들의 경우, 아직 적자를 보고 있거나 이익의 변동성과 불확실성이 매우 높은 편이어서 통상적으로는 밸류에이션 지표 중 매출액이나 자기자본으로 계산된 PSR과 PBR로 평가 받는다. 이후 해당 기업의 사업이 본격화되면서 일정수준 이상의 이익을 창출하게 되면 기업의 밸류에이션은 순이익으로 계산된 PER로 평가받는 것이 합리적이다. 또한 해당 기업이 성장을 지속하여 수익을 통해 안정된 현금흐름을 창출하고 있다면 DCF(현금흐름할인법)를 통해 밸류를 측정하는 것도 적정하다. 한편 기업이 신제품 출시나 해외진출 등을 통해 매우 빠른 성장 지속이 가능하다고 판단되면, 성장이 고려된 PEG 밸류 지표로 평가 받을 수도 있다. 그리고 그 이후에는 이제 회사의 규모가 거대화되고 해당기업은 M&A 등을 통한 확장으로 이종의 사업부로 구성되게 되면, SOP(Sum of Parts)로 각 사업부의 밸류를 합산해 평가하는 방식이 해당 기업의 밸류 평가에 종종 이용되곤 한다.

중요한 것은 '기업이 무엇으로 평가받아야 합당하냐?'의 질문이 아니고, '현재 애널리스트들은 해당 기업을 무엇으로 평가하고 있느냐?'의 확인이다. 앞서 언급했듯이 대개 애널리스트들은 먼저 매수 리포트를 작성할 기업을 찾아 현재 주가에 따른 목표주가를 선정하고 해당 목표주가를 합리화 시켜주는 밸류에이션 지표를 찾는 구조적 습성을 가지는 바, 애널리스트가 어떤 밸류 지표로 해당 기업을 평가하느냐에 따라 현재 해당 기업의 주가가 성장기냐(상승 초기),성숙기냐(상승 진행 중) 혹은 후퇴기냐(상승 고점 부근)를 가늠해 볼 수가 있는 것이다. 아마 애널리스트들은 주가의 상승 초기일수록 안정적 지표를 활용하고, 주가가 고점에 다가올수록 과도한 밸류에이션을 합리화시키기 수월한 지표를 활용하고 있을 것이다.

이런 점이 고려된 애널리스트의 통상적인 밸류에이션 활용 지표의 순서는 다음과 같다. 1)PSR, 2)PBR, 3)PER, 4)EV/EBITDA, 5)DCF, 6)PEG 의 순서이다.

PSR =〉 PBR =〉 PER =〉 EV/EBITDA =〉 DCF =〉 PEG

애널리스트들의 밸류에이션 활용 순서도

이에 애널리스트가 순서의 뒷부분인 DCF나 PEG를 활용하여 목표주가를 설명하고 있다면 이는 해당 기업의 주가가 고점부분에 다가왔음을 짐작해야 한다. 특히, 해당 기업의 여러 장점을 들어 밸류 지표를 할증하여 계산하고 있다면 이는 일반적인 계산법으로 해당 주식의 목표주가 설명이 어려운 상황으로 해당 주식의 주가 고점 여부를 의심해 봐야 할 필요가 있다.